国家开放大学
THE OPEN UNIVERSITY OF CHINA

家庭教育咨询与辅导

赵 刚 主编

中央广播电视大学出版社·北京

图书在版编目（CIP）数据

家庭教育咨询与辅导 / 赵刚主编 . —北京：中央广播电视大学出版社，2016.7（2018.3 重印）

ISBN 978－7－304－07897－3

Ⅰ.①家…　Ⅱ.①赵…　Ⅲ.①家庭教育—开放教育—教材　Ⅳ.①G78

中国版本图书馆 CIP 数据核字（2016）第 164548 号

家庭教育咨询与辅导
JIATING JIAOYU ZIXUN YU FUDAO
赵　刚　主编

出版·发行：中央广播电视大学出版社
电话：营销中心 010－66490011　　　总编室 010－68182524
网址：http://www.crtvup.com.cn
地址：北京市海淀区西四环中路 45 号　　邮编：100039
经销：新华书店北京发行所

策划编辑：安　薇　　　　　　　　**版式设计**：黄　晓
责任编辑：陈　蕊　　　　　　　　**责任校对**：赵　洋
责任印制：赵连生

印刷：北京京华铭诚工贸有限公司　　　**印数**：2001～6000
版本：2016 年 7 月第 1 版　　　　　　2018 年 3 月第 2 次印刷
开本：787mm×1092mm　1/16　　　　**印张**：15.75　　**字数**：353 千字

书号：ISBN 978－7－304－07897－3
定价：25.00 元

前 言 ‖ Preface

"家庭教育咨询与辅导"是国家开放大学公共事业管理（教育管理）本科专业（社会教育及应用心理方向）的专业必修课程，3 学分，课内 54 学时。

成家、立业是每个人人生的必修课。人生幸福与否，来自于他的家庭生活质量与社会领域的尊崇度。社会影响、职场定位是多变甚至短暂的，而一个人的家庭角色却是永恒的。尤其是生儿育女、为人父、为人母之后，"家长"这个职务就会终生不变，且责任重大。

家庭教育在当今发达国家已成为一个重要的学术领域，并成为具有广泛社会需求的教育事业和产业，其功效是为每一个家庭成员认知家庭、构建幸福家庭生活提供必要的知识与技能，其内涵包括亲职教育（如何做好父母与长辈）、子职教育（如何做好孩子与晚辈）、婚姻教育、伦理教育、家政教育、家庭资源建设等。这些内容，在中央广播电视大学出版社 2016 年出版的我与李学义先生编写的《现代家政学》已有概述。这是国际上广义的家庭教育内容。传统的观念使我国的家庭教育内涵还处于狭义的阶段，即家庭教育专指家长如何教育子女，促其成长、成人、成才。本书探讨的内容也是基于这个范畴。这本书与《现代家政学》构成了广义、狭义的家庭教育，因此，读者与学习者，可参照阅读，以收相得益彰之效。

人的主要生活场所是在家庭，家庭成员之间的相互影响，对人的社会性发展作用至深。有研究表明，一个人 80% 的习惯是在家里养成的，尤其是为人处世之道多受到近亲与家族成员的影响。家长的素质与教育观念、教育方式、教育方法决定孩子未来的层次和走向。少子化时代的到来，尤其是我国目前以独生子女为主的家庭结构，使家庭对孩子人生质量的关注无以复加，这就使当今的子女教育问题空前突出。"太爱孩子，又太不会爱孩子"，就是一个形象的写照。如何从封闭到开放、从贫穷到小康，使家庭具备教育孩子的科学与艺术，这是家长们极为迫切的需求，也是时代赋予家庭教育工作者的重要使命。

随着离婚率的升高，以及亲子教育、家庭矛盾等问题的增多，越来越多的人愿意通过专业人士来解决在家庭生活和家庭教育中遇到的实际问题，"家庭教育指导师"开始走进百姓的寻常生活。家庭教育指导师是为在婚姻、家庭生活和家庭教育中遇到各种问题的求助者提供咨询和辅导服务的人员，形象的比喻就是专门给家庭教育看病的医生。家庭教育咨询与辅导机构，是为准爸爸和准妈妈、学生家长或其委托监护人开办的以提高家长素质和家庭教育质量为宗旨的服务机构。

　　家庭教育咨询与辅导作为一种通过科学方法和手段，提供有效的家庭教育援助的专业活动，是现代社会中的一个重要职业领域，是随着社会发展而产生的一种新兴职业，存在客观的市场需求。这也是本书从论述家庭、家庭教育概念入手，通过对人的身心发展分析，提出家庭教育专业化这一话题的原因。有人提出让"父母持证上岗"，深意就是提升每个家长的亲职教育能力，明确家长是孩子成长的第一责任人，摒弃家庭把教育孩子视为学校责任的落后观念，从而让每个家庭建立有效而和谐的亲子关系，夯实孩子成长的人生基石。

　　家庭教育，作为一门需求广泛且内容繁复的学科，要求教材编写者、课程讲授者、辅导答疑者必须灵活驾驭。在教材编写时，每章分为"学习导入、学习目标、各节内容、思考与讨论、视窗拓展"等部分，各节内容是文字教材的主体，正文穿插"术语、案例、咨询、阅读、提示、反思、心得分享"等板块，有利于理论联系实践，启发学习者思考，学习者可将学习心得和反思等发送到课程邮箱 jygl@ crtvu. edu. cn。本课程采用"文字教材、视频教材、微课程、网络课程"相结合的立体化传播方式，以期得到广大读者和学习者的认同和喜爱。

赵　刚

2016 年 4 月

目 录 ‖ Contents

第一章　家庭教育概说

🗒 学习导入

　　家庭是一个人个体生命诞生、生活时间最长、保障功能最全的机构。随着社会政治、经济、科技环境的变化，家庭的形态与功能不断演变。家庭教育作为最初的教育形态，在和学校教育、社会教育的融合共处中，如何发挥其优势，如何发挥家长的作用，如何做好与老师的沟通交流，如何促进子女和家庭成员的共同成长？家庭教育咨询与辅导有哪些渠道……本章将带领大家一一探索。

🗒 学习目标

　　举出不同类型家庭的实例，描绘这些家庭的特征和功能；

　　阐述家庭对儿童社会化的意义；

　　解释什么是广义和狭义的家庭教育；什么是家庭教育咨询；什么是家庭教育辅导；

　　举例说明家庭教育的任务和特征；

　　陈述为什么家长需要接受教育；

　　举例说明家校合作的重要性。

第一节　家庭与人类生活

一、家庭的定义

　　家庭：家，居也，本义指屋内、住处、住所、住宅；庭，宫中也，宫者，室也，室之中曰庭，本义指厅堂。家庭一词是后起的，基本含义是指一家之内。

　　对家庭含义本质的认识是从近代才开始的。马克思和恩格斯认为："每日都在重新生产自己生命的人们开始生产另外一些人，即繁殖。这就是夫妻之间的关系，父母和子女之间的关系。也就是家庭。"① 奥地利心理学家弗洛伊德认为，家庭是"肉体生活同社会机体生活之间的联系环节"。美国社会学家伯吉斯和洛克在《家庭》一书中提出："家庭是被婚姻、血缘或收养的纽带联合起来的人的群体，各人以其作为父母、夫妻或兄弟姐妹的社会身份相互作用和交往，创造一个共同的文化。"中国社会学家孙本文认为，家庭是夫妇子女等亲属所结合的团体。中国社会学家费孝通认为，家庭是父母子女形成的团体。

━━ 术　语 ━━

家庭有广义和狭义之分，广义泛指人类进化的不同阶段上的各种家庭利益集团，即家族；狭义是指一夫一妻制构成的单元。家庭是由婚姻、血缘或收养关系所组成的社会组织基本单位。

从社会设置来说，家庭是最基本的社会设置之一，是人类最基本、最重要的一种制度和群体形式。从功能来说，家庭是儿童社会化、供养老人、性满足、经济合作、满足普遍意义上人类亲密关系的基本单位。从关系来说，家庭是由具有婚姻、血缘和收养关系的人们长期居住的共同群体。

━━ 阅　读 ━━

阅读《现代家政学》（赵刚、李学义主编，中央广播电视大学出版社，2016年版）第二章：家庭与人生。进一步理解家庭的定义（五个要点）、家庭的特征、家庭的产生与发展、家庭关系、家庭与事业的关系等。

二、家庭模式

家庭模式，也可以说是家庭类型，它是家庭结构和家庭关系的总和或总称。不同的家庭模式决定于不同的社会，是和社会的生产方式、生活方式相适应的。

1. 传统的家庭模式

社会学家将传统的家庭模式分为三类：

（1）核心家庭：由夫妻及其未成年子女组成。

（2）主干家庭：由夫妻、夫妻的父母或者直系长辈以及未成年子女组成。

（3）扩大家庭：由核心家庭或主干家庭加上其他旁系亲属组成。

扩大家庭曾经是中国人的梦想，人们常常用"子孙满堂"来表述长辈的成功与幸福。但有人指出，中国传统社会以扩大家庭为主其实是一种误解。人们确实是以扩大家庭为理

---

① 中共中央马克思恩格斯列宁斯大林著作编译局：《马克思恩格斯选集》，第一卷，33–34页，北京，人民出版社，1972。

想，但并未普遍存在过所谓的扩大家庭。事实上，所谓的扩大家庭主要存在于士族门阀之中，绝大多数庶民是以核心家庭或者主干家庭为主的小家庭，扩大家庭并不多见。

这是对传统家庭模式的分类，现代的家庭模式已经远远超出简单的三分法，正向更加多元的方向发展。

2. 非传统家庭模式

（1）单亲家庭：由单身父亲或母亲养育未成年子女的家庭。

（2）单身家庭：人们到了结婚的年龄不结婚或离婚以后不再婚，而是一个人生活的家庭。

（3）重组家庭：夫妻一方再婚或者双方再婚组成的家庭。

（4）丁克家庭：夫妻双方均有收入、有生育能力但不要孩子，浪漫自由、享受人生的家庭。

（5）空巢家庭：只有老两口生活的家庭。

（6）421家庭：指一对独生子女结婚生子后，家庭结构组成为4个父母长辈、1个孩子和他们2人。两个年轻人要负担起4个老人的养老重任和养育1个孩子的家庭压力。

（7）422家庭：随着国家二孩政策的全面放开，许多421家庭变为422家庭，即一对小夫妻、4个父母长辈和两个孩子。这种模式将日益成为我国基本的家庭类型。

=== 反　思 ===

反思我国的独生子女政策对家庭结构的影响，新出台的二孩政策又会对家庭结构带来哪些方面的影响？

三、家庭的功能

家庭的功能是多方面的，能满足人和社会的多种需求。《中国大百科全书·社会学》从7个方面概括了家庭的主要功能：

（1）经济功能：包括家庭中的生产分配、交换、消费。它是家庭其他功能的物质基础。

（2）生育功能：从人类进入个体婚制以来，家庭一直是一个生育单位，是种族延续的保障。

（3）性生活功能：性生活是家庭中婚姻关系的生物学基础。性生活和生育等行为密切相关，社会通过一定的法律与道德使之规范化，使家庭成为满足性生活需求的基本单位。

（4）教育功能：包括父母教育子女和家庭成员之间相互教育两个方面，其中父母教育子女在家庭教育中占有主要地位。

（5）抚养与赡养功能：具体表现为家庭代际关系中双向义务与责任。抚养是上一代对下一代的抚育培养，赡养是下一代对上一代的供养帮助，这种功能是实现社会继替必不可少的保障。

（6）感情交流的功能：它是家庭精神生活的组成部分，是家庭生活幸福的基础。感情交流的密切程度是家庭生活幸福与否的标志。

（7）休闲与娱乐功能：休闲与娱乐是家庭闲暇时间的表现，随着人们生活条件的改善，人们的休闲与娱乐逐渐从单一型向多样型发展，日渐丰富多彩，家庭在这方面的功能也日益增强。

我国台湾学者高淑贵在《家庭社会学》一书中列举了家庭诸功能，即生物的功能、社会的功能、心理的功能、保护的功能、经济的功能、宗教的功能、教育的功能。在谈到教育的功能时，高淑贵认为："前面的七大功能，是由教育功能统其成""家庭教育功能关系着家庭成员是否能够而且愿意善尽其身为家庭一分子的职责，致力于使家庭各种功能均得以充分发挥"。

家庭教育是家庭内在的固有的基本功能之一，这是因为家庭不仅要完成人口的自然再生产，而且要承担人口的社会再生产，即不仅要为社会提供一个"生物人"，重要的是它还必须为社会培育一个"社会人"。

四、家庭生活与儿童社会化

儿童社会化是指儿童在自身认知水平、判断能力提高的前提下，自觉自发地逐渐独立地掌握社会规范，正确处理人际关系，妥善自治，从而适应社会需要的过程。

儿童社会化在儿童发展过程中有着重要意义。任何社会中，家庭无疑是一个最重要的社会化因素。家庭在社会化中地位独特、作用突出。家庭环境以及家庭的教养方式是儿童社会化的基础。家庭是人生的第一站，是个体社会化的起点，儿童的社会化发展首先是从家庭开始的。这主要由于：第一，童年期是人一生社会化的关键期。儿童时期的智力水平、个性特征、社会品质的形成和发展对后来的社会化有着举足轻重的影响。第二，儿童时期在生理和心理上对家庭的依赖是人一生中最强烈的时期。父母对儿童有着足够的权威和支配作用。这一时期儿童的绝大部分时间是在家庭中度过的。第三，家庭是社会结构中的一个基本单位，各种社会关系通过家庭这个中介反射到儿童身上。在家庭中通过父母的影响及指导儿童获得了最初的生活经验、社会知识、行为规范，可以说家庭是儿童社会化的最早执行者和基本执行者。通过父母的教养行为，把社会的价值观念、行为方式、情感态度及社会道德规范传授给儿童，并由此构成了儿童社会化的具体内容和目标。

1. 家庭环境对儿童社会化的影响

家庭环境不同，儿童的社会化发展就不同。研究发现，父母的职业和受教育水平、特定时期的社会特征与儿童的社会化发展有着密切联系。父母受教育程度高，多采用宽容态度，儿童的成长与父母的期望较为一致。父母受教育程度低，在既要工作又要忙家务的情况下，对子女教育就很难做到尽善尽美，只重视学习能力的培养而忽视自立能力的培养，儿童的成长与父母的期望就会相差较远。

2. 家庭教养方式对儿童社会化的影响

家庭教养是在家庭生活中发生的，以亲子关系为中心，以培养社会需要的人为目的的教育活动。良好的家庭教养方式有利于儿童社会化的发展，而不良的家庭教养方式则不利于儿童的社会化。比较好的家庭教养方式有民主型、威信型等，不良的家庭教养方式主要有专制型、溺爱型、放任型等。在家庭教育中，双亲如果采取保护的、非干涉性的、合理的、民主宽容的态度，孩子就容易形成独立性、积极性、态度友好、情绪安定等性格特征；双亲如果采取拒绝的、干涉的、溺爱的、支配的、独裁的、压迫的态度，孩子就会显示出适应性差、神经质、依赖性、反抗性、情绪不稳定等性格特征。

除了家庭环境和家庭教养方式外，父母的职业、父母的期望、家庭生活和心理氛围等对儿童的社会化都有不同程度的影响。儿童社会化的发展不仅利于儿童自身的发展，更有利于整个家庭的和谐与整个社会的健康发展。

■■■ 反　思 ■■■

　　放任型父母对待孩子的态度是顺其自然，认为"树大自然直"，好孩子不用管，长大就懂事了。你认为这种观点对吗？请结合所学知识收集案例，阐述自己的观点，可发送到课程邮箱。

3. 儿童社会化带给我们的反思

随着社会以及家庭结构、功能和组织形式的变化，学校教育功能的变化和大众传播媒介影响的日益扩大，儿童社会化过程中出现很多新的变化，给儿童社会化过程带来了新的机遇和挑战，也给我们带来了需要反思的问题。

家庭变迁使得家庭在儿童社会化过程中的影响有所降低，家庭不再是大量信息的主要来源，但是家庭在儿童人格、社会适应等方面的社会化中发挥着非常重要的作用。家庭教育的重点应放在儿童人格培养和道德发展上。

社会学的有关原理表明，个人社会化是在家庭、学校、社区、工作单位等环境中完成的。个人社会化过程中要协调好各方面的力量，不能期望某一种力量单独去完成这一复杂的任务。特别是要正视学校的功能，但不能夸大其功能，要克服过分依赖学校教育的倾向。

家长不应忽视家庭中的媒介对儿童的影响。在当前的形势下，媒介传播对以往家庭模式产生了影响，对家庭内部的沟通和教育方式也有所影响。在家庭中，家长不再是知识或信息的权威，因为他们不再是儿童获得知识或信息的唯一来源，也不再是儿童判断知识或信息可靠性的唯一标准。儿童了解知识和信息不仅靠家长，更多地靠大众媒介。在家长将各种媒介"请"进家庭的同时，家长就丧失了以往在家庭中的信息垄断地位。更重要的是，依靠媒介，现代儿童比家长知道更多的信息，家长的信息垄断地位和权威受到了挑战。家长不再是儿童社会化的唯一指导老师，大众媒介已成为儿童社会化强有力的影响力量。如何协调媒介与家长在儿童社会化中的作用是摆在每个家庭教育指导者与家长面前的现实问题。

五、全球化时代的家庭变迁

社会需要变了，家庭也有所改变，家庭是历史变化着的社会现象。全球各国进入信息化社会是中国家庭变迁的社会背景。家庭的变迁主要体现在以下几个方面：

第一，从家庭规模和权威来看，一方面，家庭小，核心化，单身趋势增加；另一方面，在我国，夫妻依靠父母帮忙带孩子的数量有所增加，产生前所未有的"421现象"，核心家庭跟着长辈居住的增多。社会流动性增大，使得家庭流动性也增加。平权家庭增多。平权家庭是指在决定家庭和个人生活方面，夫妻权利、地位平等的家庭。平权家庭是现代民主社会的产物。

第二，总体来说抚养儿童层次提高，依靠学校教育的家庭增多，独生子女容易受到家庭较多的关注。

第三，赡养老人的方式更加多元化，更多老人采取独住、养老院养老或退休去社区养老等方式。

第四，女性由于工作致使女性顾家时间相对减少，更多地需要男女双方共同平衡家庭关系；女性地位上升，经济上对男性的依赖减少。

第五，从感情陪伴来看，一方面，人际孤独感增加，对感情陪伴的需要增加了，婚姻的主要功能成了提供最亲密的关系，夫妻共处的时间和空间，相对以前大家庭更多了；另一方面，夫妻双方联系的纽带少，共处的时间和空间较之事业及其相关人来说是少的，由于对爱情和婚姻的期望较高，观念开放，使得夫妻双方的联系容易松散。

第六，性的方面，夫妻双方对浪漫爱情的追求增加，性观念开放，造成感情和陪伴关系稳定性减弱，离婚率升高。

第七，从经济上来看，家庭主要经济功能有生产到消费、财产处理等。儿童、老人变成经济消费的主力。随着离婚率升高，在社会养老保障机制尚不完善的环境下，抚养、赡养、继承、分配、亲情纠葛等新矛盾日益突出。《中华人民共和国婚姻法》（以下简称《婚姻法》）中对财产的规定也一再更新。在经济观念上，性别的、代际的和经济的独立、平等与民主意识正在日益增加。

第八，物质再生产和人口再生产是人类社会的两大基本需要，物质再生产的方式决定繁衍的具体结构，人口再生产自古至今依次是公社部落方式、家庭方式，这还不包括次生的各种方式，如单亲、家族等。物质再生产方式的演变未终结，同样人口繁衍的方式演变就未终结。家庭并不是最后的存在方式。

第二节　家庭教育的内涵

一、广义的家庭教育

国内外对家庭教育的内涵有不同的界定，差别甚大。

在《辞海》中，对"家庭教育"词条的解释是：父母或其他年长者在家庭里对儿童和青少年进行的教育。

《中国大百科全书·社会学》一书认为，家庭教育包括父母教育子女和家庭成员之间相互教育两个方面，其中主要方面是父母教育子女。《中国大百科全书·教育》中把家庭教育定义为"父母或其他年长者在家庭内自觉地、有层次地对子女进行教育"。

美国《教育词典》（英文版）对家庭教育（Family Education）的解释有两种：一是正式的准备，包括在学校、宗教组织或其他福利团体的课程内，目的是要达到父母与子女之间、子女之间、父母之间的更好的关系；二是非正式的学习，即在家庭中进行，学习家庭生活适当的知识和技能。

美国以家庭生活教育来规范家庭教育，具有广泛影响。根据美国家庭关系全国会议（The National Council on Family Relations，NCFR）规定，美国家庭生活教育定义分别从儿童、青少年及成人角度论述，包括七个方面的内容：人类发展与性、家庭人际关系、家庭互动、家庭资源管理、亲职教育、家庭伦理、家庭与社会。

2003 年我国台湾地区出台了《家庭教育法》，界定家庭教育内容包括：亲职教育、子职教育、两性教育、婚姻教育、伦理教育、家庭资料与管理教育，后又增加了失亲教育与多元文化、性别教育内容。

按照现代观念，家庭教育包括：生活中家庭成员（包括父母和子女等）之间相互的影响和教育，以及聘请专门从事家庭教育的教师对子女的教育等。

══ **阅　读** ══

阅读《家长教育学》（赵刚主编，教育科学出版社，2010 年版）第一章第三节：家长教育与家庭教育有区别吗？了解家庭教育的多重定义，了解美国和我国台湾地区关于家庭教育内涵的确立，理解家庭教育与家长教育的关系。

══ **反　思** ══

"子女对父母的影响、成年家庭成员之间的相互影响、父母的自我教育、聘请家庭教师对子女的教育"，都算是家庭教育吗？

二、狭义的家庭教育

与上述广义的家庭教育概念相对应，接受如何做好父母或长辈的教育是广义的家庭教育的一部分。狭义的家庭教育是指在家庭生活中，由家长（其中首先是父母）对其子女实施的教育。主要包括亲职教育和子职教育。

（一）亲职教育

=== 术　语 ===

亲职教育被称为家庭教育的主导教育，它涵盖了父母的自身教育与父母对子女教育两大范畴的教育内容，它是立足于亲子关系基础上的对家长实施的家长职能与本分的教育。

国内外亲职教育理论的研究现状表明，亲职教育与家庭教育水平成正相关。

亲职教育这一称谓为西方国家 20 世纪 30 年代所倡导，这种教育在德国被称为"双亲教育"（Elternbildug），美国称之为"父母教育"（parental education），俄罗斯学者称之为"家长教育"或"家长的教育"。

我国台湾学者张斯宁认为："亲职教育一词，英文称为父母教育。顾名思义，'亲'是父母亲，'职'意味着职责本分，亲职教育则是指对为人父母者所施与的一种专业教育，借以培养他们教育孩子的专业知识与技能，并因此有助于他们扮演称职、有效的现代父母角色。"

=== 案　例 ===

16 岁的辉辉，是一个帅气的初三男生，还画得一手好画，但学习成绩却不怎么好。辉辉的父亲是政府官员，母亲兼做多家公司的会计，家境殷实富裕。对于这样本该令人美慕的父母，辉辉却跟同学绝望地说，他们对我的期望值太高了！他们太爱唠叨了！他们对我的管制太苛刻了！我特别想把父母炒了鱿鱼，再也不让他们当我的父母。

孩子要"炒父母鱿鱼"不是孩子的错，反而是父母应反思自己的教育行为。这个故事，给不称职的父母敲起了警钟：如何使每个父母都成为称职的家长？这就需要实施亲职教育，提高家长的教育能力。

（二）子职教育

子职教育指增进子女本分之教育活动，就是教育孩子去了解和学习他（她）作为子女应尽的职责。我们要求父母做合格家长，也必须要求孩子做合格子女。对子女来说也有一个是否称职的问题，就是说，为人子女也有一个标准。如何当一个称职的子女？怎样达到合格子女应有的标准？需要家长对孩子进行子职教育。

1. 子职教育的基本内容

（1）为生之道。以生命健康为核心，由生理卫生、营养保健、安全防护、运动能力等四方面组成。

（2）为人之道。以生命价值为核心，由人格人生、心理卫生、道德礼仪、人际交往等四方面组成。

（3）为子之道。以生命品质为核心，由家庭地位、应尽职责、关心家人、感恩父母等四方面组成。

（4）为学之道。以生命智慧为核心，由学会求知、智力开发、科学素养、人文修养等四方面组成。

"四道"教育模型的建构，使家长可以清晰、条理地按照"四道"的内容和标准来开展子职教育，为家庭教育缺乏可操作性标准的现状提供了良好的解决依据。

2. 不同时期、不同年龄阶段的子职

在不同时期、不同年龄，相对于父母的需求与期待，子职行为表现也应随之不同。

（1）学龄期的子职。

①关心家人及分担家务的角色。体谅父母，关心家人状况，有责任维系家人之间的和谐关系、家庭气氛及分担家务。②主动沟通的角色。信任父母，主动与之分享生活经验、感受、烦恼或疑问。③遵守家规的角色。配合父母的教导及遵守家中共同的约定。

（2）青少年时期的子职。

①倾听父母的教导，必要的反应或澄清事实，口气宜缓和。②克制自己本身的冲动性情绪，学习孝敬父母的行为。③乐于和父母接触，向父母表达内心的感受，并虚心求教。④寻求独立与依赖父母之矛盾心理与现象，做理性的探讨和慎重的决定。⑤确认人人均非完美，学习以弹性和可谅解的态度面对父母所犯的错误。⑥做一个体谅父母和多以父母立场着想的子女。

（3）成年时期的子职。

①尊重父母的意见，必要时婉言相劝。②以适当的方式奉养父母，让父母安享晚年。③注意父母身体健康和心理上的需要，使其生活愉快而无孤寂之感。④定期省亲，和父母团聚；并应促使自己的子女与祖父母建立亲密关系。⑤努力工作，发展自己的事业以安慰父母。⑥保持家庭间和谐关系，不让父母操心。⑦建立良好端正的行为模式，以期能受人尊重，归荣耀于父母。⑧教导子女，善尽为人父母之责，保持家庭良好名誉。

三、现代教育体系中的家庭教育

多年来，我国家庭教育的广泛开展及其对社会的影响，使人们达成这样的共识：家庭教育与社会发展是在互动中共同进步的。家庭教育水平的提高和家庭教育资源的开发，离不开社会大环境的优化；社会的发展也离不开家庭教育所提供的人力资源的质量。在我国，家庭教育在社会发展中有其特殊的地位和社会意义。

═══ 咨　询 ═══

　　一位教师咨询：家庭教育、学校教育和社会教育并称为教育的三大支柱，其中，家庭教育越来越受到社会的重视，作为学校教育工作者自然懂得学校教育的重要性，但我们应该怎样认识家庭教育呢？

　　人类的社会生活是规范化的。为了实现人类社会生活的规范化，人们制定了各种复杂而系统的行为规则。社会的每个成员为了建立、遵守和适应这种行为规则，就要接受教育，而最初的教育始自家庭，而且家庭教育具有终身性，是贯穿人一生的教育。某些社会行为规范的教育，只能依赖于家庭这个场所才得以良好地发挥。因此，家庭教育的作用是任何其他教育机构都替代不了的。

　　1. 家庭教育是家庭履行社会职能的载体

　　人类社会生活是以群体为特征的。家庭是人类群体的一种特有形式。家庭作为初级社会群体，为人们的社会生活提供了基本的社会生活环境，为人们实现社会化提供了基本的条件。这个基本的社会生活环境和条件，不仅仅是物质方面的，给人以作为居所的"家"，更重要的是其有着承担养育子女的必然性。在家庭这个群体中，人们通过彼此间的相互交往，学习基本的生活常识和经验，逐渐具有能够独立于社会的本领——这便是家庭教育的作用。

　　人类社会生活是靠各种社会关系来维持的，家庭表现了人们之间的婚姻关系和血缘关系。人出生后，首先便是与父母双亲、兄弟姐妹同居共处，即和家庭发生关系，然后才逐步走入社会，发展其他的社会关系。家庭成员之间的互动过程，实际上也是彼此学习和接受教育的过程。人正是在最初的家庭教育中学习认知自身的家庭角色乃至社会角色，学会同他人合作与竞争。

　　2. 家庭教育是一切教育的起点和基础

　　教育是国家民族兴旺发达的根本。在教育体系中，家庭教育、学校教育和社会教育是一个有机联系的整体，它们不仅有各自不同的特点和侧重，更有一致的目标、内容和方法。家庭，是人一生教育的起点；父母，是孩子一生教育的第一位老师。苏联著名教育学家苏霍姆林斯基曾把儿童比作一块大理石，他说，把这块大理石塑造成一座雕像需要六位雕塑家：①家庭；②学校；③儿童所在的集体；④儿童本人；⑤书籍；⑥偶然出现的因素。从排列顺序上看，家庭被列在首位，可以看出家庭在塑造儿童的过程中起到很重要的奠基作用。

　　家庭、学校和社会教育三者之间联系紧密，缺一不可，如果忽视其中任何一个方面，都会导致教育的失败。特别是作为基础的家庭教育一旦出现失误和偏差，在教育对象身上便会形成深深的烙印，是很难在学校教育和社会教育中弥补或剔除的。

3. 家庭教育是传递社会文明的重要途径

家庭是社会的基本单位，是保护人的价值、保护文化认同和传递信仰的基本场所。在社会不断发展、急剧变革的今天，家庭所发挥的传递社会文明的重要功能得到越来越充分的肯定。

家庭是社会文化的载体，家庭教育的本质在于传递社会文化。在中华文明史中，家庭教育占有举足轻重的地位，促进了民族文化的发展。在现代社会，学校教育、社会教育在新旧体制、新旧观念的交替中蓬勃发展，家庭教育的作用也越发突出地表现出来。因为每一个人的思想、道德、文化、能力、个性等方面的发展，都是家庭教育、学校教育和社会教育综合作用的结果，家庭教育在与学校教育、社会教育相互渗透的过程中，使其在社会文化传递方面更具感染力。

4. 优化家庭教育有利于提高全民素质

家庭教育是最具广泛性和基础性的教育。在我国 13 亿人口中，有 4 亿多个家庭。也就是说，数以亿计的未成年孩子的家长都担负着抚养教育孩子的责任。当今，整个社会，每一个家庭对孩子的重视都达到了空前的程度，如何培养孩子成才，成为了广大家长关注的焦点和谈论的热门话题。人们为优化家庭教育不断寻找最佳的方法和途径，也创造了有利于提高自身素质的环境和条件。

优化家庭教育意味着家庭环境的优化。营造适合孩子成长的家庭环境，是家庭教育的重要因素。家庭环境不仅仅是物质生活环境，也包括良好的文化、心理、家庭成员的相互关系等家庭氛围。

优化家庭教育意味着家长自身素质的优化。从人的发展角度看，家庭教育不仅是对孩子的早期教育，而且包含着终身教育的意义，即在家庭教育中，父母不仅负有教育子女的责任，同时也在不断地进行自我教育，并在向孩子学习的过程中提高自己。家庭教育在很大程度上是以潜移默化的方式进行的，家长对孩子的教育不仅仅是说教，更多的是通过父母的行为影响教育孩子。因此，要教育好孩子，一个基本前提是家长先受教育，家长应当以身作则。

优化家庭教育意味着教育事业的整体优化。按照现代教育学的观点，基础教育必须形成以学校教育为主体，以家庭教育为基础，以社会教育为依托的"三结合"教育的新格局。优化家庭教育，可以与学校教育和社会教育形成优势互补，对于促进教育事业的整体优化，更好地培养社会主义事业的建设者和接班人，有着不可估量的作用。

家庭教育水平的高低，效果如何，不仅是某一个家庭的孩子能否成才的问题，更关系到全民族的整体素质和我们国家的未来发展。

═══ 心得分享 ═══

结合自身家庭教育实际，谈谈父母对自己的教育影响最深的地方是什么。写一个简短的心得体会，可发送到课程邮箱。

第三节　家庭教育的任务、目标及特征

一、家庭教育的任务

家庭教育的任务应当包括德育、智育、体育、美育、劳动教育、法制教育、心理健康教育、理财教育等与孩子健康成长有关的方方面面。

1. 家庭德育

━━━　**案　例**　━━━

小俊从小学开始就是家长和老师眼里的好孩子，由于成绩优秀，所以家长对他宠爱有加，有毛病也视而不见，从而忽视了他的品德教育，可谓"一俊遮百丑，分高品行低"。他从小就养成了唯我独尊、自私任性的性格。在高考后，由于成绩优异，他被一所重点大学录取。大学期间，小俊交了一个女朋友。一天，小俊向女友提出发生关系的要求，遭到女友的拒绝，小俊仍不死心，采取暴力手段将女友强奸，小俊也因此被抓获归案。

德育，在许多家庭往往是"说起来重要，做起来次要，忙起来不要"。道德教育很重要，但不是所有的家长都能认识到，有不少家长"重智轻德"，忽视孩子的思想品德教育，以致酿成悲剧。

家庭德育任务指通过家庭思想品德教育，在孩子思想品德发展方面应当达到的、较为具体的规格要求。它为家庭教育目的所决定，又为实现家庭教育目的而服务。从总体上说，家庭德育与学校德育的任务是一致的。但家庭德育的特点决定了家庭德育任务应有所侧重，并为学校德育任务的完成提供一个良好的开端。家庭德育一般包括：①培养孩子具有社会公德意识；②培养孩子具有坚定正确的政治方向，立志为祖国社会主义现代化建设而献身；③培养孩子形成科学的世界观和人生观；④培养孩子思想政治鉴别能力、道德思维能力、道德评价能力以及自我教育能力；⑤培养孩子健全的人格和健康的个性心理品质。家长应依据孩子的年龄特征、接受水平以及家庭的特点，有重点、分层次地完成这些任务。

2. 家庭智育

家庭智育任务指家长通过对孩子进行智力开发和文化知识的传授，在孩子智力发展和文化水平上应达到的要求。主要有：①培养孩子良好的学习动机和学习习惯；②激发孩子的好奇心、求知欲，培养其学习兴趣；③创设优良的学习环境，培养孩子认真的学习态度和学习毅力；④适当地指导或辅导孩子课内知识的学习，鼓励他们勤于思考，大胆地将所学知识运用于生活实践；⑤通过丰富多彩的家庭生活，直接教给孩子生产、生活上有关大自然、社会

等方面最基本的知识，拓宽他们的视野；⑥有意识地通过各种日常生活帮助孩子形成从事智力活动的智力技能和操作技能。

3. 家庭体育

除了大家所熟知的智商、情商和财商，越来越多的家庭开始注重从小培养孩子的"体商"，提高其对体育锻炼的热心程度，以及参与运动的水平。在我国，"健康是最大的财富，锻炼是最好的药方"已成为越来越多的人的共识。

2007年4月，"全国亿万青少年学生阳光体育运动"全面启动。"每天锻炼一小时，健康工作五十年，幸福生活一辈子"等口号家喻户晓，深入人心。

近年来，以家庭为单位进行体育锻炼的热潮方兴未艾，诸如"母女保健操、父子健身跑、家庭运动会、家际球类赛"等，在国外已相当普遍，国内亦逐渐兴起。的确，体育进驻家庭，可以创造融洽、乐观的家庭环境，陶冶家庭成员的个性，达到家庭成员强健体魄、延年益寿的目的。

有些家长认为让孩子参加体育活动耽误学习时间，其实，体育对孩子的健康成长（包括学习）有着积极的作用。首先，体育锻炼能促进人的智力水平的发展。经常参加体育活动能使人的神经系统兴奋和抑制的交替转换过程得到加强，从而改善了大脑皮层神经系统的均衡性和准确性，促进人体感知能力的发展，使思维更加灵活、协调。其次，孩子通过参加体育活动可以培养其良好的个性心理和意志力，因为参加体育活动本身就必须克服困难，遵守竞赛规则，制约和调控自己某些不良的个性品质。最后，体育能增进快乐，调节情绪。研究证明，经常进行体育活动的人，大脑会分泌一种叫作"内腓肽"的物质，科学家称之为"快乐素"，它能使人产生愉悦。现在，由于生活条件的改善，有的孩子几百米的路都不愿意走，缺乏日常的体育锻炼，在物质上，一些家长对孩子也是有求必应，许多东西孩子轻易就能获得，这其实不是好事，这样做，容易造成孩子懒惰、任性。自从电视机、电子游戏机、网络的出现，改变了以往的娱乐方式后，孩子的活跃程度就不如过去了。这对于孩子的影响是非常大的。因此，在减轻孩子学业负担的同时，积极开展家庭体育锻炼就显得尤为重要。开展家庭体育锻炼的要点是：①家长要树立正确的体育观，培养家庭成员良好的体育意识；②针对孩子的自身特点，选择适合家庭锻炼的体育运动项目；③家长要不断地学习，掌握好家庭锻炼的原则、方法与技巧；④家庭体育活动比学校体育活动内容更广泛、更全面。

4. 家庭美育

家庭美育是美育的重要组成部分，它通过家长有意识地培养孩子崇高的审美情趣，启迪孩子的智慧，引导他们正确认识美、表现美，促使他们心灵美、语言美、行为美、形体美，增强他们的审美意识，提高他们的审美能力。

家庭对孩子进行审美教育所要达到的任务要求有：①充分发展孩子感受美的能力，能准确地感受到物质美、社会精神美、艺术作品美；②培养孩子在日常生活中表达美的能力，能充分表达自己的仪表风度美、语言美、行为美；③发现孩子艺术作品的创作兴趣与能力，孩子早期展露的才能，如画画、书法、唱歌、舞蹈、写作等，一旦发现就应及时给他们创造条件并有目的、有步骤地加以培养；④给孩子以健康的情感教育，表现出对人热情、真诚、具有同情心，懂得如何关心人、体贴人；⑤培养孩子健康的审美情趣和正确的审美观点，追求真、善、美，憎恶假、恶、丑。在实施美育的全过程中，都要强调培养孩子具有高尚的道德情操、良好的文明素养和热爱生活的品质，拥有一颗美好的心灵。

5. 家庭劳动教育

家庭劳动教育任务指通过家庭劳动，教育孩子在劳动观点、劳动习惯等方面应达到的要求。主要有：①教给孩子一些从事生活实践和社会实践最基础的知识和技能，使其具有生活自理能力和必要的动手能力；②尽量为孩子选择手脑并用、体脑结合的劳动项目，使孩子能最充分地表现出自己潜在的天赋和创造才能；③鼓励、安排或者和孩子一起参加力所能及的家务劳动及社会公益劳动，使劳动逐渐成为孩子精神生活中不可缺少的部分；④在劳动中培养孩子的劳动观点和热爱劳动、热爱劳动人民、艰苦朴素、勤俭节约的优良品质，以及敢于与困难做斗争的勇气与意志；⑤培养孩子从事家庭劳动的责任感、义务感；⑥对孩子的劳动成果要及时做出正确的评价，以使其始终保持劳动的兴趣与热情。在逐渐养成劳动习惯的同时，还要注意培养孩子办事认真、踏实的作风。

6. 家庭法制教育

━━ 案　例 ━━

法官在审理一起盗窃案件时发现：一个未成年孩子最初只是由于贪小利，把附近工厂的工业原材料铜偷回家垫垫东西。可他母亲发现后，却高兴地说这铜可以卖钱，孩子听到这话大受"鼓舞"，以后便一次次深夜翻墙入厂进行盗窃，窃回的铜均由其母亲联系销赃，销赃后的赃款由母亲掌握，并每次给孩子一些零花钱。直至案发，母子成了共同犯罪的被告人。经过法庭的教育，母亲才知道怂恿孩子去偷窃，协助联系销赃是一种犯罪行为。法庭上，孩子哭丧着脸埋怨母亲，母亲也流下了悔恨的泪水："怨我法制观念不强，不学法、不懂法，害了自己，害了家庭，更害了孩子。"

家庭法制教育是子女接受法制观念和法制意识的重要途径，是培养未成年人守法意识的基础工程。家庭法制教育一方面要提高父母自身的法律意识，防止父母本身犯罪，父母作为成年人，如果犯罪会给孩子造成众多负面影响，这样的教训是很多的；另一方面，也是最重要的就是提高孩子的法律素养，防止未成年人犯罪。

家庭法制教育可以从以下几个方面入手：①通过观看法制教育节目，引导孩子学法。中央电视台综合频道、社会与法频道等就是目前比较好的法制宣传频道，他们用案件侦查、法律讲堂等多种方式，将繁杂的法律问题用浅显易懂的语言进行讲解，一听就明白。②选择典型案件对孩子进行教育，让孩子知法。可以通过网络、报纸、杂志等收集与孩子年龄相近的犯罪案件，让孩子知道什么是犯法的行为，什么是正当防卫，对法律有比较全面的认识。

③创造条件，让孩子用法。学法的目的在于应用，只有能够应用了，才能更好地激发孩子学习的兴趣。家长可以让孩子在解决实际问题的过程中，学会用法律来保护自己。④加强引导，让孩子在实际生活中守法。通过学习引导，让孩子在生活中不做违法违纪的事情，这对于孩子将来的发展有很好的引导作用。

家庭法制教育要求家长做到：①提高家长自身和孩子的法律意识，认真学习法律常识；②对孩子不溺爱、不打骂、不放任，注重教育方式的选择；③有丰富健康的家庭文化生活，满足孩子正当的精神需要；④重视孩子的青春期教育，特别是性教育；⑤注意孩子言行中的不良倾向，防患于未然；⑥教育孩子懂得运用法律武器保护自己的合法权益。

7. 家庭心理健康教育

心理健康是指一种持续且积极发展的心理状态，在这种状态下，主体能做出良好的适应，并且能充分发挥其身心潜能。心理健康包括两方面的含义：一是指心理健康状态；二是指维持心理健康，减少行为问题和精神疾病。心理健康教育有狭义和广义之分。狭义的心理健康教育主要目的在于预防心理障碍或行为问题；广义的心理健康教育则是以促进人们心理调节、发展更大的心理效能为目标，即人们在环境中健康地生活，保持并不断提高心理健康水平，从而更好地适应社会生活，有效地为社会和人类做出贡献。家庭心理健康教育最重要的任务是培养孩子健全的人格、健康的心理和完整的心智。

科学研究表明，在人才的综合素质结构中，心理素质越来越重要，未来对人才心理素质的要求也越来越高。加强心理健康教育是现代中小学教育改革和发展的必然趋势。就时代特点、教育情况和未成年人现状来看，心理健康教育是家庭和学校教育中的薄弱环节，加强心理健康教育指导已经成为亟待解决的大问题。

家庭心理健康教育的策略：①开展家庭心理健康教育的前提是转变观念。②开展家庭心理健康教育的基础是了解孩子。③开展家庭心理健康教育的关键是信任孩子。④在开展家庭心理健康教育的过程中，一定要避免对孩子的心理惩罚。

━━━ 阅　读 ━━━

心理健康的标准

美国心理学家马斯洛和米特尔曼提出的心理健康的十条标准被公认为是"最经典的标准"：

①充分的安全感；②充分了解自己，并对自己的能力做适当的评估；③生活的目标切合实际；④与现实的环境保持接触；⑤能保持人格的完整与和谐；⑥具有从经验中学习的能力；⑦能保持良好的人际关系；⑧适度的情绪表达与控制；⑨在不违背社会规范的条件下，对个人的基本需要做恰当的满足；⑩在满足集体要求的前提下，较好地发挥自己的个性。

8. 家庭理财教育

某商店诱导小学生"超前消费",一名小学生因此欠债累累,在店老板不停催债的情况下,她只好偷家里的钱还债。还有一位叫刘小军的学生,在一年半的时间里就背上 1 万多元的"债务"。

当今这个时代的孩子是先学会花钱后学会挣钱,在花钱和挣钱之间有一个真空:没有经过理财教育的孩子,很多只知道花钱,甚至花钱无度,缺乏正确的消费观念和创造财富的能力。如果说学校生活是社会生活的前奏和预演,那么,在这个时代,理财教育就不应该再是一个空白。尤其是我们致力于提高学生的综合素质,致力于培养适应时代要求的复合型人才,对孩子的理财教育就更不能缺失。

据悉,在国外,理财教育大都从娃娃抓起。比如美国,在小学就有明确的理财教育目标,要求孩子 7 岁看懂价格标签,8 岁知道存钱,9 岁能制订开销计划。在英国,从 2010 年 9 月起,基础财务技能成为初中毕业考试中数学考试的一部分。

在我国,长期以来,理财被认为是大人的事,与孩子无关,因而对孩子"财商"(Financial Quotient,简称 FQ)的培养重视不够。近年来,一直有教育专家呼吁加强青少年个人理财教育。遗憾的是,这种呼声并未引起社会的广泛关注和重视。不少家长仍是只注重孩子的学业教育,在物质上,满足子女的虚荣要求,却极少考虑其是否善于理财;各地的学校也未将理财教育纳入教学范围,不但小学、中学课程中难见相应的课程设置,就是在大学,也难以有机会接触到以投资、创业、消费、理财为核心的系统的理财教育课程,即使有,也是空洞的说教多,实际操作少。

═══ **术　语** ═══

> 财商:一个人认识金钱和驾驭金钱的能力。指一个人在财务方面的智力,是理财的智慧。它包括两方面的能力:一是正确认识金钱及金钱规律的能力;二是正确运用金钱及金钱规律的能力。财商是一个人判断金钱的敏锐性,以及对怎样才能形成财富的了解,它被越来越多的人认为是实现成功人生的关键。

《2012 中国少儿财商调研》白皮书显示:家庭理财教育存在五大问题:一是对子女财富管理能力普遍较差。二是存在放任或专制现象。三是高认同、低认知、弱执行、效果差。四是家长理财教育观相对传统。五是过于倚重自身经验。

家庭理财教育的第一步,就是从"给孩子钱"向"让孩子去赚钱"转变,让孩子早早明白,钱是通过劳动挣得的。首先,教育孩子如何获得钱。"君子爱财,取之有道",从根本上说,钱来自于劳动。其次,教会孩子如何用钱。在这个过程中,家长要对孩子的消费行为进行监管,清楚孩子的消费去向,定下奖惩方法。最后,教会孩子对结余钱财的管理,使孩子学会储蓄。

二、家庭教育的目标

家庭教育的目标不同于学校教育的目标。学校教育的目标，是根据党的教育方针和社会主义教育的性质、目的和任务，由国家确定的。而家庭教育，在培养目标的确定上，很大程度取决于家庭特别是父母的意志，受父母的思想觉悟、文化素质、职业、经历、兴趣和爱好的影响。

家庭教育的目标，是家庭教育活动的出发点和依据，也是教育实践活动的归宿，它制约着家庭教育的活动及效果。家庭教育的任务、内容、教育方法和手段以及各种教育活动，都是依据一定的家庭教育目标确定的。家庭教育的目标制约家庭教育活动的方向，一切家庭教育活动都是实现家庭教育目标的过程。具有明确的家庭教育目标，家庭教育活动才会朝着预定的方向进行。家庭教育目标，不但指导着所有家庭教育活动和整个家庭教育过程，而且，直接影响家庭教育活动和整个家庭教育过程的总体效果，决定着家庭教育的成败。

1. "成人"教育

家庭教育的主要目标就是"成人"教育。这里讲的"成人"，其含义不是"成年"，也不是"成熟"，而是"成长为人"，成为一个真正的人，一个"大写的人"。

恩格斯曾说："人是什么？一半是野兽，一半是天使。"[①] 人首先是动物，人属于动物界，自然有"生物性"，但人又有理想追求、精神情操而近于"天使"。成为"天使"是"人"的理想，变成"野兽"是"人"的悲剧。在日常生活中，人们对那些行为不端的人、劣迹斑斑的人、道德丧失的人称之"野兽""畜生"等，就是说他们缺少或没有人性，而且有非人性的品行，也可称之为"兽性"。人都是善恶并存的，教育就是要去恶存善。"成人"就是要对孩子不断地教化使其"人"的成分和"善"的成分逐渐增多，"兽"的因素和"恶"的因素逐渐消除，成为真正意义上的"人"。简单地说，就是要去掉野性、兽性，成为一个有人性的社会人。

成人，不仅要有健康的体魄，更重要的是还要有健康的心理、健全的人格、良好的品德和法律的素养等。

2. "成才"教育

家庭教育的另一目标是"成才"教育。要让孩子成才，就要抓好家庭智育。智育包括发展智力、掌握知识技能两方面。家庭智育主要是指家长或有关人员对孩子进行的智能教育。家庭智育并不等同于学校智育，它作为学校智育的基础和补充，与学校智育有着极为密切的联系。

智育≠分数。抓智育就是抓孩子的考试分数，而考试分数就是衡量智育水平的唯一标

① 中共中央马克思恩格斯列宁斯大林著作编译局：《马克思恩格斯选集》，2版，第四卷，229页，北京，人民出版社，1995。

准，这个认识是错误的。智育要追求高质量，其中包括理想的考试成绩，但智育的成果绝不仅仅是分数，而是孩子的发展——思维的发展、智慧的发展、求知欲的发展、创造力的发展等。

成才教育的重点是因材施教。因材施教就是从孩子的实际情况、个体差异出发，有的放矢地进行有差别的家庭教育，以弥补学校教育千篇一律所带来的不足，使那些升学无望的孩子不去挤高考这座独木桥，让他们能扬长避短，获得最佳发展，成为最好的自己。

成才教育的核心是开发孩子的智力。智力是一切能力的发源地，是成才的基础。智力包括记忆力、观察力、思维力、注意力、想象力五大要素。记忆力是智力的储存库，注意力是智力的门户，观察力是智力的接收器，思维力是智力的核心，想象力是智力的翅膀。没有注意力、观察力，儿童就无法认识事物，掌握知识；没有记忆力，知识就无法保存、巩固；没有思维力，就无法深刻地认识事物；没有想象力，就无法创新。所以说，智力不发展，就无法掌握更多的知识，就很难成才。

三、家庭教育的特征

1. 带有本能的天然性

生儿育女，天经地义。家庭教育是建立在父爱与母爱血缘关系基础上的一种特殊教育。这种长幼亲情既是本能的、自然的，又是持久的、深切的。父母这种本能的慈爱之心和天然的责任感不仅是家长教育孩子的强大内在动力，更是一切家庭教育活动的良好基础和先决条件。但是，这种情感在对孩子进行教育的过程中，可能产生积极作用，也可能产生消极作用。如果这种情感不用法律来约束，不用道德来规范，不用科学做指导，不用理智去把关，就会使家庭教育产生负效应，使孩子得不到正常健康的发展，甚至会误入歧途。

2. 包罗万象的全面性

家庭教育的全面性，一是指学校教育管理的，家庭教育要管理；学校教育管理不到的，家庭教育也要管。二是指社会教育要完成的，家庭教育必须完成；社会教育触及不到的，家庭教育也是责无旁贷的。总之，家庭教育所涉及的内容比学校教育和社会教育要广泛得多。三是指教育者的全员性。只要有家庭，只要有孩子，长辈们就必须承担起教育后代的责任，把他们培养成才，而且，孩子在接受长辈教育的同时，也会影响长辈和其他家庭成员的思想和行为。四是指对孩子了解的全面性。家长不仅要了解孩子的身体，还要了解孩子的心理；不仅要了解孩子的学习，更要了解孩子的品德。一句话，家长要全面了解孩子，以增强教育的针对性和实效性。

3. 言传身教的广泛性

言传身教的广泛性是指家长对孩子潜移默化的影响涉及方方面面。家长对孩子的言传身教随时可见、随处可见。随着家长素质的提高，长辈对子女的教育越来越重视，越来越趋向自觉地、有意识地进行。即使不太重视家庭教育的父母，对其子女的影响也是客观存在的。

家长对子女择业、待人处事、社交、恋爱婚姻等方面都有十分重要的影响。

4. 各自为政的复杂性

家庭教育的复杂性是相对于学校教育而言的。家庭教育没有规定的教育内容和学制，没有统一的领导。这种教育分散于家庭生活的各个方面、各个环节，从物质生活的吃、穿、用，到精神生活的家风、家规、人际关系，以及文化生活的读书、上网、娱乐休闲、谈心聊天等，都包含着教育的因素。家庭教育的复杂性还表现在长辈们的教育要求往往不一致，经常陷于"教而无效，弃而不忍"的困境。除了自家的影响之外，左邻右舍对孩子的影响也有好有坏。从目前我国的居住条件来看，很难学习"孟母三迁"，这些复杂因素都增加了教育的难度。

5. 教育影响的长期性

家长是孩子的首任教育者，也是终身教育者。家庭教育是相伴人生的，与学校教育相比，更具有连续性和持久性。孩子从出生起就开始接受家庭教育。虽然不同阶段家庭教育的作用大小不同，但始终伴随着孩子的一生。长辈们的脾气秉性、处世之道、行为习惯、兴趣爱好等，对孩子的影响是长期的，甚至是终身的。

6. 承上启下的连续性

连续性表现为继承性。人们在家庭里接受了父辈祖辈对自己的教育，在自己成家立业后，也用同样的教育内容和方式、方法，用从父辈祖辈那里接受的教育及所形成的思想观点、行为习惯，去影响教育自己的后代。家风、家法、家训等就是继承性的一个说明。家庭教育的继承性对于培养儿童、青少年的思想品德和造就具有特殊才能的人，具有十分重要的意义。

7. 潜移默化的渗透性

家庭教育与家庭生活的统一性，使得家庭教育的进行并不仅仅局限于父母对子女直接的道德谈话或行为指导及评价上。家庭生活的多方面因素，都会对孩子起着潜移默化的渗透作用，诸如家庭的自然结构、经济结构、家庭成员间的关系、家庭的气氛、生活习惯等，都会渗透到孩子们的思想意识中去，特别是父母的言行以及家风对孩子的影响更为深刻。尽管这种影响极不容易被觉察，以致孩子们都未曾意识到这些无形的教育，但这种潜移默化的渗透性，确实起着"春雨润物细无声"的作用。

━━ 术　语 ━━

家风：指一个家庭在世代繁衍过程中，通过言传身教，逐渐形成的较为稳定的传统习惯、处世之道和生活作风等。它一旦形成，不仅影响着当代的家族成员，而且具有继承性和延续性，影响极为深远。

8. "遇物则诲"的灵活性

家庭教育不受时间、地点、场合、条件的限制，可以随时进行。家庭不像学校那样有比较系统的教材和设备，而是通过生活中或与孩子共同参与的活动中，利用每个可供利用的机会，向孩子传输道德观念，提高道德判断力，培养道德意志、情感和行为习惯。唐太宗李世民对太子李治就是采用"遇物则诲"的办法，如见太子吃饭，就说，你要知道农民种地的艰难，只有明白这个道理，你才会永远有饭吃；如见乘船，就对太子说，水可以载船，也可以覆船，民众好比是水，君王好比是船，你要多加警醒自己。我们不少父母也经常使用这种方法，如分糖果点心时，教育孩子要先分给长辈，以进行尊老教育；带孩子逛公园，就教育孩子要爱惜花草树木，不能随意攀折，以进行爱护公共财物和环境的教育；看见关于违法违纪的时事新闻，就对孩子进行法制教育；等等。实践证明，这种遇物则诲、相机而教的方式，由于它不仅寓教于事，寓教于物，寓教于景，寓教于各种活动中，还寓教于乐，丰富多彩，生动活泼，具体形象，易于被孩子接受并留下深刻的印象，教育效果一般都比较好。

=== **心得分享** ===

举例说明家长如何遇物则诲、对孩子进行恰当时机的家庭教育，建议把个人的经验发送到课程邮箱。

9. 血缘伦理的权威性

权威是一种不可怀疑的长者的力量和威望，它有着强大的人格感化作用，是一种无声无形的教育力量。在权威性上，家长具有一般教育者难以匹敌的优势。建立在血缘和伦理关系上的权威性，不但具有一般的教育力量，还带有浓厚的亲切感，当然也有一定的强迫性。父母对子女的批评和责备虽然有时尖锐了些、过分了些，但与其他教育者的苛责相比，子女更容易接受，很少抱怨或记仇；即使孩子一时想不通，也常随着家庭气氛的和谐而逐渐消除。更何况子女对父母在生活和经济上存在着一定程度的依赖性，这就更增强了父母的权威性。家长这种血缘伦理的权威性，具有不可抗拒的教育力量，对于提高教育的实效性有着极大的意义。当然，一切事物都是一分为二的，如果家长滥用权威，认为教育子女用不着考虑什么态度和方法，那么，很容易导致家庭教育简单化，至于施行暴力或经济制裁的手段，就更易造成情感的对立，很难达到预期的目的。

10. 防微杜渐的及时性

俗话说："知子莫若父，知女莫如母。"这是因为孩子出生以来，就与父母朝夕相处，有什么想法都愿向父母无保留地倾诉。所以，孩子的脾气和习性家长摸得最透，也最了如指掌。同时，也因为孩子生活在家里，一般比较随便，不像在学校那样有所顾忌，行为有所检点。因而他们的思想作风、行为习惯等就表现得最自然、真实，暴露得也最充分，父母可以在自然状态下，通过子女的喜怒哀乐、言谈举止和实际表现，及时地、全面地掌握孩子的思想脉搏。由于对子女不正确的思想或不良的行为倾向发现较早，教育及时，因而能收到立竿见影、事半功倍的效果，有利于防微杜渐，将问题解决于萌芽之中。

第四节　家长教育的现代价值

一、何谓家长

"家长"一词出自《墨子·天志上》："若处家得罪于家长，犹有邻家所避逃之。"（如果在家得罪了家长，还有邻居家可以作为逃避的地方。）孔颖达疏："《坊记》云：家无二主。主是一家之尊，故知'主，家长'也。"

家长是一家之主，是掌管居住地方的人，指一个家庭之长；在以家族为主体的社会里，家长也指一个家族之长，与族长同义。

在封建社会里，家长是指拥有全家的经济大权、居于支配地位、掌握全家命运的人。

在现代汉语中，家长的内涵更为丰富，指父母或者其他监护人。

在现代英语中，家长（parents）主要是指父亲（father）和母亲（mother）。

father 的词源是 pater（父），mother 的词源是 mater（母）。pater（父）和 mater（母）不是血缘关系，而是表示对权威的依赖，血缘父母身份由 genitor（父亲或母亲）表示，而家中掌权的人叫作家长。这表明，家庭中父亲的地位与生父的身份毫不相干，它源于一种特殊的地位。

在婚姻家庭学中，广义的家长是指一家之主，狭义的家长是指人类家庭史上父权制家庭中的主宰人物。从法学角度来看，"家长"不是一个法律概念，与其相近的法律概念是"监护人"。我国《民法通则》规定：未成年人的父母是未成年人的监护人。未成年人的父母已经死亡或者没有监护能力的，由有监护能力的祖父母、外祖父母、兄、姐等担任监护人。监护人的监护职责包括对被监护人的管理和教育。显然，在现代法律范畴中，"家长"的外延被扩大了，家长不单是指未成年人的父母，而且家长也不会随着子女年龄的增长而使其角色的职能发生变化。

综上所述，家长已不再是家族中最高辈分的人了，"家长就是父母"的观念不免有所局限。家长概念的核心是家庭生活组织者的角色及其职能的履行，而不在于其年龄、辈分、性别等。

二、家长教育：现代教育体系不可或缺的一环

家长教育是指社会教育机构以家长为对象，有组织地向他们提供组织家庭活动（包括教育未成年人）的科学知识和技能，培养正确的生活态度和价值观念，形成准确地理解和有效能地履行自己职责的能力，以实现家庭幸福的过程。通俗地说，家长教育是指对家长实施的有关家庭生活和教育孩子以及提高自身修养与有效技能的教育。家长教育是现代教育体

系不可或缺的一环。

学校是社会发展到一定历史阶段的产物。学校的产生既体现了一定历史阶段社会的客观需要，又反映了一定历史阶段社会发展的水平。

在我国，类似学校的正规教育组织产生于奴隶制国家建立以后的夏朝（前 2100 年—前 1600 年）。"学校"一词源于民国。古代的学校称为庠、序、学、校、塾等。辛亥革命后，民国教育部公布新学制，"学堂"一律改称"学校"，并一直沿用至今。

人类进入信息化时代，教育的信息化必然推动教育的现代化。教育的现代化为学校的发展提供了广阔的发展空间，传统的教学模式和教学方法必将发生根本的改变。

在未来社会中，随着人们工作时间的减少和闲暇时间的增多，把人的一生分为上学、工作、退休的观念将被淘汰。学习不再是学生的专利，教育也不再是学校的特权，学校不再是一个为学生的一生准备一切的场所，教育已贯穿于人的一生，教育与培训的界限将很难划分。所以，有人认为，21 世纪的中国教育将是包括胎教、幼教、初教、中教、高教、职教、成教、老年教育等各级各类教育，为人民提供文化教育、道德教育、职业教育、艺术教育、闲暇教育、专业教育、人生教育、保健与养生教育等内容的终身教育体系。也就是说，未来的教育将是学习社会化、社会学习化的教育，是正规教育与非正规教育相互补充的教育，是教育和社会一体化的教育。社会大系统与教育系统的融合，构成了未来教育的潮流。那种把学校教育等同于整个教育，视学校教育为唯一教育，把人一生分成两段：前半生用于教育，后半生用于工作，接受一次学校教育管用一生等落后的观念和主张，以及那种轻视甚至鄙视非正规教育的做法和态度，都应当加以摒弃。

信息社会对学校教育提出了严峻的挑战，提高了对人才教育的要求，学校单方面的力量在现代教育的生态环境中显得非常薄弱，单靠学校教育的力量已无力撑起一个完美无缺的教育空间。对此，学校除了适时改进自身机制外，还必须积极寻找合作伙伴。学校最重要的合作伙伴应该是家长，家长素质的高低势必会影响合作的效果，所以，家长教育就成为学校发展之必需。

（一）家长教育与学校教育是什么关系

如果说家庭教育是学校教育的基础，那么，家长教育就是家庭教育的基础。所以，可以说家长教育是基础的基础。家长教育与学校教育都是有组织的教育活动，都有相关的理论基础支持，这是两者的共同之处。家长教育与学校教育的区别之处在于：从体制上讲，前者属于非正式教育，后者属于正式教育；从教育对象上讲，前者是以成年人，特别是家庭生活的组织者为主，后者是以青少年儿童为主；从教育内容上讲，前者侧重于生活教育的知识及其方式方法，后者则以科学文化知识为主。

（二）家校为什么要合作

1. 家校合作的概念

━━━ 术 语 ━━━

　　家校合作：家校合作是家庭与学校以促进青少年的全面发展为目标，家长参与学校教育，学校指导家庭教育，相互配合、互相支持的双向活动。家校合作将成为家长和教师关系的润滑剂，对建立融洽的亲师关系有很大作用。

　　家校合作是一个发展的概念。现代社会家校关系已经不仅仅停留在联系、沟通、协调的层面上。家校合作的概念应该包括合作的目标、合作的方式与内容以及合作的状态等方面。

　　家校合作的方式和内容十分丰富，如果以合作活动的主体划分，可以分为两大类：一类活动主体是家长，即家长参与学校教育；另一类活动的主体是学校，即学校指导家庭教育，或称为学校进行的家长教育。

　　一般而言，"家长参与"是家校合作的下位概念，指的是家长参与家庭教育、学校教育和社区教育；"学校指导家庭教育"指的是学校的家长教育。

　　家庭教育与学校教育的关系并不是一成不变的，它随着社会的发展而发展。将家庭教育与学校教育相结合并统合在社会教育之中，共同营造个体教育与个体社会化的大教育系统，形成新型家庭教育与学校教育关系，已成为社会发展、个体成长的必然要求。

2. 家校合作的重要性

━━━ 案 例 ━━━

　　某中学要举行歌咏比赛。初三年级的一位女生，各方面条件都符合主持人要求。为此，学校专门聘请了一位电视台节目主持人为她辅导，到临近比赛时她父亲知道了，极力反对，到比赛时她还是缺席了。家长这种不合作的态度和不负责任的行为，使学校工作受到了影响，也给这位学生造成很大的伤害，让她在同学面前没有面子，更失去诚信。

　　事实上许多学校活动都需要家长的支持和配合，这种支持可能是精神上的，也可能是物质上的，还有可能是责任上的。只有学校和家庭的相互支持，才有家校合作的基础。

　　家长与学校教师是共同教育引导孩子的搭档。孩子的成长，离不开学校、家庭和社会。学校和家庭是教育孩子最重要的两个活动场所，教师和家长是教育孩子最重要的两个代表人物。学校教育与家庭教育各有其功能，无法论及谁优谁劣，最重要的是合作，如果家校无法密切配合，受害的是受教育的个体。

3. 家长参与学校教育的层次

从我国的情况看，我们的家长参与学校教育还处于较低的水准，基本停留在参与学校活动的层面，尚未达到参与学校教学、科研、管理、决策的层次。因此，我们应该创设新的家校合作方式，以便家长更经常、更便捷、更有效地参与学校管理，如可以引进国外的"家长—教师协会"和"家长咨询委员会"等家校合作方式，以适应合作伙伴关系的需要，凸显家长参与学校管理的功能。

4. 教育离不开家长支持

教育工作需要社会的支持，更需要家长的支持。面对社会种种负面影响对学生的冲击，学校教育遇到了前所未有的困难和挑战，学校只靠本身的力量难以提高教育效果。因此，学校比以往任何时候都更需要家长的支持。家长是学校宝贵的教育资源，不同职业或者不同文化背景的家长，可以给学校带来丰富的教育内容，并能为学校的教育和管理提供多种支持和服务。事实证明，家长参与学校教育能够最大限度地使家庭与学校共同承担起教育学生的责任，使学校从唯一的教育孩子的最大责任者的位置上解脱出来。更重要的是，使学校在推行素质教育过程中拥有了一支强大的、默契的支持者和同盟军，壮大了实施与推进素质教育的力量。

5. 教育的大厦需要家庭教育奠基

家庭教育是最早的教育，是整个教育的基石，有着学校教育无可替代的地位和作用。在对学生的教育中，学校教育与家庭教育都有各自不同的优势，当这两种优势实现有机结合时，就能够增强学校教育与家庭教育的整体合力。学校教育要想取得成功，需要家庭教育奠基。这不仅是因为父母是孩子的第一任老师，更是因为家庭教育在孩子发展道路上的重要作用。家庭教育不是学校教育的机械重复，更不是学校教育的简单继续，而是与学校教育互为补充的一项基础工程。

我国著名教育家陶行知先生说："没有家庭的协助教育，学校教育是办不下去的。"美国教育学家杜威也曾说过："教育必须和家庭联系，才能使教育对象受控于教育圈内，按个性发展塑造成理想的人才。"

6. 家庭教育需要学校指导

═══ **案　例** ═══

小斌是单亲家庭的孩子，经济条件差，本人性格内向、孤僻，在家中什么事都不与其母交流，动不动和母亲就会产生冲突，小斌的母亲为此很苦恼。参加了学校组织的家长培训后，小斌的母亲按照培训老师"孩子，有什么事你都说出来，我绝不怪你"的引导去做，不久，小斌就变得开朗、乐观，且成绩直线上升。小斌的母亲高兴地对班主任说："王老师，不论哪一次家长培训，都不要忘了通知我。"

家长参加学校组织的家庭教育指导培训活动是非常必要的，通过培训，可以使家长树立正确的家教理念，学习系统的家教知识，借鉴他人的教育经验，掌握科学的教育方法，提高自身的教育能力，从而提高家庭教育的效果。

如果说家长配合学校教育是一个重要方面，那么学校的家庭教育指导，也就是家长教育，则是另一个重要的方面。家庭教育不仅是某一个家庭内部的事，对家庭教育的指导也不仅是学校单方面的工作，而是一个需要全社会行动起来的系统工程，而学校在指导家庭教育方面有其独特的优势和便利条件。学校指导家庭教育，不仅关系到家庭教育的质量，而且也关系到学校教育的效果。美国心理学家哈里森说："帮助儿童的最佳途径是帮助父母……"因此，学校实施家长教育是家庭教育的需要，也是学校教育的需要。

三、促进家长与教师的有效合作

在现代学校制度建设中，学校必然与政府、教师、学生、家长发生联系。其中，家长又是一个庞大的人群。因为一个学生的背后既有他的父母，也有祖辈家长以及家族成员。一旦孩子走进校园，家长就成为学校不容忽视的内在力量。家长对孩子幸福人生的期盼，教师对学生未来前程的规划，天然地使家长、教师形成教育的同盟。教师把家长这种对孩子接受教育所具有的知情权、建议权、协同权、参与权、监督权化为一种重要的教育资源与力量，让他们参与学校的管理、教育教学、监督评议，可以极大地提高教育质量。

═══ 阅　读 ═══

家长与教师角色比较

在教育中，家长与教师扮演着不同的角色，发挥各自的优势，从表 1-1 可做比较。

表 1-1　家长与教师的角色比较

角色	家长	教师
功能范围	扩散而无限	特定而有限
情感强度	高	低
依恋	适度的依恋	适度的分离
理性	适度的非理性	适度的理性
自发性	适度的自发性	适度的计划性
偏袒性	偏爱	公平性
责任的范围	个人	整个团体
功能的范围	抚养及非专业教导	专业教导及辅导
关系	血缘关系	无特定关系
纪律	言传身教及奖惩	校规奖惩

续表

角色	家长	教师
互动	亲密、互动对象少	疏离、互动对象多
沟通与学习	通过语言及身教	通过文字及情景讨论
作业	从家务中学习	从课程中学习
评核	没有评核制度	通过考试考评，有评核制度
毕业与开除	亲子关系是终身的	毕业或开除，教导关系终止

═══ 反 思 ═══

举例说明家长与教师应该怎样合作？可以将思考的结果发送到课程邮箱。

要提升教育质量，家长与教师必须合作，已是教育所必需。教师，尤其是班主任教师，被称为学校的"首席老师"，具有沟通家校关系的天然优势。一个教师，有义务指导学生的家庭教育，与家长交流教育教学经验，创建家长联谊团体，推动亲子共读，为家长解读国家教育政策，剖析学生问题出现的家庭成因，完善、创新家访制度。作为家长，有义务参与、支持学校工作。家长要认识到家校合作对孩子成长的重要性和独特价值，既做孩子教育的参与者、引导者，更要成为学校教育的支持者、监督者、评议者。在家校合作教育中，构建优质而高效的亲师关系、亲子关系、师生关系，为孩子的成长创造良好的家校环境。

第五节　家庭教育咨询与辅导

咨询，意思是通过某些人头脑中所储备的知识经验，对各种信息资料的综合加工而进行的综合性研究开发。咨询产生智力劳动的综合效益，起着为决策者充当顾问、参谋和外脑的作用。在中国古代"咨"和"询"原是两个词，咨是商量，询是询问，后来逐渐形成一个复合词，具有以供询问、谋划、商量、磋商等意思。作为一项具有参谋、服务性的社会活动，在军事、政治、经济领域中发展起来，已成为社会、经济、政治活动中辅助决策的重要手段，并逐渐形成一门应用性软科学。辅导，指辅佐引导；帮助指导和教育。语出《汉书·王商史丹等传赞》："丹之辅道副主，掩恶扬美，傅会善意，虽宿儒达士无以加焉。"颜师古注："道读曰导。"

═══ 术 语 ═══

家庭教育咨询是为准爸爸、准妈妈、学生、教师及家长或其监护人提供的以分析问题并给出方法和建议为手段，以解决家庭教育问题和困惑为宗旨，以提高家长素质和家庭教育质量为目的的咨商服务过程。

家庭教育辅导是指指导者运用心理学、教育学、社会学、行为科学等多种学科的理论与技术，通过集体辅导、个别辅导、心理辅导以及家庭辅导等多种形式，给学生、教师和家长以帮助、启发和教育，使受导者改变其认识、情感和态度，解决其在家庭教育方面出现的问题，促进受导者思想的转变和素质的提高。

家庭教育咨询与辅导的任务是：宣传党和国家的教育方针、政策和法规，向家长介绍抚养子女的科学知识，组织家长交流成功教育子女的经验和研究家庭教育的有关问题，探索科学的家庭教育方法，沟通家庭教育与其他教育的联系，为有疑难问题孩子的家庭和学校班级提供针对性的意见和建议。其业务包括一系列的内容：孕妇的胎教、1～3岁幼儿、3～6岁幼儿、小学生、中学生等家庭教育咨询与辅导。

开展家庭教育咨询与辅导是解决家庭教育问题的需要，是提高家长素质的有效途径。

一、家庭教育咨询的主要渠道

（1）门诊咨询。在心理咨询室坐等来访者上门咨询，一周集中在固定时间进行；若在固定时间外有来访者，也接受咨询。

（2）书信咨询。通过书信交流形式进行家庭教育辅导。这种咨询方式操作简单，运用方便，可随时进行，及时回复。

（3）电话咨询。通过固定电话和手机与咨询者进行沟通。

（4）专栏咨询。专栏咨询是指结合实际情况，通过广播、报纸等形式对群体典型的家庭教育问题进行解答。

（5）团体讲座。针对团体中存在的普遍性问题进行当面集中指导和咨询。结合群体对象的实际开展团体辅导项目。

（6）网络咨询。以网络为媒介，运用相关理论和方法，帮助当事人以恰当的方式解决其家庭教育问题的过程。就目前而言，网络咨询服务方式主要包括即时聊天软件（QQ）、电子邮件（E-mail）、电子布告栏（BBS）、微信、QQ群等进行个别或团体交谈等。

二、家庭教育咨询技术

1. 建立良好咨询关系的方式

（1）尊重。对来访者给予积极温暖的问候，表现出积极的关怀。在价值、尊严、人格等方面与求助者平等，把求助者作为有思想感情、内心体验、生活追求和独特性与自主性的活生生的人去对待，建立支持和信任的关系，无条件接受和尊重来访者。

（2）真诚。指咨询师在咨询过程中对来访者真挚诚恳，不特意取悦对方，不因自我防御而掩饰，不回避自己的失误和短处，直截了当地表达自己的想法。真诚能换取信任和喜爱，还能给求助者一种安全感，但要注意，不能把真诚理解为简单说实话，咨询师的言行要有助于来访者的成长。

（3）共情。共情是指体验其他人内心世界的能力。它包括三方面的含义：①咨询师借助求助者的言行，深入对方内心去体验他的情感、思维；②咨询师借助于知识和经验，把握求助者的体验与他的经历和人格之间的联系，更好地理解问题的实质；③咨询师运用咨询技巧，把自己的共情传达给对方，以影响对方并取得反馈。共情需要理性，而不能代替当事人做感性判断，共情不代表乱用同情心，那只是为了帮助他人导入积极、乐观、向上的情绪。

2. 咨询参与性技术

（1）倾听。倾听是咨询的第一步，是建立良好咨询关系的基本要求。倾听既可以表达对求助者的尊重，同时也能使对方在宽松和信任的情况下诉说自己的烦恼。倾听时，咨询师要认真、有兴趣、全神贯注地去听，并适当地表示理解，不做价值评价，通过语言和非语言的方式来表达这种关注，使来访者感到被充分地重视。

（2）开放式询问与封闭式询问。①开放式询问通常使用"什么""如何""为什么""能不能""愿不愿意"等词来发问，让求助者就有关问题、思想、情感给予详细地说明；②封闭式询问通常使用"是不是""对不对""要不要""有没有"等词，而回答也是"是""否"式的简单答案。

（3）鼓励技术。一是直接地重复求助者的话或仅以某些词语如"嗯""讲下去""还有吗"等，来强化求助者叙述的内容并鼓励其进一步讲下去；二是对求助者叙述的内容和做法值得肯定的地方给予鼓励。

（4）内容反应。内容反应，也称释义或说明，是指咨询师把求助者的主要言谈、思想加以综合整理，再反馈给求助者。咨询师所做的要求和反应应该与来访者言辞的内容和知识智力水平相符。

（5）情感反应。情感反应与释义很接近，但有所区别，释义着重于求助者言谈内容的反馈，而情感反应则着重于求助者的情绪反应。

（6）具体性。具体性指咨询师协助求助者清楚、准确地表述他们的观点、所用的概念、所体验到的情感以及所经历的事件。

（7）总结。总结是指咨询师把求助者的言语和非言语行为包括情感综合整理后，以提纲的方式再对求助者表达出来。总结要注意语言方式，咨询师不能太过健谈，在反馈时应该清晰和简洁。

三、家庭教育辅导的原则

1. 儿童为本原则

家庭教育辅导应尊重儿童身心发展规律，尊重儿童合理需要与个性，创设适合儿童成长的必要条件和生活情景，保护儿童的合法权益，特别关注女孩的合法权益，促进儿童自然发展、全面发展、充分发展。

2. 家长主体原则

辅导者应确立为家长服务的观念，了解不同类型家庭之家长需求，尊重家长愿望，调动家长参与的积极性，重视发挥父母双方在辅导过程中的主体作用和影响，指导家长确立责任意识，不断学习、掌握有关家庭教育的知识，提高自身修养，为子女树立榜样，为子女健康成长提供必要条件。

3. 多向互动原则

家庭教育辅导应建立辅导者与家长、儿童，家长与家长，家庭之间，家校之间的互动，努力形成相互学习、相互尊重、相互促进的环境与条件。

4. 平等尊重原则

建立平等尊重的辅导、接谈关系，是家庭教育辅导能否取得成效的前提和基础。平等，就是辅导者与受导者在人格上是平等的，辅导者在辅导过程中，要以平等人格主体的身份实施辅导和影响；尊重，就是尊重受导者的人格与尊严，尊重其平等的权利。

5. 差异性原则

差异性原则是指家庭教育辅导要重视个别差异，强调对家庭、孩子和家长的个别化对待，这一原则是家庭教育辅导的精髓。辅导者要了解家长的共性，更要注重了解家长的差异性。在辅导过程中，要考虑受导者的年龄差异、性别差异、学习差异、心理差异和家庭差异，根据不同的需要，开展有针对性的辅导活动。

四、家庭教育辅导的基本方式与方法

1. 家庭教育辅导的基本方式

（1）团体辅导。团体辅导指在团体的情境下进行的家庭教育辅导形式，一是通过团体内多人的交互作用，对个别家庭进行的个别辅导；二是个别专家通过讲座等形式对众多家长进行的统一辅导。

（2）个别辅导。个别辅导指一位辅导者对受导者个体进行的辅导，也可以称为一对一辅导。个别辅导既可以采用面谈的方式，也可以通过电视、信函等其他途径进行。一对一辅导最基本的特征是一个辅导者专门辅导一个受导者，区别于团体辅导中很多人听一个辅导者讲课的辅导模式。

个别辅导的方式是一个有效的辅导途径，但不足之处是耗时多、受众面窄、解决问题单一等。而团体辅导则能有效克服个别辅导的不足。

2. 家庭教育辅导的方法

（1）关注法。关注是辅导的首要技术之一。一是辅导者用口头语言和肢体语言向受导者表达：你是我现在唯一关心的对象；二是辅导者对受导者所述内容的关注与理解，使其感到受重视。因此，关注是尊重的体现，也是同感的基石。

（2）倾听法。学会倾听是辅导的先决条件。家庭教育辅导过程中的倾听要求辅导者不可以随意插话、随意进行是非评论乃至争辩。倾听要求辅导者在聆听受导者倾诉的过程中，尽量克制自己插话、讲话的欲念，不以个人的价值观来进行评断，要表现出对倾诉者内心体验的认同。因此，倾听也是尊重与接纳的表示。

（3）探讨法。探讨是辅导者帮助受导者积极认识、思考问题与困惑的过程。探讨的意义在于帮助受导者寻求解决困难及克服困难的方法。探讨是一个以讨论为基础，以启发为目标的积极的思考过程。探讨不意味着辅导者在探讨过程中要采取被动、消极的姿态完全认同对方所讲的每一句话。与此相反，辅导者要运用提问等方式来表达自己的不同意见。

（4）面质法。在家庭教育辅导实践中，辅导者常常通过提问、反问与深入地讨论来当面质疑受导者思维方法中那些自我偏差、观念陈旧、方法不当等倾向。在此当中，面质的意义不在于否定对方、贬低对方、教训对方，而在于启发对方、激励对方，使受导者学会辩证地看待当前所面临的问题。面质是以接纳、尊重、同感、真诚和温暖等为先决条件的。

（5）表露法。表露是指自我表露，自我表露指辅导者通过与对方分享个人在家庭教育过程中成功与失败的经历来推动其认识自我、发展自我的过程。辅导者在受导者面前适时地表露其个人生活的相关经历，进行现身说法，可以缩短双方在情感上的距离，既有可信度，又有说服力。因此，自我表露也是接纳与真诚的表现形式，但要注意自我表露不宜过分使用。

（6）指导法。指导法是以家庭教育理论为指导，对受导者进行说理教育和方法指导。说理教育重在提高认识，转变观念，从而自觉地反思并规范自己的行为，使受导者心悦诚服。指导法主要是根据受导者的情况和需要，有针对性地介绍一些家庭教育常用的方法和个人发展所需的方法等。

（7）矫正法。矫正是指行为矫正，行为矫正指辅导者对受导者自我完善与自我改变的努力给予纠正的过程。其目的在于帮助受导者改变不良的教育方式、方法与不妥行为。矫正法很注重辅导目标的明确化与具体化，主张对受导者的问题采取启发和建议的处理方法，以帮助对方不断改进自我。

（8）激励法。激励法，是指辅导者用一个具体的奋斗目标鼓舞和激励受导者，使之采取积极的行动，向期望的目标发展的方法。这种方法强调的是建立辅导目标并运用一些肯定与赞扬的方式使受导者积极去达标。在家庭教育中运用这种方法，既可以对集体进行，也可以对个人使用。

思考与讨论

谈到家庭对于我们每个人的意义，有一位诗人这样说：人，这个万物之灵、智慧的灵性，使这种生命体充满了其他生命无法想象的欲望，而家是能够满足我们欲望最多的地方。

首先，每个人都是在家庭里出生成长的，生存的第一步离不开家庭。其次，如果把我们每个人比作一只行走江湖的船，江湖多险恶，而家则是人生航程永远的港湾。与人世险恶的江湖比起来，家给我们的感觉永远是那么的安全和宁静，不仅是身体休息的场所，仿佛也是灵魂的归宿地。最后，家还是世界上最完美的生活俱乐部，人生的七情六欲，从日常生活的吃喝穿住到亲情、爱情及生命的永恒等精神追求，似乎都能得到满足。由此，人们给家取了一个生动而风趣的称号"安乐窝"——安全而快乐的袖珍生活场所。

人类浩如烟海的典籍关于家庭与家教、家风、家训的描述不胜枚举。学习完本章，请思考并讨论以下问题：

1. 在你的生活中，是否在社会上结交的人比你的家人影响更大？如果有，是什么原因？

2. 家庭教育与学校教育，哪种教育对你进入社会后待人处事的作用更大？

3. 把你认识的某位班主任老师与你中小学读书时的班主任老师比较一下，你怎样评价你认识的这位班主任老师？

4. 你认为应该怎样做才能扮演好家长的角色？

5. 怎样做好家庭教育咨询？

6. 怎样做好家庭教育辅导？

可与小组同学开展讨论，分享思考与心得，可将讨论结果和思考心得发送到课程邮箱。

视窗拓展

1. 推荐阅读书目

[1] 余世存. 家世 [M]. 北京：北京时代华文书局，2013.

[2] 赵刚. 家长教育学 [M]. 北京：教育科学出版社，2010.

[3] 曾国藩. 曾国藩家书精选 [M]. 北京：中央编译出版社，2008.

[4] 李天燕. 家庭教育学 [M]. 上海：复旦大学出版社，2013.

[5] 赵刚，李学义. 现代家政学 [M]. 北京：中央广播电视大学出版社，2016.

2. 影视剧

[1] 国产电视剧：《我爱我家》。

[2] 新加坡电影：《小孩不笨》。

第二章　胎儿至幼儿期的家庭教育咨询与辅导

🗐 学习导入

　　孩子从出生到进入幼儿园之前，接触的主要是家长，所以说，家庭是孩子的第一所学校，父母是孩子的第一任老师。家庭是孩子接触时间最早、生活最长的场所，家庭的日常生活是最直接的教育环境，幼儿的吃饭、睡觉、如厕及盥洗等基本活动都是在家庭生活中进行的。为了了解从胎教到幼教的相关知识，本章将探讨胎儿、新生儿和幼儿的家庭教育问题。

🗐 学习目标

　　举例说明科学胎教的主要方法；
　　描述新生儿、婴儿、幼儿的生理特征和心理特征；
　　运用新生儿的护理知识，使其适应新的生活环境；
　　阐述婴儿的记忆特征与启蒙教育方法；
　　阐述婴儿的社会性发展与教育指导策略；
　　归纳幼儿期家庭教育的指导措施。

第一节　胎儿期和新生儿的家庭教育咨询与辅导

━━ 咨　询 ━━

　　一位准妈妈咨询：我知道家庭教育重要，早期教育也重要，而有专家说早期教育要从胎教开始，我很疑惑，刚出生的孩子什么话都不懂，教育起来都很困难，何况对没出生的胎儿进行胎教那不是对牛弹琴吗？请问：胎教真的有用吗？

　　国外神经学专家研究，胎儿从第 5 周之后形成神经细胞，因此父母希望孩子有什么样的智力，希望能够在有利的条件下增进遗传中大脑潜力的发展，这在一定程度上是可以预先设计的，其方法很简单，那就是胎教。古今中外大量事实表明，胎教对促进人类智商的发展是至关重要的，从胎儿时期开始重视家庭教育，将会收到良好的效果。我们应当清楚地意识到，一旦错过胎教的好时机就再没有挽回的可能了。但怀孕后才开始胎教并不是十分正确的做法，只有从制订怀孕计划时就做出胎教计划才能使胎教获得最真实、最明显的效果。

一、胎教——人生最早接受的教育

（一）胎教的含义

━━ 术　语 ━━

胎教主要指准妈妈为了胎儿的健康发育，通过调控自我身心健康，为胎儿提供一个很好的内外生长环境，适当地刺激成长到一定时期的胎儿，从而促进胎儿的健康发育，改善胎儿素质的科学方法。

广义的胎教指为了促进胎儿生理上和心理上的健康发育成长，同时确保孕妇能够顺利地度过孕期所采取的精神、饮食、环境、劳逸等各方面的保健措施。狭义的胎教是根据胎儿各感觉器官发育成长的实际情况，有针对性地、积极主动地给予适当合理的信息刺激，使胎儿建立起条件反射，进而促进其大脑功能、躯体运动功能、感觉功能及神经系统功能的成熟。换言之，狭义的胎教就是在胎儿发育成长的各时间段，科学地提供视觉、听觉、触觉等方面的教育，如音乐、对话、抚摸等，使胎儿大脑神经细胞不断增殖，神经系统和各个器官的功能得到合理的开发和训练，以最大限度地发掘胎儿的智力潜能，达到提高人类素质的目的。从这个意义上讲，狭义的胎教亦可称为"直接胎教"。所以，胎教是以临床优生学与环境优生学相结合的实际具体措施。

比起出生后进行 10 个月的教育，怀孕期间 10 个月的胎教更加重要。也就是说比起孩子出生之后接受的智力开发、英才培养等系统教育，怀孕期间 10 个月所受到的胎教重要得多。因此，要想生出身心健康的孩子，就一定要进行良好的胎教。过早胎教是对牛弹琴，不当胎教是戕害生命，科学胎教才会创造奇迹。

胎教是家庭教育的开端，胎教学说源远流长。我国是世界上最早提出并实施胎教的国家，古人对胎教已有了充分的研究。据史料记载，我国实施胎教的历史可以上溯到距今三千多年的西周时期。最早实施胎教的是西周文王的母亲太任。据《烈女传》记载：太任自妊娠后，"目不视恶色，耳不听淫声，口不出熬言，能以胎教"。正因为太任自觉地实施胎教，故文王出生后天资极高，聪慧明圣，成为历史上的贤明之君。西周是我国胎教理论与实践发展的初始阶段，到了春秋战国时期，胎教之道从宫廷中逐渐流传到民间。当前，许多国家在胎教方面都做了大量的研究，并成立了胎教指导中心，推广普及胎教知识，以培养更多的早慧儿童。现代科学的发展已证明，胎儿具有惊人的能力，在妊娠期间采取适当的方法进行胎教，可以促进胎儿的良好发育，开发其潜在能力。

（二）孕妇的注意事项

1. 注意营养

受精卵长成新生儿，期间体重增加几亿倍，这奇迹变化的物质基础便是母亲供给的营养素。尤其怀孕中后期，胎儿生长发育很快，更需要孕妇提供充足的营养。这对胎儿的发育尤其是脑发育的影响很大，所以孕妇要多吃些肉类、乳制品、蛋类、豆类、蔬菜、水果等食品，保证有足够的热能、蛋白质、钙、铁、维生素等。

2. 保持愉悦的心境

母亲与胎儿在生理上存在着一种通路，当怀孕母亲受到恐吓，与大脑皮层相连的下丘脑便会发出指令，身体出现脉搏加快、瞳孔放大、手心出汗、血压升高等现象，而且信号传入内分泌系统，促使神经激素分泌加剧，会使胎儿躯体发生变化，这种情况持久下去就会影响胎儿的生长发育。

3. 避免有害的生活方式

孕妇不要吸烟、喝酒、随便用药。烟中的尼古丁、一氧化碳以及其他有害物质，可经由胎盘传入胎儿体内，导致胎儿发育迟缓，以致早产或死亡；酒精中的有害物质很容易通过胎盘被胎儿吸收，胎儿可能出现"胎儿酒精综合征"，日饮烈性酒300毫升，孩子的畸形概率为5%；有些药物对胚胎和胎儿的影响很大，甚至带来危害。药物致畸主要发生在妊娠头三个月，因而孕妇要按照医师的指导用药。

（三）科学的胎教方法

目前，国内外广泛采用的胎教方法主要有以下几种：

1. 音乐胎教法

音乐作为胎教的内容受到科学界一致的肯定。音乐的节奏和独特的音响可以引起人的生命活动周期（如心率、呼吸率等）的变化，它既可以改善孕妇的身心状况，提高免疫能力，又可以使胎儿获得充分的刺激。音乐胎教宜从胎儿四个半月到五个月月龄时开始，在胎儿每天觉醒的时候进行胎教，每次15分钟左右即可。用于胎教的音乐应经过严格的筛选。适合做胎教音乐的曲子应该具备以下一些条件：①器乐曲宜宁静或优美活泼，其配器精致、音色丰富、和声简明、篇幅适中，切忌单调冗长。②声乐曲宜欢快、明朗，歌词以歌颂大自然、歌颂祖国、家乡，讴歌生活和人生的内容为主。歌曲体裁以艺术歌曲、通俗歌曲和民歌为宜。胎教音乐也可以由父母自己演奏或演唱。

2. 言语胎教法

言语作为一种听觉材料有着比音乐更频繁、更复杂的音位变化，也是胎教的重要内容。

胎儿熟悉了父母的声音，可以减少胎儿出生后对人际环境的陌生感和不安全感，提高胎儿出生后对言语的敏感性。言语胎教还可以激发胎儿脑细胞的增长，可以为胎儿大脑两半球言语功能的平衡发展奠定基础。胎教的言语材料也必须经过严格的挑选，格调清新、篇幅短小的诗歌、散文，活泼诙谐、富于哲理的童话、寓言故事，生活气息浓郁、短小轻快的儿歌、歌谣等，都是很好的胎教言语材料。如果能够使用第二种语言进行胎教，效果会更好。

3. 体操胎教法

父母有意识地帮助胎儿在母腹内做体操。胎儿七周时就开始在母腹内活动，胎儿的活动从简单到复杂，从轻轻地蠕动到吞吐羊水、眯眼、咂指头、握拳头、伸展四肢、转身、摇头等。一般到第四个妊娠月时，孕妇就能感觉到胎动。孕妇轻轻地抚摩腹部，可以促进胎儿的活动，使胎儿血液循环加快，单位时间内摄入的氧气增多，促进胎儿的心脏、呼吸系统、肌肉和骨骼系统、大脑皮层以至整个神经系统的发育。

孕妇可通过两种方式帮助胎儿做"体操"：第一种方式是孕妇通过触摸腹部直接运动，即孕妇平躺在床上，全身放松，用手抚摸腹部，触及胎儿；第二种方式是通过孕妇的锻炼活动，使血液循环加快，呼吸加深，体位变动，间接促进胎儿的活动，带动胎儿做"体操"。孕妇体操的基本姿势有仰卧姿、跪姿、立姿三种。特别需要注意的是孕妇应量力而为，孕妇锻炼以 5～10 分钟为宜，动作宜稍慢，幅度不要过大，动作不能猛烈。

4. 光照胎教法

胎儿的视觉较其他感觉功能发育缓慢。从孕妇怀孕 24 周开始，每天定时在胎儿觉醒时用手电筒（弱光）作为光源，照射孕妇腹壁胎头方向，每次 5 分钟左右，结束前可以连续关闭、开启手电筒数次，以利于胎儿的视觉健康发育。但切忌强光照射，同时照射时间也不能过长。

胎教很重要，而且要进行科学胎教，根据妊娠时间来决定刺激的强度与时间，切忌热衷于较大程度的刺激，否则会造成相反的效果，对腹中胎儿不利。

═══ **心得分享** ═══

谈谈你对科学的胎教方法的认识，建议把个人心得发送到课程邮箱。

二、父母要扮演好各自的角色

═══ **案　例** ═══

晓月和吴军是一对年轻夫妇。当初晓月怀孕时，主要由晓月的妈妈来照顾。吴军天性开朗热情，喜欢和同事朋友聚会，他觉得妻子怀孕就是妻子一个人的事情，自己的主要任务就是挣钱、应酬，最多给妻子买回来一些好吃的。因此，他家务活很少做，对妻子的感受也很少过问。当孩子降生时，吴军大摆宴席，当了爸爸，他激动万分。然而，随之而来的却是无穷无尽的烦恼：晚上不能好好休息，吃饭也常常被打断，妻子也变得烦躁起来，他在工作中不能集中注意力，连聚会活动都不能参加了。吴军开始整日无精打采，和妻子的关系越来越僵化。本来他们夫妇是非常想要一个孩子的，可是孩子来了，他们却陷入了困惑。他们不仅没有体会到初为父母的幸福和喜悦，而且还丧失了自我。

十月怀胎，一朝分娩。一个孩子的到来，往往会开启一个家庭生活全新的一页，既能给家庭带来快乐，也有可能带来烦恼。有些人认为，当医生得学医学，当教师得学教育学，可当父母没什么专业可学的，只要有了孩子，我们就自然而然地成了爸爸和妈妈，没有谁能剥夺我们这个权利。然而在美国就发生过因为父亲殴打孩子而被剥夺监护人身份的案例。血缘关系是注定的，但是亲情还是会改变的。如果父母不称职，就不配做孩子的监护人。所以，我们不可小瞧"父母"的神圣与伟大。从孩子的孕育到长大成人我们一直要学习如何做父母，这是一个持续不断的过程，因为每个阶段都有不同的特点、任务和挑战，父母要伴着孩子的成长而成长。如果准父母能够通过学习做好准备，当孩子降生时，就能够适应，不会慌乱，就能扮演好父母各自的角色。

三、新生儿的特征与教育

新生儿，是指从出生至出生后 28 天的婴儿，这个时期是婴儿离开母体独立生活的开始阶段。

（一）新生儿的生理特征

新生儿解剖生理上的突出特点是柔软和娇嫩，但其生长发育非常迅速。新生儿具体的生理特征如下：

1. 身体特点

新生儿的体型很特殊，头、身长，四肢短。头约占整个身高的 1/4（成人为 1/8），腿约占 1/3（成人占 1/2）。这种体型决定了新生儿活动形式不够自如灵活。随着年龄的增长，身体各部分才逐渐协调起来。

新生儿出生时身高约为 50 厘米，体重约为 3～3.5 千克。出生后几天，体重略有减轻，第二周开始恢复，以后体重迅速增长。新生儿的皮肤常呈红色，而且有些皱，像个"小老头"。随着肌肉的丰满，皱纹很快消失，皮肤也逐渐变白。新生儿的皮肤比较细嫩，很容易受损伤。

新生儿的骨骼非常软弱，构造与成人不同，所含无机盐少、水分多，血管丰富，所以弹性较强，硬度不足，不易折断，但易弯曲，很难支持身体动作，甚至支撑不住头的重量。当然，这与新生儿肌肉柔弱无力也有直接的关系。

新生儿的内脏器官还没有发育成熟，在胎龄 26 周出生的新生儿已有自主呼吸，但由于新生儿呼吸中枢发育不够成熟，呼吸表浅，频率较快，每分钟呼吸约 40 次以上。心跳很快，消化与体温调节功能也不完善。新生儿出生后，绝大多数在 12 小时内开始排出黑绿色、黏稠的胎粪。总之，新生儿比小动物维持生命的能力差得多。有许多小动物刚出生就可以离开母亲自己生存，而新生儿离开成人的照顾就不能生存。新生儿需要成人的精心照料，对他们的饮食起居应该特别细心安排。

2. 神经系统的特点

与人体其他器官和组织相比，神经系统的发育相对来说是比较早见的。胎儿六七个月时，脑的基本结构已初具雏形。但婴儿出生时，神经系统还没发育完全，脑的结构比较简单，神经系统的功能很不完善。新生儿脑细胞的体积小，神经纤维的长度和分支也不发达，神经纤维还未髓鞘化（轴突外包的髓鞘没有形成）。

新生儿睡眠时间很多，出生头几天，约有 80% 的时间处于睡眠状态。清醒的时间很短，常常是在饥饿或尿布湿了的时候才醒来，有时甚至吃着奶就昏昏欲睡了。睡眠是保护性抑制的突出表现，当刺激超过一定的强度或持续时间过久时，神经细胞产生疲劳，导致大脑皮层的兴奋性降低，从而进入抑制状态，称为超限抑制。超限抑制对大脑皮层细胞有保护作用，所以也称为保护性抑制。新生儿神经系统发育还不够成熟，外界刺激对他们来说，往往是"超负荷"的，因而新生儿睡眠也较多。

新生儿在睡眠时间里，常常处于似睡非睡的状态，睡眠不稳，周期较短。在清醒时间里，新生儿的兴奋容易泛化，对外界事物较难作出准确的反应。身体的一个部位受刺激，就会引起全身性的动作反应。这些表现，也都与新生儿神经系统的不成熟有关，与新生儿大脑皮质的兴奋和抑制活动不完善有关。因为兴奋和抑制是两种对立的高级神经活动过程，在大脑皮层的正常活动中具有同等重要的作用。在某些条件下需要兴奋以发起活动，而在另一些条件下则需要抑制以停止活动。抑制不必要的活动是更好地进行必要活动的保证，它既可以使兴奋引起的反射活动更精确、完善，又可以使脑神经受到必要的保护，因而也是有机体认识事物的生理基础。新生儿的兴奋、抑制规律性不强。新生儿神经系统的不成熟还表现为神经系统的调节功能很差。新生儿动作混乱、没有秩序，有些新生儿两只眼球的运动也不协调，有时一眼看左，一眼看右，呼吸、心跳、肠胃活动也往往不规律。所以，新生儿要适应变化了的环境，主要依靠低级中枢实现的本能活动。

（二）新生儿的护理

案　例

有一对年轻父母喜得儿子，听说摇晃会有助于其安静入睡，于是每天晃动新生儿，结果导致大脑晃动，血管破裂，智力低下，险些有生命危险。医生分析，新生儿刚刚出生，身体很多功能都不完善，所以对待新生儿的护理要更加科学与理性。

1. 保暖

为新生儿做检查及护理时，必须注意保暖，特别是在寒冷的冬季。一般而言，房间温度在 24～25℃时最有利于新生儿的健康，因为这时的身体只需通过血管舒缩的变化即可维持正常体温，不需出汗散热或加速代谢产热。

2. 预防感染

成人护理新生儿时要注意卫生，在每次护理前均应洗手，以防止手上的细菌接触到新生儿细嫩的皮肤发生感染。患有传染性疾病或带菌者都不可以直接接触新生儿，以防传染给新生儿。

3. 皮肤护理

刚出生不久的新生儿，在脐带未脱落之前，尽量不要采用盆浴，可以采用干洗法为新生儿擦身。脐带脱落后，可使用盆浴，宜用无刺激性的婴儿专用香皂，浴后要用干软的毛巾将身上的水吸干。每次换尿布后一定要用温热毛巾将臀部擦干净，并吸干，有时因尿液刺激使臀部皮肤发红，可涂少许无菌植物油。寒冷季节臀部红肿明显时，还可用电吹风在红臀局部吹烤，每日 3～4 次，每次 5～10 分钟。注意电吹风不可离皮肤太近，以防烫伤。

4. 五官护理

应注意新生儿面部及外耳道口、鼻孔等处的清洁，但勿挖外耳道及鼻腔。此外，新生儿口腔黏膜细嫩、血管丰富，极易擦伤而引起感染，故不可经常用力擦洗口腔，更不可用针特别是不清洁的器具去挑碾牙龈上的小白点——上皮小珠（俗称"马牙"或"板牙"），以防细菌由此处进入体内而引起败血症。

5. 衣服

新生儿皮肤娇嫩，所以要给新生儿穿柔软、宽松的衣服，旧衣服可能会更好一点，但一定要洗干净。衣服不宜扎得过紧，以防损伤皮肤。

6. 哺乳

新生儿出生后，如果母体状况良好，应尽可能在产后半小时内给予母子皮肤接触并让新生儿及早吸吮母乳，提早喂奶不仅可使出生后的新生儿较早地获得营养，同时也可促进母亲乳汁的分泌和减少新生儿低血糖的发生。要让新生儿吃好、睡好，注意保暖和清洁卫生。父母或负责照料新生儿生活的其他人，应该在孩子出生之前就学习科学育儿的知识，以减少这位新成员给家庭带来的忙乱。

=== **提　示** ===

　　新生儿的预防接种也是十分重要的。一般来说，健康的新生儿都会接种卡介苗、乙肝疫苗第一针，在此期间给新生儿洗澡要避免将洗澡水弄湿注射部位的皮肤，要保持局部的清洁。

（三）新生儿的心理特征及教育指导

新生儿时期是身体生长发育和心理发展最快的时期，新生儿的心理特征具体表现如下：

1. 感知觉能力的发展

从发展的角度来看，感觉能力是发展最早且最早趋于完善的一种基本心理能力。大量研究表明，新生儿的各种感觉器官从一开始就处于积极活动状态之中，因此，新生儿已具有一定的感觉能力。最早出现的是皮肤感觉（触觉、痛觉、温度感觉），其敏感度已经接近成人。新生儿的视觉也有所发展，瞳孔对光反射有短暂的注视，目光能跟随近距离缓慢移动的物体，能在20厘米处调节视力和两眼协调。新生儿已有良好的听觉灵敏度，50~90分贝的声响能引起呼吸的改变。新生儿对不同的味觉物质已有不同反应，对有气味的物质也有不同的反应。

2. 运动能力的发展

新生儿动作主要是自发的运动，动作无规律、不协调。新生儿手接触物体时出现握持反射。

3. 情绪与情感的发展

情绪与情感是激活心理活动与行为的驱动力。新生儿在出生后就有了基本的情绪，由生理刺激引发的痛苦，不良味刺激引发的厌恶，以及微笑、兴奋、愉快等情绪都有出现。

4. 气质特征

气质是个性发展的最原始的基础，其特点具有先天的性质。从新生儿的睡眠规律、活动水平、爱哭程度、哭声大小都可以看出新生儿的个体差异。气质一般分为四种类型：多血质、胆汁质、黏液质、抑郁质，气质没有好坏之分。

根据新生儿的心理特点进行教育，能帮助新生儿更好地适应新的生活环境，具体的方法有：

第一，家长要提供一个安全、丰富、愉快的环境。父母要为新生儿提供适量的视听刺激，经常对新生儿进行抚触按摩，帮助新生儿进行一些基本的动作训练，如坐、爬、抬头等，与新生儿建立良好的亲子关系。

第二，给予爱抚和关怀，培养新生儿的信任感，发展其对周围环境尤其是社会环境的基本态度。新生儿出生后，需要爱抚、搂抱，要有人逗他们说话，等等，家长要及时地满足他们的合理需要，这样能使家长和新生儿之间建立安全性的依恋关系，也能够增强新生儿对家长（照料者）的信任，使新生儿感觉世界是可依赖的、安全的。

第三，保证新生儿的睡眠和营养的需要。新生儿的主要任务在于对外界环境及生存方式的适应。新生儿的特点是睡眠时间长，应养成合理的睡眠习惯。对新生儿来说，充足的营养主要是母乳，母乳喂养可以增强新生儿对疾病的抵抗能力及母子感情联结。

━━ **心得分享** ━━

谈谈你对新生儿家庭护理的认识，建议把个人心得发送到课程邮箱。

第二节　婴儿期的家庭教育咨询与辅导

一、婴儿的生理特征

婴儿期是指个体从出生到两岁左右的这段时期。出生后的头两年，婴儿的发展变化非常快，从生理角度看，主要包括大脑、身体与动作的发育等。

(一) 大脑的发展

1. 脑重

婴儿出生时脑重量约为 350～400 克，是成人脑重量（约 1 400 克）的 25%，而这时婴儿体重只占成人的 5%。此后第一年内婴儿脑重量增长速度最快，1 岁时为出生时的 2 倍，达到 800～900 克，占成人脑重量的 50%。而儿童体重要到 10 岁时才能达到成人的 50%，可见，婴儿大脑发育大大超过身体发育的速度。婴儿出生后脑重量的增加主要是因为神经细胞体积增大和树突的增多、加长，以及神经髓鞘的形成。

2. 头围

婴儿头围平均为 34 厘米，为成人的 60%，6 个月时为 42 厘米，1 岁时为 47 厘米，2 岁时为 48～49 厘米，10 岁时达到成人头围，平均为 52 厘米。如果孩子的头围明显超出上述数字，如新生儿头围超过 37 厘米，就属于"大头"。其实，头大有时候还是某些疾病的表现。例如，佝偻病的患儿头颅不但大，而且颅骨软，脑积水和巨脑症的患儿头围比正常婴儿大，脑的重量也比正常婴儿重，但他们的智力却比正常婴儿低。如果新生儿头围小于 32 厘米，或 3 岁后小于 45 厘米，则为"小头畸形"。

3. 神经纤维髓鞘化

━━ **术　语** ━━

髓鞘化是指在胎儿后期和新生儿早期，神经元和神经纤维迅速被一层类似电信的绝缘体的蜡纸磷脂所覆盖。

神经纤维的髓鞘化，是脑内部机构成熟的主要标志，它保证神经冲动沿着一定的通道迅速而准确地传导。婴儿出生时，神经元结构还比较简单，神经纤维短而少，大部分神经纤维还没有髓鞘化。神经系统各部分神经纤维实现髓鞘化的时间不同。较早完成髓鞘化的神经纤维是感觉神经，其次是运动神经，这便是婴儿动作发展落后于感觉发展的主要原因。神经纤维髓鞘化通常在 6 岁左右完成，但与高级智力活动直接相关的前额叶联合区可能要在 20 岁以后才能完成髓鞘化的过程。

4. 大脑单侧化

大脑单侧化即看起来似乎是完全对称的大脑两半球，实际上在大小和重量上，尤其在功能上是有差异的，这种大脑两半球功能不对称性称为"单侧化"。

脑功能核磁共振成像的研究揭示，左半球擅长对信息进行有序的、分析式的（逐步的）加工，这种方法有利于处理交流信息，包括口头信息（语言）和情绪信息（愉快的笑容等）。相反，右半球专门对信息做整体、综合的加工，它有利于加工空间信息，调节消极情绪。大脑单侧化可能是进化的结果，它使人类能更有效应对环境的变化。比起两半球以相同方式加工信息，单侧化有利于有效地发挥更多的功能。

5. 婴儿大脑的可塑性

在生命的前几年，大脑具有高度可塑性，它能重塑大脑各区域的特定功能，这是成熟大脑做不到的。因此，若大脑在婴儿期和幼儿期受损，其认知功能的损伤不如大脑在后期受到损伤的成人严重。

脑可塑是指大脑可以为环境和经验所修饰，具有在外界环境和经验的作用下塑造大脑结构和功能的能力，分为结构可塑和功能可塑。脑的结构可塑是指大脑内部的突触、神经元之间的连接可以由于学习和经验的影响建立新的连接，从而影响个体的行为。它包括突触可塑和神经元可塑。功能的可塑性可以理解为通过学习和训练，大脑某一代表区的功能可以由邻近的脑区代替，也表现为脑损伤患者在经过学习、训练后脑功能在一定程度上的恢复。

6. 大脑的敏感期

在大脑的快速发育时期，对大脑的刺激至关重要。对动物的研究证实，早期的极端感觉剥夺会导致永久性的大脑损伤和功能丧失，这一结果证实，脑发育存在着敏感期。例如，早期各种视觉经验对大脑视觉中枢的正常发育非常重要，如果对出生 1 个月的小猫进行光剥夺，哪怕只有 3~4 天，这一脑区也会退化。也就是说，如果把出生一个月的小猫一直关在黑暗中，其大脑的损伤就会非常严重，而且是永久性的。

（二）婴儿的身体发展

━━ **咨　询** ━━

一位爸爸咨询：丹丹妈妈在怀孕时就打算要把丹丹打扮成最可爱的小宝贝，于是给丹丹准备好多新生儿穿的漂亮的小衣服和小鞋子，丹丹奶奶则建议小衣服不用买很多，应准备些大尺寸衣服，这样比较实用。她们二人谁的想法和做法好呢？

丹丹奶奶的想法比较好一点，她的建议是基于婴儿身体生长发育的迅捷性特点。新生儿在头一年内的生长发育是非常迅速的。婴儿在出生头3个月内，他们的体重几乎每天增加28克；到4~6个月时，体重已是出生时的两倍；1岁时体重增加到出生时的3倍（9.5~10千克）；到2岁时，体重是出生时的4倍。在正常情况下，婴儿的身高也会发生明显的变化：婴儿在其生命中的头三个月内，身高每月增长2.5~3厘米；在其出生一年后，身高可以达到出生时的1.5倍；2岁可达出生时的1.75倍，此后婴儿的生长速度会逐步放慢。婴儿可能数天或数星期保持同样的身高，然后在某一天内突然高1厘米之多。儿童身体发展的变化速度在两岁后开始减缓。

随着年龄的增长，婴儿身体的肌肉、脂肪构成发生了较大的变化。身体脂肪（大部分都是在皮肤下面）在产前期的最后几周开始增加，出生后继续增加，到9个月时达到顶点。就像平时所见，6个月婴儿的身体通常有丰厚的"婴儿脂肪"，这种脂肪有助于婴儿保持体温恒定。在出生后第二年，婴儿开始变得苗条起来，且这种趋势会持续到幼儿中期。与此相反，肌肉以一种不同的方式在生长，在整个婴儿期和幼儿期发展非常慢，同时其力量和身体的协调性也很有限。

1. 体重

体重是指人体的总重量，在一定程度上反映儿童的骨骼、肌肉、皮下脂肪和内脏重量及其增长的综合情况，也作为计算药量的重要依据。与身高相结合可用以评价机体的营养状况和体型特点。

2~10岁儿童的体重可按下面公式估算：

$$体重（千克）\approx 年龄 \times 2 + 8$$

用体重评价儿童的营养状况时一般用两种方法：①按年龄的体重。按儿童年龄分组，用体重的均值作为标准，以均值±10%作为正常范围，大于均值10%为超重，大于均值20%为肥胖；相反，小于均值10%为轻度营养不良，小于均值20%为重度营养不良。②按身长（身高）的体重。根据世界卫生组织的标准，用不同数值的身长所应有的体重为基准，不分年龄和性别，用百分位数法列表，使用时按照儿童的身长值查出标准体重，如果所测儿童的体重位于第20百分位数到第80百分位数之间，说明该儿童的体重属正常范围。

2. 身长

身长是指人体站立时颅顶到脚跟的垂直高度，是最基本的形态指标之一，常被用以表示全身生长的水平和速度。身高方面表现的个体差异，比体重所表现的更大。身高方面的异常，大多由于先天性的骨骼发育异常与内分泌疾病所致。

儿童的平均身高可按下面公式估算：

$$身高（厘米）\approx 年龄 \times 5 + 75$$

身高和体重是身体发育的重要标志。从出生到成熟的整个发育时期，儿童的身高和体重都在增长，一般女孩可长到18岁左右，男孩可长到20岁左右。不同的生长周期中儿童的身高和体重增加的速度是不同的，发育的速度呈S形。有两个最快的发育高峰期，第一个高峰期在出生后的 1 ~ 2 年。在第一年内儿童的身高增长 20 ~ 25 厘米，增长量是出生时身长的 50% 左右；体重增加 6 ~ 7 千克。第二年儿童的生长发育速度也是较快的，身高增长 10 厘米，体重增加 2.5 ~ 3.5 千克。此后增长速度急剧下降，身高在 2 岁后每年增长 4 ~ 5 厘米，体重每年增加 1.5 ~ 2.5 千克，保持相对平稳的发展速度。

出生头一周内，婴儿每天都会有可见的变化；头一个月内，每周都能观察到不同；出生的头一年内，每个月都会有明显的发展。

（三）婴儿的动作发展

=== **案　例** ===

两岁的阳阳对身边的很多事物都非常的好奇，并且十分愿意自己去尝试和探索做很多事情。一次喝水的时候，他坚持要自己拿玻璃杯喝水，拒绝妈妈的帮助，但是由于玻璃杯比较大，比较滑，他不小心弄掉了杯子，玻璃碎片与水撒了一地。从那以后，妈妈就不让阳阳单独使用玻璃杯了。

儿童的发展并不是一蹴而就的，在发展的过程中，儿童难免会犯一些错误，但是家长为了减少麻烦，往往采取禁止、包办等办法，剥夺了儿童成长的权利。

=== **提　示** ===

动作技能的掌握使人获得越来越复杂的动作系统。当动作技能作为一个系统起作用时，各种单一能力结合起来共同发挥作用，每一技能和其他技能一起，使人对环境的探索和控制更加有效。

个体的动作发展存在一定的差异性，从与生俱来的无条件反射到有目的的复杂动作技能的发展进程来看，动作是行为的基础，动作的发展和儿童身体的发育、骨骼、肌肉的生长有着密切的关系，个体动作的发展过程遵循一定的顺序原则。

1. 身体发育和动作发展方向的三大原则

一是头尾原则，即指生命发育和动作发展都是从头到脚，由上至下的。从新生儿的身体状况来看，新生儿的头部比例是较大的，随着年龄的增长，婴儿的身体比例也发生着变化。另外，从大小肌肉的发展和协调性来看，身体上部的肌肉，包括颈部、肩部、上肢等的发育先于身体下部肌肉的发育。二是近远原则，是指婴儿的身体和动作的发展是从中部，由近及远，由中央到外周，依次进行，即是说头和躯干的发展先于臂和腿，臂和腿又先于手指和脚趾。三是大小原则，是指婴儿身体大肌肉的发展先于小肌肉的发展，因此，婴儿的动作是从大肌肉的、大幅度的粗动作的发展开始，逐步发展小肌肉的精细动作。

2. 所有婴儿的动作发展都具有相似的模式

从发展的角度来看，一个阶段的发展奠定了下一个阶段的发展基础。例如，在动作发展中，婴儿在独立行走之前，必须经过一系列的发展，他们总是先能够抬头和转头，然后才能够翻身；先能够挪动胳膊和腿以后，才能抓握物体；先学会爬行，然后才能学会站立。总之，婴儿动作发展是按照一定方向，有系统、有秩序地进行。

3. 由普遍到特殊，从弥散性到精确化，从无意到有意

婴儿最初的动作是普遍性地、无方向地移动，挥动胳膊、踢腿，随后能伸手取物或爬向目标；在抓取物体时，他们先是用整个手掌抓握物体，进而学会用拇指与食指捏起物体。

4. 生长发育的速率有个体差异

虽然婴儿的生长发育、发展的模式与过程是相同的，但每个婴儿的发展速率却有所不同。例如，有的婴儿在 9 个月开始独立行走，而有的婴儿则要到 15 个月才能独立行走。同一个婴儿在不同方面的发展速率也有所不同，如有的婴儿语言发展可能较好，而动作协调性却可能不如同龄的其他婴儿。

5. 受成熟、学习和环境的影响

成熟模式是先天决定的，学习是经验的成果，环境可以使其发展阶段提前或推后。身体发育和动作发展的速率主要是遗传的结果，但探寻世界的机会可以提供具有丰富的刺激和变化的环境，能加强婴儿的动作技能和认知发展。相反，不良的环境也会限制婴儿的发展，如缺乏爬行的锻炼，环境刺激较为局限，就会使爬行能力的发展受阻。

（四）婴儿身体发展的教育指导

1. 良好的饮食习惯

家庭中给婴儿调配饮食的原则是饭菜多样化，组成"平衡膳食"，使营养物质基本上能满足婴儿对各种营养的需求。父母要教育孩子从小养成不挑食、不偏食、细嚼慢咽、一日三餐、定时定量就餐等良好的饮食习惯。

2. 良好的睡眠习惯

首先，要保证睡眠时间。婴儿神经系统发育尚未完善，大脑皮层神经细胞的耐力小，容易疲劳，因此睡眠的时间较长。一般来说，1 ~ 2 岁婴儿每天需要的睡眠时间为 10 ~ 13 小时。其次，应为婴儿创设良好的睡眠条件，如单独的小床、厚薄适中的被褥、安静的睡眠环境等。最后，养成正确的睡眠姿势和按时入睡的好习惯。正确的睡眠姿势是向右边侧身睡，这样可使偏于身体左侧的心脏少受压力，使位于身体右侧的肝及时得到更多的休息，更好地进行新陈代谢。

3. 良好的排泄和卫生习惯

养成婴儿每天定时大便的习惯，而且每次大便时间不要过长。同时，养成饭前、便后认真洗手，定时洗头、洗澡等生活习惯。父母应为孩子创设良好条件，给婴儿准备专用的各类小毛巾，挂在孩子能够得着的地方，教孩子用流动水洗手洗脸，从小培养孩子独立盥洗的能力。

二、婴儿的认知特点

(一) 婴儿的认知概念

认知是指人类的认识活动及获得并运用知识解决问题的心理过程。认知过程有助于人们理解和适应周围环境，这些认知过程主要包括感觉、知觉、注意、思维和记忆。简言之，是指人类大脑中那些无法观察的时间和活动。

═══ 术 语 ═══

> 婴儿的认知就是婴儿的认识过程，是指婴儿认识、理解事物或现象，保存认识结果，利用有关知识经验解决实际问题的过程。它具体包括注意、感觉、知觉、记忆、思维等一组相关的心理过程。

(二) 婴儿的感觉

感觉是对外部刺激的接受、觉察的过程，是通过神经系统和脑实现的心理现象，包括视觉、听觉、味觉、嗅觉、触觉等。

1. 视觉

婴儿已具备一定的视觉能力，获得了基本视觉过程，视觉度达 20/200～20/400，并具备了原始的颜色视觉。2～4 个月婴儿的颜色知觉已发展得很好。4 个月时已表现出对某种颜色的偏爱，且已具有正确的颜色范畴性知觉，其颜色视觉的基本功能已接近成人水平。

2. 听觉

听觉可以说是与生俱来的。1 个月婴儿能鉴别 200 赫兹与 500 赫兹纯音之间的差异。5～8个月婴儿在 1 000～3 000 赫兹范围内能察觉出声频 2% 的变化（成人是 1%），4 000～8 000赫兹内的差别阈限与成人水平相同。刚出生的婴儿就具有最基本的试听协调能力，3～6 个月婴儿的视听协调能力已发展到能使他判别视听信息是否一致的水平。

3. 味觉

婴儿已明显"偏爱"甜食，且对甜、酸、苦和白开水的面部表情已明显不同。味觉在婴儿和儿童时期最发达，以后就逐渐衰退，这与味觉在人类种系演化进程中的趋势是一致的。

4. 嗅觉

婴儿已能对各种气味做出相应的反应，如"喜爱"好闻的气味等，建立食物性条件反射，有初步的嗅觉空间定位与能力。

5. 触觉

两三个月的婴儿已能凭口腔感觉辨别软硬不同的乳头，4 个月时则能同时辨别形状和软硬程度不同的乳头，4 个月以后的婴儿则具有成熟的接触物体的行为，视触协调能力已发展起来。

(三) 婴儿的注意特征与指导

1. 婴儿的注意特征及形成

首先，1 岁前婴儿注意的发展，主要表现在选择性注意的发展上。婴儿选择性注意的发展主要表现在以下两个方面：一是选择性注意性质的变化。在婴儿发展的过程中，注意的选择性最初取决于刺激物的物理特性，比如，刺激物的物理强度（声音的强度、颜色的明度等）。以后主要取决于刺激物对婴儿的意义，即满足婴儿需要的程度。二是选择性注意对象的变化。一方面是选择性注意范围的扩大。有关婴儿对简单几何图形的注意研究结果表明，婴儿注意的发展，从注意局部的轮廓到注意较全面的轮廓，从注意形态外周到注意形态的内部成分。另一方面是选择性注意对象的复杂化，即从多注意简单事物发展到多注意较复杂的事物。

其次，1 岁以后，语言的发生与发展使婴儿的注意又增加了一个非常重要而广阔的领域，使其注意活动进入了一个更高的层次，即第二信号系统。人体的第二信号系统特征开始制约、影响着婴儿的注意活动，使婴儿的无意注意开始带有目的性的萌芽，有意注意逐渐产生了。

最后，儿童有意注意的形成大致经过三个阶段：第一阶段，婴儿的注意由成人的语言指令引起和调解。婴儿出生几个月后，成人常常自觉或不自觉地用语言以引导婴儿的注意，如"宝宝，看！灯！"一边说，一边用手指向灯。成人用语言给婴儿提出注意的任务，使之具有外加的目的。这时，婴儿的注意就不再完全是无意的了，而开始具有有意性的色彩。第二阶段，儿童通过自言自语控制和调解自己的行为。掌握言语之后，儿童常常一边做事，一边自言自语："我得先找一块三角形积木当屋顶""可别忘了画小猫的胡子"。在这种情况下，儿童已能自觉运用言语使注意集中在与当前任务有关的事物上。第三阶段，运用内部言语指令控制、调节行为。随着内部言语的形成，儿童学会了自己确定行动目的，制订行动计划，使自己的注意主动集中在与活动任务有关的事物上，并能排除干扰，保持稳定的注意。这已经是高水平的有意注意了。

2. 婴儿注意启蒙教育的措施

（1）合理制定作息制度。制定合理的作息制度并严格遵守，使婴儿得到充分的休息和睡眠，是保证他们精力充沛、注意力集中地从事各种活动的前提条件。

（2）适当控制玩具数量。成人为了吸引婴儿的注意力，经常提供大量的玩具让其自娱自乐，成人以便留给自己更多的时间去做事。这样的行为会导致婴儿一会儿玩玩这个，一会儿玩玩那个，易分散婴儿的注意力。婴儿大多喜欢注意一些新颖有趣的事物，成人只需要留下适当数量的活动材料，其余的收起来，不仅常玩常新，也有利于注意力的培养。

（3）谨慎提出游戏要求。家长对婴儿（尤其是刚会走路的婴儿）会提出一些要求或嘱咐，常常反复地说许多遍，唯恐他们没有听见或没记住。但是这种做法十分不利于培养婴儿注意听的习惯。在他看来，这次没有注意没有关系，反正家长还会再讲。如果家长没有唠叨的习惯，孩子反而可能会认真注意地听。作为家长应该认识到，嘱咐不在多，而在于孩子有没有听进去，实际效果如何。孩子注视你的时候提出要求，往往事半功倍。

（4）严于律己，以身示范。由于婴儿注意稳定性比较差，婴儿在游戏时，家长要做到尽量不去打扰他，不让他再去做别的事情，以免婴儿经常处于分心的状态。家长正是要在这些小事中培养婴儿的专注习惯。家长在日常生活中要合理有序地安排自己的生活和工作，做事有头有尾，不轻易被打扰，这对婴儿有着很好的示范作用。婴儿活泼好动，对什么事都好奇，注意力不集中，很难持之以恒地完成某件事，但这并不意味着父母可以就此放松对婴儿注意力的培养。例如，对刚刚学习爬的婴儿，可用一个色彩鲜艳的玩具引起他的注意，当他对此发生兴趣时，把玩具放在离他稍远一点的地方，吸引他去抓。几经努力失败后，婴儿可能会放弃，这时父母可用力推他的小脚丫，鼓励他用力蹬腿，去抓玩具。婴儿会爬以后，可增加训练的难度，在婴儿马上就要接近目标物时，可以把目标物移到更远的地方，鼓励他继续去拿，拿到为止。对于大点儿的婴儿，培养他在感兴趣的事情上多花费一些时间，在婴儿一再尝试的过程中，他的注意力也得到了锻炼。

除此以外，家长还可以通过讲故事、一起游戏等方式鼓励并培养婴儿的注意力。

（四）婴儿的记忆特征与指导

记忆是指对经历过的事物能够记住，并能在以后再现（或回忆），或在它重新出现时能再认识的过程。

1. 婴儿的记忆特征

（1）婴儿记忆保持的时间。保持时间，是指从识记材料开始，到能对材料再认或再现之间的间隔时间，也称为记忆的潜伏期。婴儿记忆保持的时间长度可以从再认和再现的潜伏期来看，再认和再现的潜伏期随着年龄的增长而增长。

新生儿和大一些的婴儿的再认识有很大的不同。很小的婴儿尽管能对熟悉和不熟悉的物体做出不同的反应，但对熟悉的东西并没有"我曾见过"的认识，他们的记忆更多地属于内隐记忆。有学者做了相关研究发现，随着年龄的增长，婴儿对信息的保持时间逐步延长，对特定经验的编码越来越多，对周围环境中的独特性也越来越敏感。

虽然婴儿的记忆保持时间不断延长，但是这并不代表婴儿的记忆能永久保持。一般而言，3 岁前婴儿的记忆一般不能永久保持。这种现象称为"童年期遗忘"。3～4 岁后出现的有些可以保持终生的记忆。

（2）婴儿记忆的容量。婴儿的记忆广度和记忆范围随着年龄的增长而逐渐增加。在记忆内容方面，记忆可以分为运动记忆、情绪记忆、形象记忆和语词记忆。婴儿最早出现的是运动记忆，出现时间大概是在婴儿出生后 2 周左右，例如对喂奶姿势的食物性条件反射即属于运动记忆。其次出现的是情绪记忆，出现时间大概是在婴儿 6 个月左右，婴儿已经明显地出现了惧怕情绪的记忆。婴儿对带有感情色彩的东西，容易识记和保持。之后是形象记忆的出现，出现时间大概在婴儿6~12个月。婴儿认识奶瓶，认识母亲，分清熟悉的人和陌生的人，都是形象记忆的表现。婴儿1岁之前的形象记忆和动作记忆、情绪记忆紧密联系，这一时期，形象记忆占主要地位。最晚出现的是语词记忆，出现时间大概是在婴儿1岁左右，是在婴儿掌握语言过程中逐渐发展的，由于语词相对概括和抽象，所以语词记忆发展得也最晚。

2. 婴儿记忆启蒙教育的措施

（1）丰富婴儿生活环境。有了生活经历才有记忆，有的儿童年龄很小，却因为"见多识广"，能记住和讲述很多见闻。父母从小给婴儿丰富多彩的生活环境，有意识地给婴儿玩各种颜色的、有声音的、能互动的玩具，与婴儿一起听音乐，多与婴儿谈话，给他念儿歌、诗歌，多给他讲故事，带他去公园、动物园、商店，和他一起做游戏等，这些都会在他的耳闻目睹中留下深刻印象，能在较长时间内保持记忆。这些印象在遇到新的事物时会引起联想，婴儿更容易记住新的东西。

（2）给予婴儿识记任务。婴儿在3个月时，大脑皮层发育得更加成熟，他能够有意识地存储并回忆一些信息。因此，在这个年龄段，你可以和婴儿一起玩简单的藏玩具的游戏。当着婴儿的面，把他喜欢的某样玩具藏在右手里，然后把双手都放在背后，再把双手伸到婴儿面前，双手握紧，让婴儿自己拿玩具，看婴儿会伸向你哪只手。如果婴儿的注意力在你的右手上，说明他已经记住你刚才的行为了。你可以隔上几天再重复这个游戏，看婴儿是否在第一时间就能在你的右手找到玩具，以此来检验他的记忆能够保持多长时间。这种游戏的道具可以扩展为父母的照片、其他玩具等。

（3）多种感官加深记忆。让婴儿把眼、耳、鼻、口、手等多种感官调动起来参与记忆，其记忆的内容将更加深刻和持久。如剥柚子时，家长应该让婴儿掂掂柚子的重量，摸摸柚子的表皮，看看剥柚子皮的过程，观察柚子肉，并尝尝味道。还可以与橘子、橙子作比较，以加深婴儿的记忆。

=== **心得分享** ===

举例说明怎样培养婴儿的记忆力，建议把心得发送到课程邮箱。

三、注意保护婴儿的身体健康

1. 防止婴儿营养不良

不足周岁的女婴——小冰雁、小玉、小玲，因食用了不合格奶粉导致蛋白质缺乏型营养不良症。目前，小冰雁住院治疗，小玉回家调养，小玲病情已有所缓解。

营养影响生命的全过程，直接决定生存质量的好坏，早期的营养不良将成为日后健康的隐患。儿童时期的发育会影响成年后的体格，中度生长迟缓的儿童成年后劳动能力可损失

2% ~ 6%，重度生长迟缓的儿童成年后劳动能力可损失 2% ~ 9%，这会降低整个社会的劳动生产率。此外，营养不足还会影响人的智力发育：蛋白质缺乏可使智商降低 10 ~ 15 分，缺铁性贫血可使智商降低 5 ~ 8 分，碘缺乏可使智商降低 10 ~ 12 分，成人碘缺乏也可使智商降低 10.5 分。

营养不良导致的人口素质的下降、竞争力的削弱、生活质量的降低，以及家庭幸福受到的损害等深层次问题则无法用数字来说明。

2. 辅食添加要及时合理

■■■■ 案　例 ■■■■

女儿刚 10 个月大的王女士说："孩子需要添加辅食后，我就经常去超市买胡萝卜泥、肝泥、鱼泥让她吃，这比自己做着省事，孩子也挺爱吃的！"

与王女士相比，女儿快两岁的常女士则细心了许多，孩子需要添加辅食时，她一般都是自己亲手制作，肝泥、南瓜泥、土豆泥、鱼泥等品种丰富，让人看着不得不佩服她的耐心。可即使如此，常女士依然会从超市购买饼干、蛋糕等食品作为女儿主食之外的补充。

《中国居民营养膳食指南》中婴幼儿喂养篇指出：中国宝宝添加辅食的时间是满月龄到 6 个月。过早、过晚对宝宝都不利。如果较早添加辅食，可能会影响母乳喂养。孩子的味觉在半岁时发育比较敏感，在这个时候，如果他能够接触到很多食品，长大以后一般不会偏食、挑食。过晚添加辅食或长期以母乳喂养替代，都会阻碍宝宝的生长发育。添加辅食不及时，没有在适宜的时候给宝宝做适宜的锻炼，错过了训练机会，宝宝的咀嚼能力、味觉发育就会落后。而且长期进食乳类，不能满足宝宝的营养需求，容易造成维生素缺乏症。

进入辅食添加阶段，一只容量 250 克的碗和一只容量 10 克的勺是必不可少的。以这只容量 250 克的碗为标准，9 月龄时，孩子每天的辅食添加量是 3/4 碗；一岁时，要吃满一碗。当然，这只是一个添加基准，并不意味着"一刀切"。到底添加多少，家长可以摸索，其原则是孩子不拉肚子，以孩子能够耐受为准。

3. 婴儿常见疾病的预防

"一个月前我家的孩子因肺炎住进了医院，最近孩子又因腹泻再次入院。作为父母，我们的希望就是孩子健康。"市民陈先生的话说出了天下父母的心愿，看着孩子一个月两次住院，市民陈先生特别心疼。

与陈先生孩子有相似遭遇的婴儿不在少数，像高热、肺炎、腹泻、营养性（缺铁性）贫血、佝偻病等，都是婴儿常见的疾患。孩子的一举一动都牵动着父母的心，孩子能健康快乐地成长是父母最大的欣慰。可是孩子在婴儿时期身体抵抗力差、免疫力低，因此孩子疾病的预防和护理是一个让父母十分头痛的问题。婴儿作为社会中"最娇嫩的躯体"，生病后及时就医、细心护理必不可少，针对随时可能出现的婴儿常见疾病，应该防患于未然。

4. 不要盲目为婴幼儿进补

━━━ 咨 询 ━━━

　　婷婷妈妈咨询：如何给1岁半的孩子补充营养。记者采访发现，目前市场上针对两岁前孩子的各类营养保健品种类繁多，牛初乳、合生元、乳酸钙、鱼肝油、DHA……弄得家长们眼花缭乱。婷婷妈妈说："很多人都说要给孩子多补充点保健品，这样孩子身体才好，可我担心孩子吃那么多东西能吸收吗？"

　　专家提醒家长：给两岁前的婴儿补充营养，合理的膳食最重要，最好少服用各类营养品。为两岁前婴儿补充保健品，必须要十分谨慎，做到心中有数，切不可轻信他人的宣传。若过分相信商家或某个"营养咨询师"简单的推销和宣传，不只是浪费了家长的金钱，还有可能由于过量补充引起婴儿的中毒反应。

四、婴儿的社会性特征与家庭教育辅导

(一) 社会性定义

　　社会性是指由人的社会存在所获得的一切特性。就个体而言，既包括由出生时所处的既定历史条件和社会关系所获得的天赋社会性，也包括通过自身活动继承、学习、创造而获得的后天社会性。个体行为适应社会的人格并掌握社会认可的行为方式的过程叫做社会化，又称为社会性发展。

(二) 婴儿社会性发展的总体特征

　　(1) 婴儿社会性发展具有系统性。婴儿社会性发展的心理结构是一个复杂的系统，在这个复杂的整体结构中的各个系统，都是相互影响、相互作用的。

　　(2) 婴儿社会性发展具有社会制约性。婴儿的社会性发展受到周围具体社会环境的影响，如家庭、托儿所等。婴儿在社会化的过程中通过与环境的交互作用，逐渐掌握一定的风俗、行为规则和道德准则，由自然人成为具有独特个性的社会的、文化的、理性的人。

　　(3) 婴儿在社会性发展中具有主观能动性。婴儿在社会化的过程中掌握了参加社会生活所必须具备的道德品质、行为规范，通过与他人的相互作用来满足自己的需要。推动儿童社会化的动力是能对儿童发生影响的他人和群体，例如父母、教师、朋友、邻居等。在儿童社会化过程中，儿童并不是无条件的、被动地接受他人与社会的影响，而是会表现出个体的主观能动性，在接受外界影响的同时也在对它发生作用，这种主观能动性随着年龄的增长而日益增强。

　　(4) 婴儿社会性发展具有关键期。国外有研究证明：学前期是接受社会化的最佳时期，

婴幼儿期的社会化经验对于一个人后来的社会化具有相当重要的影响。

（5）婴儿社会性发展是终身的过程。婴儿从出生便处于社会中，随着其成年直到死亡一直都生活在一个复杂的社会环境中，都在不断地接受社会的影响。

（三）婴儿社会性的发展和家庭教育指导

1. 依恋的发展过程及指导

=== **案　例** ===

对三名婴儿考察母亲离开后的状态，三者表现各有不同。盂盂在母亲离开留下她一人在房间里时会号啕大哭，如果其他人前来安慰，她就很不情愿与之接近。而母亲回来后，盂盂的情绪能迅速好转，并主动与母亲一起玩耍。安安的表现则不同，母亲离开时似乎无动于衷，转过脸径自拿玩具玩起来，如果有其他人走来并不回避，但一人留在房间时有些不安。母亲回来后，安安略为显出高兴，但躲避母亲接近，身体移开，目光转移，仍去自己玩耍，显得很冷淡的样子。欣欣在母亲离开后则表现出了更加激烈的情绪反应。母亲离开后，欣欣表现得十分痛苦，如果有其他人接近会表现出抗拒和退缩。母亲回来后，他理应需要得到母亲的安慰，但他却显得既要与母亲接近，又要拒绝她。他哭了很久，要母亲抱，又推她、抗拒她，在她身上扭动、挣脱。他对母亲离他而去的遭遇表现得如此痛苦，以至在情绪平复后的较长时间里，依然紧紧附偎在母亲怀里再也不肯离开。

婴儿是具有个体差异的，不同婴儿的依恋类型是不一样的，对父母教养方式的需求也有所差异。

=== **术　语** ===

依恋是指婴儿与抚养者之间所建立的亲密的、持久的情绪联结。婴儿和抚养者之间相互影响并渴望彼此接近，表现出依附、身体接触、追随等行为。

（1）依恋的形成和发展阶段。依恋的形成和发展分为四个阶段：前依恋期、依恋建立期、依恋关系明确期、目的协调的伙伴关系。

前依恋期（0~2个月）。新生儿对所有的人都作出反应，但不能将他们进行区分，没有对特殊人的特殊反应。这时期的婴儿对于前去照料他的成人无法选择，所以此阶段又叫无区别的依恋阶段。

依恋建立期（2个月至7~12个月）。婴儿对他人的社会性反应强度增加，对熟悉的人有特殊友好的关系，能从周围的人中区分出最亲近的人，并特别愿意与之接近。这时的婴儿一般仍然能够接受比较陌生的人的注意和关照，也能忍耐同父母的暂时分离，但是带有一点伤感的情绪。

依恋关系明确期（7～12个月至24个月）。在此阶段，婴儿对特殊人的偏爱变得强烈。由于婴儿运动能力的发展，他们可以去主动接近亲近的人和主动探索环境，同时他们把母亲或看护人作为一个"安全基地"，从此点出发，去探索周围世界；当有安全需要时，又返回母亲或看护人身边，然后再进一步去探索。此阶段的婴儿不但形成了分离焦虑——离开母亲或看护人时感到不安，而且形成了陌生焦虑——对陌生人的谨慎与回避。

目的协调的伙伴关系（24个月以上）。2岁以后，婴儿能较好地理解父母的愿望、情感和观点等，同时能调解自己的行为。

=== 阅　读 ===

婴儿依恋的类型划分

美国心理学家艾恩斯沃斯通过对婴儿的依恋行为进行实验研究，指出婴儿的依恋行为可以分为三种类型：A型（约占20%）为回避型，这种类型的婴儿容易与陌生人相处，容易适应陌生环境，在与母亲刚分离时并不难过。但独自在陌生环境中待一段时间后会感到焦虑，不过很容易从陌生人那里获得安慰。当分离后再见到母亲时，对母亲采取回避态度。B型（约占70%）为安全型，当最初和母亲在一起时，这个类型的婴儿能很愉快地玩耍；当陌生人进入时，他们有点警惕，但继续玩耍。当把他们留给陌生人时，他们停止了玩耍，试图寻找母亲，有时甚至哭。当母亲返回时，婴儿很容易被安慰。C型（约占10%）为反抗型，这个类型的婴儿表现出很高的分离焦虑。由于同母亲分离，他们感到强烈不安；当再次同母亲团聚时，他们一方面试图主动接近母亲，另一方面又对来自母亲的安慰进行反抗。

（2）建立安全性的依恋关系。依恋的质量会影响婴儿以后的心理发展，建立安全性依恋尤为重要。如何建立安全性的依恋关系呢？

第一，要掌握一定的育儿知识，保持育儿热情。通过教养知识的学习，主动接触、观察、了解、读懂婴儿发出的信号，准确理解婴儿言行背后的含义，并做出及时的反馈。回避型依恋婴儿的家长要特别注意这一方面的学习。

第二，注重与孩子进行交流和互动。母亲不仅要及时满足婴儿的生理需要，还要主动走进婴儿的内心世界，不断提高与婴儿间情感交流的积极性与主动性，与婴儿想到一起、做到一起、玩到一起。

第三，创造轻松和谐的家庭育儿环境。安全性依恋的形成不仅仅靠母亲一个人的教养行为，整个家庭的环境也是一个很重要的影响因素。对不安全依恋的改变更需要如此。夫妻关系要和睦，夫妻双方都要具备一定的早教知识。家庭教养意见要统一，以便形成一种教养的合力，进而帮助婴儿形成安全性的亲子依恋关系。

2. 婴儿的情绪及指导

（1）婴儿的情绪发展。婴儿情绪的发展可以从情绪的表达、情绪的识别和理解两个方面来表现。

首先，情绪的表达方面：我国心理学的一系列研究表明，新生儿已有感兴趣、痛苦、厌恶和微笑四种表情。婴儿出生后不仅有情绪，而且已初步分化。但是，婴儿最初的这种情绪反应大多是先天性的，是遗传本能，且与婴儿生理需要是否满足直接相关，因此，是最初步的原始的情绪反应。随着婴儿成长，在其自身发育和后天环境的作用下，其情绪不断变化、发展。婴儿出生 5~6 周开始出现社会性微笑；3~4 个月时，开始出现愤怒、悲伤；1 岁半左右时，逐渐产生羞愧、自豪、骄傲、内疚、同情等高级、复杂的社会性情感。

社会性微笑的出现是婴儿情绪社会化的开端，是婴儿情绪发展中一件极为重要的事情。虽然婴儿出生就有笑的反应，但最初的笑是自发性的，它与中枢神经系统皮质下的神经冲动自发密切相关，与脑干或边缘系统的兴奋状态变化有直接联系。这种笑通常也被称为内源性的笑，常常在没有任何外部刺激的情况下发生，是反射性的而不是社会性的微笑。在婴儿约 5 周后，婴儿能区分人和其他非社会性刺激，对人的声音、面孔开始有特别的反应，大人的声音、面孔特别容易引起婴儿的微笑，社会性微笑开始出现。但是，从婴儿 5 周至 3.5 个月时，婴儿对人的社会性微笑是不加区分的，他们对主要抚养者或家庭其他成员、陌生人的微笑都是一样的。从婴儿 3.5 个月尤其是 4 个月开始，随着婴儿处理刺激内容能力的增加，能够分辨熟悉的脸和其他人的脸，婴儿开始对不同的人报以不同的微笑，出现有差别、有选择性的社会性微笑。

其次，情绪的识别和理解方面：婴儿识别和理解他人表情的能力是逐渐发展的，一般分为四个阶段：①不完整的面部知觉（0~2 个月）。刚出生的新生儿看到的事物是非常模糊的，对人的面孔的知觉也是如此，其视线停留在面部的边缘（如发际、下颌），而对面部的中心部位注视不够，对集中展示情绪的眼睛和口唇注视不够。②无评价的面部知觉（2~5 个月）。随着视觉系统的成熟，婴儿逐渐具备了辨认面孔的能力，他们会对熟悉的人笑得较多，对陌生人笑得较少，甚至躲避哭泣。大约在 3 个月的时候，婴儿能够分辨成人的不同表情，且能面对面地模仿成人的各种表情，能对成人的面部表情做出回应。但这时的婴儿对成人的面部表情的回应一律是愉快的情绪反应，不论成人的面部表情是高兴还是忧伤。可见，婴儿只是对成人的面部特征做出反应，还不能对成人的面部表情的情绪信息进行加工。③对表情意义的情绪反应（5~7 个月）。6 个月的婴儿能知觉面部表情的细微变化，能通过面部表情更精细地识别他人的情绪。他们能将积极表情（如快乐、惊奇等）和消极表情（如悲伤、害怕等）区分开，从而做出不同的反应。他们能对不同人或不同情境中的表情有一致性的理解。在因果关系参照中应用表情信号（7~10 个月）。这时的婴儿已经学会识别他人的表情并影响自身行为。如 8 个月的婴儿面对母亲的微笑表现出相应的微笑；对母亲的其他表情表现出呆视或哭泣；对母亲的面无表情，表现出犹豫等。遇到陌生人的时候，婴儿会看母亲的表情，如果母亲此时面带微笑、点头并露出赞许的目光，婴儿就会放下心来，自由地玩耍。

（2）婴儿情绪的培养与指导。情绪对婴儿发展具有许多积极的功能，婴儿期家长应关注孩子的情绪特征，给予适宜的教育指导。

第一，了解婴儿的情绪特点，遵循婴儿情绪规则，引导婴儿调节和控制自己的情绪。婴儿时期，表达情绪的方式比较直接和外露，高兴的事与不高兴的事都会表现在脸上、行动上，而且，婴儿自我控制能力较弱，家长应引导婴儿调节自己的情绪，根据其情绪易转移的特点，调节婴儿的情绪。

第二，培养婴儿积极的情绪。积极的情绪有助于婴儿身心健康发展。情绪本身没有对错之分，因此，家长不能压抑婴儿的消极情绪，要创设条件培养他的积极情绪。家长应给予婴儿充分的关心和爱，让婴儿获得安全感和快乐的情绪，有利于其积极情绪的形成。

第三，培养婴儿正确的情绪表达方式。家长要为婴儿树立良好的榜样，教育婴儿恰当地表达情绪。当婴儿不高兴时家长要鼓励婴儿用语言表达出来，对于尚未具备语言表达能力的婴儿，可以建议婴儿通过游戏活动来发泄愤怒或不愉快的情绪。只要婴儿的情绪表达不伤害自己和他人，家长不必制止。

━━ 心得分享 ━━

怎样培养婴儿积极健康的情绪？建议把心得或讨论结果发送到课程邮箱。

3. 婴儿的同伴交往与指导

在大部分家庭中，婴儿没有日常的、长久关系的同伴。一般认为，婴儿与同伴的相互作用不如与父母的相互作用发展得快与稳固。婴儿与同伴的相互作用表现在不能很好相处，他们互相抢玩具、揪头发、抓脸，对待对方如同对待物体和玩具一样。真正的相互合作，被认为在个体2岁以后才开始出现。

婴儿的同伴关系发展与社会经验直接相关。通过对集体性婴儿的观察发现，处于集体中的婴儿会表现出对其他婴儿的兴趣，他们对其他婴儿注视、微笑和呼喊。在婴儿实验组与对照组的对比研究中，把实验组的22名婴儿放在一个集体中，让他们共同交谈、游戏等，其中1~2岁11名，2~3岁11名，经过4个月之后进行对照与比较，发现实验组的婴儿在词汇、微笑和交换玩具等方面，都远远超过对照组（对照组是在一般情况下，如在家里由老人、保姆照看的婴儿）。有趣的是，实验组中仅仅15个月的婴儿，在社会行为的形式和数量方面都已接近2岁儿童。另一个研究发现：如果能够选择，婴儿经常喜欢与同伴玩，而不是同父母玩。实验者把一组10~14个月的婴儿放在几个不同房间中，每一个婴儿同他的母亲和其他一个婴儿在一起，10~14个月的婴儿注视和跟随同伴多于他的母亲。

总之，不仅婴儿同父母的相互关系对他们的早期社会经验有重要影响，婴儿同兄弟姐妹及同伴的相互关系也对他们的早期社会经验有重要影响。因此，家长应该创设一切机会，让婴儿与家人、同伴进行交流，促进婴儿健康成长。

当婴儿和其他人调整彼此的互动时，婴儿就和这些个体进行着交互式社会化。

4. 婴儿自我意识的发展与指导

━━ 咨 询 ━━

　　一位妈妈咨询：两岁的诚诚已经学会很多本领了，有时候家里来客人，诚诚就会很兴奋地在客人面前表演自己的本领，当得到大人的称赞时他总是很开心。当妈妈带着诚诚到公园玩的时候，诚诚不再黏着妈妈，而会同小朋友一起玩耍，并愿意加入小朋友的集体游戏中。但是有时候妈妈夸奖邻居家的小妹妹或者抱其他小朋友的时候，诚诚就会生气，有时候甚至会哭闹，不让妈妈抱其他小朋友。请问：这是怎么回事？

　　这个年龄阶段的儿童自我意识得到进一步发展，能够体验到自豪感。诚诚在大人面前表演本领是为了赢得成人的夸赞，这个年龄段的儿童大多数通过成人的行为和言语肯定自己，他们渴望得到其他人的夸奖。

━━ 术 语 ━━

　　自我意识是意识的一个方面、一种形式，即自己对自己的认识，具体包括认识自己的生理状况（如身高、体重、体态等）、心理特征（如兴趣、能力、气质、性格等）以及自己与他人的关系（如自己与周围人们相处的关系，自己在集体中的位置与作用等）。自我意识具有意识性、社会性、能动性、统一性等特点。

（1）婴儿自我意识的发展阶段。认识自己，把自己作为主体从客体中区别出来，这是人的个性特征的重要标志之一，同时，这也是人类区别于动物心理的重要标志之一。婴儿的自我意识发展阶段如下：

第一，自我的出现：出生时，婴儿就意识到他们的身体与周围环境是分离的。例如，新生儿对外界刺激（成人触摸其脸颊）的反应，大大强于自我刺激（自己的手碰到自己的脸颊）的反应。婴儿逐渐获得了一种与躯体功能有关的身体的自我意识感。这会帮助他将自己和客体、其他人区别开来，而产生一种"主体的自我"意识。

第二，自我觉知：婴儿自我意识发展的一个重要行为指标是能自我觉知。这表现为婴儿照镜子或看照片能认出自己。1岁以后，婴儿开始知觉到自己的身体特征。当他们从镜子里看到自己的形象时，会做出傻乎乎的或腼腆的举动，饶有兴趣地重复看自己形象的变化。在一项研究中，把9～24个月的婴儿放在镜子前面，然后，母亲在给婴儿擦脸的过程中，在婴儿的鼻子上涂上一点红色，年龄小的婴儿会去摸镜子，好像那个红点跟他无关，但是15个月以上的婴儿会擦自己奇怪的红鼻子。这个反应表明，他们已经知道了自己独一无二的外表。两岁以后，儿童能够自我辨认，知道自己身体是什么样子。儿童会指着照片中的自己，用名字或第一人称"我"来指代自己。

（2）关于婴儿期自我意识的培养，主要为以下几点建议。

第一，经常鼓励婴儿，及时对婴儿行为给出反馈。当婴儿懂得他们自己的行为能使某人或某物按预想方式反应的时候，自我觉知就开始形成了。父母经常鼓励婴儿探索、对婴儿发出的信号反应敏感，婴儿的自我意识发展更快。

第二，亲子间共情的产生能有效促进婴儿自我的发展。当自我觉知成为婴儿情绪和社会生活的核心部分，自我觉知还能帮助婴儿开始理解其他人的观点，因此，亲子间能够产生共情。家长了解婴儿的情绪状态、与婴儿一起感受或以详细方式做出情绪反应，婴儿能产生积极的情绪。例如，婴儿会用母亲感觉舒服的方式，给母亲一个拥抱、一个好玩的玩具或小毯子等。一个18个月大的婴儿听到妈妈与另一个成人的谈论，听到她的姐姐特别害怕蜘蛛的时候，这个看似天真的孩子会跑到卧室里，拿出一个玩具蜘蛛，把它放在姐姐的脸上。

第三节　幼儿期的家庭教育咨询与辅导

幼儿期指的是儿童3～6岁的发展时期，这一阶段是幼儿进入幼儿园的时期，在人生发展中占有重要的地位。在家庭教育中，家长了解幼儿的生理特点和心理特点，对幼儿身体发育、认知能力和个性发展都具有重要作用。

一、幼儿的生理特点

（一）身高、体重和胸围发育的特点

身高、体重和胸围是衡量每个儿童体格发育状况的重要指标。身高受种族、遗传和环境的影响较为明显，幼儿一般每年身高增长5厘米左右，3～4岁增长较快。体重是体格发育的重要指标之一，3～6岁幼儿每年体重一般增加2千克左右。胸围一般3岁约为52厘米，4岁约为53厘米，5岁约为55厘米，6岁约为57厘米。

（二）骨骼发育的特点

骨骼由胶质（韧而有弹性）和石灰质（脆而硬）两部分组成。年龄越小的幼儿胶质的比例越大。3～7岁幼儿的骨骼比较柔软，富有弹性且易弯曲，可塑性强，受压时容易变形或损伤，关节附近的韧带较松，关节的臼窝较浅，针对这些特点，家长要教育幼儿保持端正的坐立姿势，避免悬吊、牵拉，或从高处跳下等危险动作。

（三）肌肉发育的特点

幼儿期肌肉的发育，一般大肌肉群比小肌肉群先发育。肌肉较柔软、水分多，蛋白质、

无机盐含量少，力量和耐力较差，容易疲劳，手部肌肉到 5～6 岁才开始发育。因此，要注意不能过早要求幼儿长时间做同一动作，可通过教幼儿画画、搭积木等锻炼幼儿的小肌肉。但注意要求不能过急过高，在组织幼儿进行身体锻炼、运动和体力劳动时，不能超过肌肉负担量，要注意劳逸结合。

（四）心脏发育的特点

幼儿心脏发育较迅速，5 岁时心脏的重量比新生儿重 4 倍。心脏肌肉层的厚度较成人厚，心脏容量较小，每次排血量较少，心脏负荷较差。但幼儿新陈代谢旺盛，身体各组织需要更多的血液供给，所以，心脏通过增加每分钟收缩次数来使血液循环加速进行。幼儿脉搏比成人快，节律不均匀，变化较大，3 岁每分钟跳动 105～110 次，4～6 岁每分钟大概 80～100 次，所以要注意给予幼儿适当的运动，但不要让幼儿进行长时间的剧烈活动，以免心脏负担过重。

（五）消化系统的特点

幼儿胃的容积较小，胃黏膜柔嫩，胃壁肌肉组织、弹性组织及神经组织发育较差，胃液的酸度和酶也较成人少，胃的蠕动力差，消化功能较弱，适应性较差。但体内新陈代谢快，除了消耗能量外，还要长身体，幼儿能量与营养素的需要量（以千克体重计）高于成年人。因而幼儿需少吃多餐，食物要细软，富于营养，易于消化，要定时进餐，不要吃零食。

幼儿牙齿钙化程度较低，牙质比较软脆，牙釉层薄，易于破损，易受腐蚀变成龋齿。所以，不要给孩子吃过凉或过热的食物，也不要让幼儿咬太硬的东西，并注意及时填补受损的牙齿。此外，要特别注意幼儿保持口腔的清洁卫生，养成饭后漱口、早晚刷牙的良好口腔卫生习惯，防止龋齿或其他口腔疾病的发生。

幼儿食道短而窄，黏膜柔软，弹性组织和肌肉发育较差。因此，家长要注意不给幼儿食用过热、过粗糙的食物，以免损伤食管。幼儿肠管总长度相对比成人长，肠黏膜发育较好，血管丰富，有利于对营养物质的消化和吸收，但弹力组织和肌层发育较差，肠蠕动弱，易发生便秘。

肝脏相对比成人要大，肝细胞发育不全，胆汁分泌少，因而对脂肪的消化能力较差，对感染抵抗力弱，但幼儿新陈代谢旺盛，肝细胞再生能力强。

（六）呼吸系统的特点

呼吸系统包括上呼吸道、气管、支气管和肺。幼儿胸腔狭窄，呼吸肌不发达，肺的空间容量较小，肺活量较成人小，呼吸浅而快，呼吸道较成人窄小，黏膜容易受损；肺泡发育差，呼吸道感染易出现呼吸困难，所以要注意防尘、防感冒，同时要注意幼儿胸部的正常发育，养成用鼻呼吸的习惯，注意引导幼儿进行体育锻炼和户外活动，增强呼吸系统对外界的适应性。

（七）神经系统的特点

幼儿期是神经系统生长发育最快的时期，主要是大脑结构和功能两个方面的变化。大脑结构发展主要是脑重量的增加。大脑内的结构也不断发展，神经纤维的分支越来越多，形成了纵横交错的神经联系，6岁左右完成大脑皮层的神经纤维髓鞘化。

=== 提 示 ===

幼儿高级神经活动的特点是：兴奋过程强于抑制过程，表现为容易激动、活泼好动，易受新鲜刺激物的影响，当兴奋或精力高度集中时易发生疲劳。大脑皮层对外界刺激反应的调节日趋完善，活动能力加强，更容易从外界刺激中获得新知识，越来越能通过大脑控制自己的行为。

（八）感觉器官的特点及卫生保健

感觉包括味觉、嗅觉、听觉、视觉和触觉（皮肤）。味觉感受器是味蕾，味蕾对味道特别敏感。味蕾主要分布在舌背，特别是舌尖和舌的周围。要使幼儿的味觉得到良好的发育，应该特别重视幼儿断奶期的味觉体验。要获得食物的美感，就要注意保护舌头味觉的功能不受损害。舌头最怕刺激性强的食物，吃东西时要小心，不吃过冷过热的食物，少吃过于粗糙的食物。过酸过甜和辣味也容易造成味蕾的损伤，使人舌体麻木。吃东西不要太快，不能边吃边说，以免咬着舌头，还要注意多吃一些蔬菜、水果，增强营养，保持口腔卫生，早晚刷牙，饭后漱口，让细菌无法生长。幼儿期嗅觉比成人敏锐，但分辨力差。随着年龄的增长，幼儿嗅觉分辨力渐渐增强。幼儿嗅觉器官很娇嫩，容易受伤害。因此要预防感冒，保持鼻腔清洁畅通，及时治疗鼻窦炎、鼻炎，是保持正常的嗅觉功能的有效途径。此外，保持良好的卫生习惯，不用手挖鼻孔，不向鼻孔中塞入异物，也是保持嗅觉功能必不可少的条件。幼儿的耳朵正在发育过程中，外耳道比较狭窄，5岁时外耳道壁还未完全骨化和愈合，这个过程一直到10岁才能完成。幼儿耳道易感染，且容易扩散到附近的淋巴腺及颞颚关节，易发生中耳炎症，会影响听力，还会而导致脑膜炎等疾病的产生。在保护幼儿耳朵和听力方面，要预防感冒等疾病引起的中耳炎；家长要教育幼儿不挖耳，不将异物塞入耳道；发现幼儿听力有问题要及时给予治疗；还必须注意防止强烈噪声持续刺激幼儿。有时看电视、播放音乐时，往往音量很大，对幼儿耳膜过分刺激，这对保护幼儿听觉是不利的，这种易挫伤幼儿听觉的做法一定要纠正。幼儿眼的晶状体比成人扁些，眼球前后轴较短，成轴性远视，所以，家长要注意幼儿的用眼卫生，保护幼儿视力。触觉是人类生存所需要的最基本、最重要的感觉之一，是人通过全身皮肤上的神经细胞来接受外界的温度、湿度、压力、痛痒以及物体质感等刺激之后所产生的一种感觉，它是幼儿在成长过程中探索环境的重要中介，也是保护身体免受伤害的重要防线。

二、幼儿的心理特点

幼儿从进入幼儿园，开始新的生活，正式进入了幼儿期。这一时期，幼儿认知能力、情感、意志、个性、社会化的发展等方面较之婴儿期都有很大进步。

（一）幼儿认知能力的发展

幼儿期认知能力有很大提升，具有最初步的逻辑思维萌芽，但其思维还是以具体形象性为主。

幼儿主要是通过感知，依靠表象功能来认识世界的。在这一阶段，幼儿的感知觉得到很大发展，注意力也开始发展，思维能力、记忆能力、想象能力等都有发展，但发展是有一个过程的。一般来说，在学前初期很大程度上还保留幼儿前期直觉行动性的特点，以后逐步发展为具体形象性；到学前末期已出现了初步的分析、综合、抽象、概括能力，有了最初步的逻辑思维。但这时逻辑思维的水平还是很低的，还不能摆脱知觉印象的束缚，不能认识事物的本质属性。

认知能力包括感知觉、注意力、想象力、记忆、思维、语言等方面。具体表现为：

1. 幼儿感知发展的特点

这一阶段，幼儿的视觉、听觉、空间知觉、时间知觉及观察能力都有了较明显的发展。对生动、形象的事物和现象容易认识，而对空间、时间的认识则需要一个发展过程。3岁的幼儿还不能认清基本色，4岁时便能正确辨认，并能开始认识一些混合色；其观察力，3岁幼儿观察图形错误率在50%，4岁降低到33%，5岁基本能正确认识图形。在观察组织性方面，3~4岁幼儿往往随兴趣转移，次序紊乱，易于遗漏，5~6岁幼儿能按照事物的性质分类；3岁幼儿只能辨别上下方位，4岁开始辨别前后方位，5岁能以自身为中心辨别左右方位，6岁能正确辨别上、下、前、后四方位，可分清熟悉的物体或场所的相对远近，对比较远的空间还不能正确认识。此时，幼儿已逐步形成一些和具体活动相联系的时间观念，能正确辨别"今天""昨天""明天"，但对"大前天""大后天"却往往搞乱。总体来说，幼儿感知逐渐成为相对独立的、有目的的过程，但随意性、情绪性占重要地位。

2. 幼儿注意发展的特点

幼儿期儿童的无意注意仍占优势，注意稳定性差，对感兴趣的事物注意力较集中，但时间不长，易受外界事物的影响而分散注意，如强烈的声音、鲜明的颜色、生动的形象、突然出现的刺激物或事物发生了明显的变化，都会引起幼儿的无意注意。随着幼儿年龄的增长和受教育的影响，有意注意逐渐得到发展，注意的稳定性逐步提高，注意的时间延长，范围扩大，注意的分配和转移能力有所提高，幼儿开始学会一些注意的方法，具有组织和控制注意的能力，这些为幼儿的学习和活动奠定了心理基础。

3. 幼儿记忆发展的特点

幼儿的记忆带有很大的随意性和直观形象性的特点，幼儿以无意识记忆为主，有较强的机械记忆力。3 岁前幼儿基本上都是无意识记忆，随着年龄的增长，生活经验的丰富，口头语言表达能力的发展，有意识记忆和追忆的能力逐步得到发展。4 ~ 5 岁开始，幼儿在成人的要求下逐渐产生了有意识记忆，记忆的理解和组织程度逐渐提高，对常见的物品、树木、易于理解的词语或有联系的事物更容易记住和记牢，但记忆没有意义的图形、事物、音节则要花较长的时间，巩固性也较差。幼儿除了机械记忆之外，逻辑记忆也开始开展，记忆的保持能力也有所提高，学会用一定的方法来帮助自己记忆，但仍以形象记忆为主。因此，在此阶段，对幼儿的教育要多体现形象性和直观性的原则，把形象语言与实物观察相结合。

在幼儿记忆发展中，存在偶发记忆的现象。这种现象是指当要求幼儿记住某件事物时，他往往记住的是和这件事物一起出现的其他事物。

4. 幼儿想象发展的特点

幼儿的想象以无意想象和再造想象为主，创造性想象正在发展。幼儿的想象往往极富有幻想性，常常带有脱离现实的夸张。3 ~ 4 岁的幼儿想象没有明确的目的和稳定的主题。幼儿 4 ~ 5 岁开始有目的的和一定范围的想象。随着年龄的增长，想象内容也逐渐丰富起来。幼儿到了 5 ~ 6 岁时，想象能有明确的主题，能按自己的意愿去想象，且想象较新颖，也能注意想象的合理性。

━━ 案　例 ━━

鹏鹏特别喜欢听《西游记》之类的神话故事，听了《西游记》后，鹏鹏在幼儿园总是和小朋友们一起探讨自己喜爱的动画片。鹏鹏和小朋友们说，今天放了学自己还要去取经，昨天自己和孙悟空一起大战白骨精，前天自己又回了老家花果山，和孙悟空一起吃桃子，小朋友们觉得鹏鹏是在吹牛，于是把情况告诉了老师。

事实上，幼儿往往会把头脑里想象的以及自己渴求的东西与现实混淆起来，形成一种天然的"撒谎"。父母应理解幼儿的这一心理特点，不能视为品质不好，更不可加以斥责。想象力是人类宝贵的智力财富，因此，家长应创造条件，促使幼儿想象力的发展。

5. 幼儿思维发展的特点

━━ 术　语 ━━

思维：思维是人脑对客观现实间接的和概括的反映，借助言语实现的，揭示事物本质特征以及内部规律性的理性认识过程。思维的基本过程包括分析、综合、比较、分类、概括等，在这个过程中，需要概括能力、判断能力、推理能力、解决问题的能力及创造性思维的参与，这些能力有机结合成为思维能力。

幼儿的思维由直觉行动思维向具体形象思维转变，并以具体形象思维为主，抽象逻辑思维开始萌芽。此阶段幼儿具体形象思维占优势，抽象逻辑思维能力较差。幼儿进行思维时，总是借助于生动的事物、鲜明的形象，或由过去的感知在头脑中保存下来的事物的印象来完成对事物的概括、认识和理解。6 岁左右的幼儿抽象逻辑思维开始发展，初步能运用词和获得的知识经验进行分析、综合，形成对外界事物比较抽象的概念，并逐渐能进行正确的简单的判断和推理，思维的敏捷性和灵活性有一定的发展。

═══ 咨　询 ═══

媛媛妈妈咨询：为了不让孩子输在起跑线上，为了将媛媛培养成数学"小神童"，我在孩子入幼儿园上小班时就开始教她数数，中班便开始进行 30 以内的加减法，导致媛媛对数学有了抵触情绪，表示以后再也不想学习数学，对此，我很困惑，提前培养难道有错吗？

由于幼儿阶段的思维以具体形象思维为主，抽象逻辑思维还较弱，根据国家颁布的《幼儿园教育指导纲要》的规定，对小班幼儿的要求是，能手口一致地点数，说出总数，按数取物，最低 5 个以内的物体会用数词描述事物的顺序和位置，中班是要求儿童掌握 10 以内的序数。关于加减运算，要求中班幼儿能通过实际操作理解数与数之间的关系，如 5 比 4 多 1，2 和 3 合在一起是 5 等。教育不能揠苗助长，要根据幼儿的思维发展规律进行，不能超前，还需借助实物进行，才能达到理想的效果。

6. 幼儿语言发展的特点

儿童心理的研究成果和长期的教育实践已经证明，幼儿期是人的一生中掌握语言最迅速的时期，也是最关键的时期。在这一时期，幼儿听觉和言语器官的发育逐渐完善，正确发出全部语音的条件已经具备，三四岁时发音机制已开始定型。幼儿在掌握词汇方面，由 3 岁的 800 ~ 1 000 左右个词，发展到 6 岁的 3 000 ~ 4 000 左右个词。在掌握语法方面，由掌握简单陈述句的语法形式，发展到掌握多种句式并列句及主从复合句等的语法形式。在正确教育下，幼儿入学前就能自如地运用口语表达自己的见闻、愿望、情感等。

═══ 心得分享 ═══

举例说明你对幼儿认知能力发展的认识，建议把个人心得发送到课程邮箱。

（二）幼儿情感发展的特点

情感是人对客观现实的一种特殊的反应形式，是人对客观事物是否符合人的需要而产生的体验。3 ~ 4 岁幼儿的情感富有易变性和冲动性，易激动，情感外露而不稳定。到了 4 ~ 5 岁，在成人的帮助和教育下幼儿已逐渐能控制自己，情感表现已不会十分脆弱，情感的有意性和稳定性逐步发展。幼儿已初步具有一定的道德观念和是非观念，对是非、对错，已能说出自己的一些看法和理由，这是孩子的道德观念、道德情感逐步形成的时期。到了5~6岁，幼儿逐步学会对其他人，甚至对自己的行为准则进行评价，例如对打人、骂人、随地吐痰等不符合社会公德的行为表示反感和不满。美感的获得表现在对自然美、对色泽鲜艳的物体和洁净环境的喜欢。对文艺作品的欣赏表现在逐渐掌握美的评价标准与要求。理智感主要表现为有好奇、好问、好猜测和"动脑筋"等强烈的求知欲，并由于及时回答、猜对了和想出答案等获得肯定的情感。

（三）幼儿意志发展的特点

意志就是人自觉地确定目的并支配其行动以实现预定目的的心理过程。幼儿的意志品质，如自觉性、坚持性、自制力和克服困难的勇气等方面已逐渐发展起来。幼儿期儿童行动的有意性逐渐提高，能较主动地去克服活动中的困难，但意志还是薄弱的，意志行动水平还较低，控制自己的能力差，做事容易有始无终。随着年龄的增长，幼儿行为的有意性增加，目的性、持久性和自制力明显发展，但是不够稳定。

（四）幼儿个性发展的特点

━━ 术 语 ━━

个性，即一个人比较稳定、比较经常的心理特征。它表现出人与人之间心理活动的差异，影响个性形成的主要因素有：一是生物学因素，包括遗传、先天素质和气质、体貌特征和成熟速率；二是社会化因素，主要有家庭、学校、同伴、团体组织和机构、广播、影视、报刊的宣传等；三是个体的自我意识，即人对自己的状况和活动的意识。

幼儿期是个性倾向开始萌芽的时期。由于环境、教育条件和遗传因素的不同，在幼儿身心发展上存在个别差异，逐渐表现出性格、兴趣、能力等方面的个性特点。在性格上，有的活泼，有的沉静，有的灵活，有的呆板；在兴趣和爱好上，有的喜欢书画，有的爱唱歌跳舞；在能力上也有所差异，有的善于数数，有的善于扮演各种角色。人的个性在幼儿期还存在很大的可塑性，是容易转变的、极不稳定的，但幼儿期的个性特点，会在人的一生中保留它的痕迹。

每个人的个性，不论是自我意识、道德品质，还是性格特征等都是独特的、有差异的，同时，又是一个发展的过程，存在着明显的年龄特征。幼儿期的自我意识是从轻信成人的评价到初步的自我评价，从对外部行为评价到初步的内心品质的评价，从比较笼统的评价到比较细致的评价，从局部的评价到比较全面的评价，但是，幼儿期自我意识的水平、自我评价的能力还是不高的。在正确的教育影响下，幼儿的道德认识、道德情感和道德意志行为都得到了发展，有了初步的道德认识倾向。在道德行为方面能逐步按社会道德规范去从事初步的道德行动，但行动常受周围具体环境影响，缺乏目的性、坚持性。

═══ **心得分享** ═══

举例说明你对幼儿身心特点的认识，建议把个人心得发送到课程邮箱。

（五）幼儿社会化发展的特点

社会化是一个人随着时间发展不断形成的社会特征，具有社会意义的人的成长过程。孩子呱呱坠地时，只是自然意义上的"人"，还没有形成社会学意义上的"人"的特征。社会化包括儿童学习社会性情感、道德感和自我意识，定位性别角色，对父母、亲人的依恋，对攻击性行为的控制，培养良好亲社会行为，等等。个体在一定的社会环境中，通过教育在生活和心理两方面获得发展，形成适应社会的人格并掌握社会认可行为方式的过程。各年龄阶段的幼儿社会化发展特点如下：

1. 3~4岁幼儿社会化的特点

3~4岁为幼儿第一反抗期的高峰阶段，该年龄段幼儿经常和大人对抗；3岁半以后反抗心理慢慢下降，此时能够集中注意力，称为"自信期"，具有较强的创造力与模仿力。此阶段幼儿对周围一切事物都很关心，兴趣很浓，能用语言表达自己的感受；与他人因矛盾而吵架的次数也增多；能清楚懂得自己与周围人的关系，相应有了好恶感；能和一两个小朋友相配合，共同游戏。

2. 4~5岁幼儿社会化的特点

4~5岁的幼儿精力旺盛且没有耐性，经常胡乱吵闹或发脾气，因此，有人称4~5岁为"行为过分"年龄段。该年龄段的幼儿喜欢结交朋友，能享受团体生活的乐趣，但因不具协调性与同情心，易打架、欺辱弱者；神经紧张时会出现咬指甲、不断摆动（大腿等）等行为；还会表现出羞怯、消极、磨蹭的行为。

3. 5~6岁幼儿社会化的特点

5~6岁幼儿抽象逻辑思维能力开始萌芽，能对事物做简单的因果判断，喜欢智力游戏及结构复杂的游戏；个性初具雏形；情绪变化小，能克制情绪；求知欲强，好学好问。

三、帮助幼儿做好入园的准备

═══ **咨　询** ═══

一位年轻的妈妈咨询：我的宝宝已经到了入园的年龄，我不知道给孩子选择什么样的幼儿园好。另外，我们一提让宝宝上幼儿园，他就哭，极不情愿，我该怎么办？请帮帮我。谢谢！

1. 为幼儿选择适合的幼儿园

━━ **案 例** ━━

赵妈妈说："钱，我有！我和他爸爸拼命挣钱还不就是为了他？让他上一流的幼儿园，当然是上私立幼儿园了，瞧瞧那些高官和明星的孩子，都是上私立幼儿园和私立学校的。"

武妈妈说："上特色幼儿园比上普通幼儿园强多了！你知道等孩子上了学，有个音乐、舞蹈、外语什么的考级证书是可以加分的，顺便也可以培养一下孩子的艺术天分和特长嘛！"

专家提示，应该以幼儿为出发点，选择幼儿园不仅要选正规的还要选适合的，适合的才是最好的。

首先要考虑的问题是幼儿园收费是否是家长的经济状况所能承担的。超过家庭总收入的教育支出需要慎重考虑，因为幼儿的发展一旦不能达到自己的期望时，家长就可能因此遭到打击，而去责怪幼儿园和孩子。

其次要考虑的是选择距离较近、接送方便，环境、卫生状况良好的幼儿园。

最后要考虑的就是软硬件。一般来说，无论选择公立幼儿园，还是私立幼儿园；无论选择特色幼儿园，还是普通幼儿园，都要关注幼儿园的硬件和软件。关注幼儿园的硬件，是出于对幼儿健康、安全等多方面的考虑。但关注硬件不意味着幼儿园条件越奢华越好，专家们所说的硬件是指能够满足幼儿日常生活、游戏、学习和休息需要的场所。软件涵盖的内容就更加广泛了，包括幼儿园的办学思想、师资力量、课程设置等诸多方面，而这些方面对于家长选择合适的幼儿园来说显得更重要。

2. 帮助幼儿克服入园"分离焦虑"

━━ **案 例** ━━

一年多了，婉儿一直像一块小年糕，黏在妈妈身上。在婉儿快 2 岁的时候，妈妈考虑到婉儿该上幼儿园了，决定试试女儿能否离得开自己。在一个婉儿挺高兴的时刻，妈妈示意让保姆和婉儿玩，妈妈和婉儿说声"再见"，就出门了。门刚关上，婉儿的哭声便从门缝里钻了出来，妈妈听着婉儿的哭声，再难挪动半步。就这样，妈妈在门外坚持了半个小时，婉儿也足足哭了半个小时。本想从 2 岁开始送孩子入托的婉儿妈，宣告第一次试验失败。

分离焦虑的出现，与幼儿的不安全感有关。最初，这种焦虑的出现，是具有特殊的适应意义的。因为，它促使幼儿去寻找他所亲近的人，或者发出信号，呼唤妈妈的出现，这是幼儿寻求安全感的一种有效的方法。焦虑会引起幼儿生理上的应激反应，长时间焦虑容易使幼儿抵抗力下降。刚入园的幼儿很容易感冒、发烧、上火、肚子疼等，很多病症就是因为分离焦虑致使幼儿抵抗力下降引起的。

为了克服幼儿的分离焦虑情绪，家长事先可带幼儿参观所选的幼儿园，让幼儿获得直观认识和亲近感受。同时，帮助幼儿结交一两个同班伙伴，减轻入园后的陌生感和不安全感。另外，家长要有意尝试在熟悉的环境中与幼儿短暂分离，幼儿入园不要让最亲近的人送等形式。

上幼儿园，是幼儿成长之路中的一个比较大的台阶。第一次和亲人长时间分离，对大部分幼儿来说，都意味着考验，路的确不平，但是，没有哪个人的路永远是平坦的，入园时的分离也一样。孩子迈过了这个台阶，便为自己面对未来的坎坷又积累了一些经验。

四、幼儿家庭教育咨询与辅导

（一）把握幼儿家庭教育的基本内容

■■■ 咨 询 ■■■

一位家长咨询：我的儿子已经两岁多了，还没有入幼儿园，我也知道早期教育重要，可我就是不知道从什么地方入手，对孩子进行哪些教育，请问专家：我该怎么做？

应当说，家庭教育的内容涉及方方面面，在幼儿阶段家长应该把握的教育内容主要有：

（1）智能开发。主要包括对幼儿进行语言、思维、记忆、想象力、创造力、动作技能的培养与开发等。

（2）健康教育。主要包括对幼儿进行营养饮食、环保衣物、游戏健身、规律作息和心理健康等方面的教育等。

（3）品德教育。主要包括对幼儿进行学习品质、社交礼仪、公共道德、行为习惯的培养等。

（4）艺术培育。根据幼儿的兴趣爱好进行音乐、绘画、舞蹈、手工、器乐、棋艺等艺术才能的培养。

（5）独立性的培养。鼓励幼儿有自己的想法，学会独立思考，有自己的能力与知识。给幼儿自己的空间，本着"大人放手，幼儿动手"的原则，从小培养幼儿的自理能力。

（6）培养幼儿良好的生活习惯。良好的生活习惯是幼儿健康成长的必要条件。生活习惯包括饮食习惯、睡眠习惯、个人卫生、公共卫生习惯及独立生活能力等。家长要根据幼儿的年龄特点，帮助幼儿建立严格的作息制度，合理安排好幼儿吃、睡、玩、卫生、劳动等的生活内容和时间，使幼儿有规律、有秩序地生活，从而养成良好的文明习惯。增强幼儿独立生活的能力，促进其身心健康发育。

（7）重视幼儿的早期交往。幼儿的交往行为是从亲子交往慢慢过渡到社会交往的。父母的性格、爱好、教育观念、教养方式、受教育水平、社会经济地位、宗教信仰以及父母之间的关系状况等，都对亲子交往的质和量有着直接或间接的影响。幼儿的社会交往能力的培养在良好的亲子交往基础上，需要家长给幼儿创设更多的交往机会，如让幼儿邀请小伙伴到家里玩，鼓励幼儿与成人、同伴之间共同生活和游戏等，都是培养其社会交往能力的重要途径。家长应尽可能多带幼儿接触外面的世界，让幼儿参加各种活动，多交朋友，与同伴多做游戏，逐步拓展幼儿的交往空间，提高他们社会交往的能力。帮助幼儿感知和理解他人的情感、愿望，懂得分享和自控，适当给予幼儿关于交往技能技巧、态度行为方面的指导和帮助。让幼儿学会协商，学会发表自己的观点；让幼儿懂得宽容，懂得克制，懂得理解和尊重他人的情感和需求。

（8）让幼儿在游戏中学习与发展。由于幼儿具有好奇、好问的天性，游戏成为幼儿最喜欢、也最能促进幼儿身心发展的活动。幼儿在多种多样的游戏中可以轻松愉快地获得知识，发展智力，学习良好的道德品质，促进其身心健康发展。游戏是学前儿童的最主要活动，游戏是多种多样的，有静态和动态的游戏，有知识游戏、数数游戏、拼贴游戏、小科技实验等智力游戏；有角色游戏、结构游戏、表演游戏等创造性游戏；还有体育游戏、音乐游戏等。家长对幼儿要进行正确的引导，让幼儿在各类游戏中多动脑、多动手、多动口，促进其智力发展。如可让幼儿参加折折叠叠、拼拼摆摆（搭搭）、剪剪贴贴类型的活动，参与听故事、猜谜语、扮演角色、欣赏音乐等游戏。幼儿活动中，家长应当为幼儿创造游戏环境，家长要多引导，多提一些为什么、怎么办等思考性问题，让幼儿在做、玩、想中发展注意力、记忆力、想象力和创造力，增长才干，发展智力。

（9）做好入学准备教育。首先，家长要帮幼儿做好入学心理准备。家长可以带领幼儿参观小学，熟悉并欣赏校园环境，使幼儿对小学生产生敬仰、羡慕的心情，渴望自己也能成为一名小学生。另外在家庭中可以开展模仿游戏，家长可以组织几名幼儿或和幼儿一起模仿小学生上课的游戏，分别扮演老师和学生，让幼儿在游戏中不知不觉地熟悉课堂学习习惯，学会基本的课堂常规，如怎么坐、怎么站、怎么举手、用多大音量回答问题以及基本礼貌用语等。其次，为幼儿做好学习用品的准备。为幼儿准备合适的书包及简单实用的文具用品。再次，为幼儿做好能力准备。包括培养幼儿独立生活能力、语言能力、专注力、交往能力、服务性劳动的能力等。另外，还要培养幼儿良好的作息习惯、文明礼貌习惯等。

（二）掌握幼儿家庭教育的基本方法

1. 给幼儿营造一个良好的成长环境

首先，家长要努力创设和保持一种和谐愉快、互相尊重的家庭氛围。幼儿在这样的家庭中才会感到温暖愉快，情绪稳定，得到爱心的熏陶，萌发自信心、上进心。其次，要创设优美整洁的家庭环境，使幼儿从小萌发爱美、爱整洁、爱护物品、生活有规律等良好行为习惯。

2. 家长以身作则

家长不仅是一种权威，而且是幼儿言行举止标准的提供者，家长的表现在很多情况下成为幼儿学习的参照。家长要使幼儿的言行有所遵循，切不可言行不一，家长言行相悖比对幼儿放任自流产生的不好影响更大。古人云："以教人者教己"，要求在幼儿身上形成的品质和良好习惯，家长都应具备。家长想教育好幼儿，必须以身作则，这样才能收到实效。比如，吃米饭时家长想教幼儿勤俭节约，不浪费一粒米，自己首先要保证把碗里的米饭吃干净，一粒也不剩，这样即使不跟幼儿说，时间长了幼儿也会跟着学的。

3. 合理的管束

管束幼儿是告诉他们行为的标准，即什么样的事情可以去做，什么样的事情不能做。管束要有权威：当幼儿可能要犯错误，不得不进行管束的时候，一定要有权威性。家长在管束幼儿时要保持一致，这样幼儿可以建立统一的行为标准。

4. 表扬与批评相结合

对幼儿要多肯定表扬，以增强他们的自信心。对他们的缺点要适当批评，及时纠正其不良行为。不管是表扬，还是批评，家长都得合理使用，其中的奥妙就在于二者的巧妙结合及比例的把握。教育是一支表扬与批评的变奏曲，要想奏出美妙和谐的旋律，二者缺一不可。

5. 故事启发

家长用讲故事的方式给幼儿灌输正确的思想，比起生硬地对幼儿讲大道理效果要好得多。故事许多时候都是以讲为主，但有时让幼儿表演、参与故事，他就更能体会故事中的意义。故事是生活影像的折射，用故事来讲述生活，让幼儿在故事中体验生活、学会生活，这是生活教育的一种积极的尝试。故事能够点燃智慧的火焰，让幼儿在故事的启发中快乐地成长。

🗐 思考与讨论

新生儿至婴幼儿时期，是孩子生理和心理发展的高速期，在这段时期里，婴幼儿的心理特征变化很大，婴幼儿在家庭中接受最初的教育，同时需要适应外界环境。婴幼儿处于人生发展的基础性阶段，该时期实施科学合理的家庭教育，将生活、抚育和教育结合起来，尽早培养孩子良好的行为习惯，开启孩子的心智，锻炼孩子的能力，为孩子的成长和成才创造条件。

学习完本章，请思考并讨论以下问题：

1. 胎教的基本方法有哪些？
2. 根据婴儿的心理特点如何进行家庭教育？

3. 婴儿身体发育阶段家长应注意哪些方面？

4. 如何在家庭中培养婴儿的注意力？

5. 如何在家庭中培养婴儿的记忆力？

6. 如何让婴儿形成安全性依恋？

7. 幼儿期生理特征和心理特征各有哪些？

8. 怎样为幼儿选择适合的幼儿园？

9. 怎样帮助幼儿克服入园"分离焦虑"？

10. 幼儿期家庭教育咨询与辅导措施有哪些？根据具体案例加以分析。

可与小组同学开展讨论，分享思考与心得，可将讨论结果与思考心得发送到课程邮箱。

视窗拓展

1. 推荐阅读书目

［1］王小英. 家庭改变儿童：当代儿童家庭教育专题［M］. 北京：教育科学出版社，2015.

［2］林崇德. 发展心理学［M］. 北京：人民教育出版社，2009.

［3］黛安娜·帕帕拉，萨莉·奥尔兹，露丝·费尔德曼. 发展心理学：从生命早期到青春期［M］. 10 版. 上册. 李西营，译. 北京：人民邮电出版社，2013.

［4］比格纳. 亲子关系：家庭教育导论［M］. 8 版. 郑福明，冯夏婷，译. 北京：高等教育出版社，2012.

2. 影视剧

［1］国产电影：《看上去很美》。

［2］2014 年、2015 年全国学前教育宣传月纪录短片。

第三章　小学阶段的家庭教育咨询与辅导

学习导入

告别天真可爱的婴幼儿期，孩子跨入了一个人生的新阶段。到了7岁，儿童就要进入学校接受义务教育，他们一下子从一个备受家人保护的幼儿成为必须独立完成学习任务、承担一定社会义务的学生。儿童社会角色、生活环境的变化，都将促使他们的心理水平产生质的飞跃。童年期的儿童由于可塑性极强，处于接受教育的黄金时期，学校固然重要，但切不可忽视家庭教育的作用。

学习目标

列举小学生的生理特征和心理特征；

阐述小学生的个性与社会性发展；

鉴别家庭教养方式；

说明小学生习惯培养的重要性；

提出小学生家庭教育咨询与辅导的具体措施；

总结小学阶段家庭教育需要注意的问题。

第一节　小学生的身心特征及个性、社会性的发展

6到13岁是儿童开始进入小学学习的时期，这是孩子成长过程中的黄金时段。可以说，这个阶段孩子的身心发展是均匀、平稳的，较少经历成长过程的"痛点"，是孩子成长过程中一段比较安稳的时期，当然也是非常重要的转折期和过渡期。在小学低年级时，孩子身上还具有明显的学前儿童的心理特点，而到高年级时，一些孩子已逐步进入青春期，因此，有人称这个阶段为童年中期，甚至是前青春发育期。

一、小学生的身体特征

1. 身高和体重

相对于其他发展阶段，童年期儿童身体生长发育的总体特点是变化不明显，处于一个发展速度相对平缓的时期。一个人从胎儿到成人，身体的生长发育会出现两次高峰期。第一次出现在胎儿期 4 个月至出生后 1 年；第二次出现在青春发育早期。这个生长发育的速度曲线呈波浪式，而童年期就处于这个"生长速度波浪"的低洼平缓处。

身高和体重是生长发育的两个重要指标。女孩由于发育较早，在小学高年级身高和体重会超过男孩，男孩在进入青春期之后才在身高和体重上全面超过女孩。据调查，我国汉族 7 岁男孩的平均身高是 125.52 厘米，12 岁时平均达到 152.39 厘米；7 岁女孩平均身高是 124.13 厘米，12 岁时平均达到 152.16 厘米。在体重方面，我国汉族 7 岁男孩的平均体重是 25.53 千克，12 岁时平均达到 43.98 千克；7 岁女孩的平均体重是 23.85 千克，12 岁时平均达到 42.33 千克。

2. 骨骼发育

这一时期儿童骨骼由于含有的石灰质较少而胶质较多，因而，儿童骨骼容易变形和脱臼，但不易骨折。尽管生长发育的速度较慢，长骨的生长与附着在其上的肌肉的生长相比仍要快一些，由于这些软组织的伸长，有时会使肌肉和韧带产生痛感，因此，一些儿童会感到"生长性疼痛"，这是生长发育过程中的正常现象。此外，儿童的头面部骨骼也有很大变化。由于头部骨骼的迅速生长，8~9 岁时儿童头部大小已经达到成人的 95%。儿童面部特征较幼儿时期也有了很大的变化，额部加宽，嘴唇增厚，鼻孔加大，幼儿期稚气的娃娃脸逐渐消失。这是因为面部的骨骼，特别是颧骨、眼眶诸骨、上颌骨和下颌骨有了较大的生长，牙齿也由乳牙逐渐被恒牙所替换。

3. 身体其他系统的发育

循环系统方面，儿童的心脏和血管的容积尚未达到成人的水平，而且心脏生长的速度落后于血管，因此，儿童的心率比成人高，约 80~90 次/分，新陈代谢也较快。在呼吸系统方面，整个童年期肺泡发育逐渐成熟，肺泡体积显著增大，肺活量也随之迅速增加。在免疫系统方面，胸腺逐渐增大，到青春中期（女 12 岁、男 14 岁）时达到最大，儿童的免疫能力逐渐加强，并不像幼儿时期那样容易患病。整个身体的各个器官、系统都按照自己的生长模式有条不紊地进行发育。

4. 神经系统

儿童神经系统比较脆弱，要注意睡眠充足、劳逸结合，保证儿童期的孩子有 10 小时的睡眠时间。6 岁儿童的脑重量是 1 200 克，7 岁时已达到 1 350 克，与成年人的脑重量 1 400 克相比，相差无几，大脑的生理功能完全能够担负起这个时期的学习任务。但是，儿童的大脑神经还比较脆弱，过度的兴奋容易引起疲劳，也说明大脑的神经细胞还比较脆弱。儿童的内抑制功能进一步发展起来，这表现在他们能更细致地分析、综合外界事物，更善于调节、控制自己的行为。

二、小学生的心理特征

(一) 小学生认知能力的发展

1. 感知觉发展的特点

这一时期的小学生认知发展从前运算阶段向具体运算阶段转变。在 7～11 岁这一阶段，小学生的理解能力在精确性、复杂性和适应性上都会得到稳步而全面的发展。这一阶段的孩子理解能力发展的一个良好标志就是对一个故事、一个过程能够按照自己的理解加以总结和概括。

小学生各种感官的感受性发展很快，视敏度增加，辨别音调的能力提升，运动的精确性逐渐发展，空间知觉和实践能力也有长足的进步，具备了一定的观察事物的能力，儿童期已能从整体感知到学会比较分析。小学生在学习活动中，逐步积累经验，提高对事物比较精确分析的能力，在观察中学会比较和分析。感知的有意性、目的性逐渐提高，小学生会从无意性、情绪性过渡到有意性和目的性。

2. 注意力发展的特点

小学生的有意注意逐步发展，无意注意仍起着很大的作用。低年级小学生的注意带有浓厚的情境性，任何新异的刺激都会引起他们的兴奋，分散他们的注意。小学生注意不稳定，不能长久保持，7～10 岁注意的保持平均为 20 分钟，10～12 岁平均为 25 分钟。小学生注意的范围不大，不善于分配自己的注意，经常出现"顾此失彼"的现象，学习基本技能还不熟练，很难同时进行几种动作。一般地说，同一时间内最好只让他完成一个主要任务，在熟悉后才提出两个任务，随着年龄增长，小学生的注意力、分配能力就会越来越强。

━━━ 提　示 ━━━

家长要注重孩子学习过程中的休息，尽量为孩子提供一个安静的学习环境，提高孩子学习的兴趣和责任感。同时，家长在孩子学习之余，应适当安排时间让孩子参加游戏活动，减轻孩子的学习压力。

3. 记忆力发展的特点

小学生的记忆也有了进一步的发展，有意记忆逐渐超过无意记忆，意义记忆逐渐超过机械记忆。在教学影响下，他们也逐渐学会了与遗忘做斗争的策略。

4. 思维发展的特点

小学生的思维正处于具体形象思维向抽象逻辑思维的过渡阶段，说明小学生已具有抽象概括、进行逻辑推理的能力，但不能离开具体事物进行。小学生思维的自觉性较差，而且缺乏思维的批判性和灵活性。随着年龄的增长、知识经验的扩大，特别是在教育的要求下，小学生思维的惰性逐渐减少。

（二）小学生情绪发展的特点

小学生的感情是一个逐步发展的过程，他们的情绪情感比较外露，容易激动，不够深沉，也不易保持，但情感的内容却变得越来越丰富，越来越深刻，出现了与学习兴趣、学习成绩相联系的理智感，进而扩展到学校集体的荣誉感、友谊感、责任感，等等。审美感也有一定的发展，小学生对情感的控制力也由弱变强，低年级小学生常跟幼儿一样情绪不够稳定，高年级小学生已逐渐能意识到自己的情感表现可能带来的结果，情感逐渐内化了。小学生十分崇敬、热爱老师，喜欢取悦老师以得到老师的喜爱。小学生害怕的东西也不少，最害怕的是学业失去优势，进而怕家长指责，怕同学讥笑，怕没有同学和他做朋友。这类情绪压力过重会造成心理上的紊乱，如出现学校恐惧症等，家长应及时配合学校、老师予以调节。

三、小学生的个性与社会性发展

1. 小学生的自我意识

小学生自我意识的总体发展趋势是随着年龄增加而向高水平发展，但发展速度不是匀速直线式的，其发展过程有快速上升的时期，也有平稳发展的时期。

自我意识的发展过程是个体不断社会化的过程，也是个体个性特征形成的过程，自我意识的成熟往往标志着个体的基本形成。在小学时期，个体显著地受社会文化影响，是角色意识建立的最重要时期。角色意识的建立，标志着儿童的社会自我观念趋于形成。

随着小学生的抽象逻辑思维的逐渐发展和辩证思维的初步发展，小学生的自我意识更加深刻。他们不仅摆脱对外部控制的依赖，而且逐渐发展到用正确的行为准则来监督、调解、控制自己的行为，开始从对自己的表面行为的认识、评价转向对自己内部品质的更深入的评价。

可见，小学生的自我意识的发展是随着年龄从低到高向高水平发展的。在整个小学时期，小学生的自我意识是不断发展的，但不是直线的、等速的，既有上升的时期，又有平稳发展的时期。

在小学时期，自豪、内疚这些自我意识的情感明显受到小学生责任感的制约，小学生不再像以前那样因为偶尔的错误而内疚，只会因为故意犯错而内疚。

2. 小学生的社会性认知

━━ 术 语 ━━

社会性认知，是指对自己和他人的观念、情绪、思想、动机的认识，以及对社会关系和对集体组织间关系的认识，与认知能力发展相适应。

小学生对物质世界的理解是随年龄增长而不断发展的，小学生对社会的认识也表现出同样的趋势。

小学生自我意识的发展是从具体的、片面的向抽象的、较为全面的认知过渡。与此同时，随着小学生认知中自我中心成分的逐渐减少，小学生对他人的认知也逐渐趋于客观和深刻。随着社会交往经验的日益增多，小学生逐渐注意到他人与自己对世界的认识和反应是不同的，开始认识到他人不仅与自己有不同的思维和情感，在相同情况下也可能有不同的反应，小学生开始理解他人行动的目的性。

小学生的社会性认知发展具有如下几个趋势：①从表面到内部，即从对外部特征的注意到更深刻的品质特征的注意；②从简单到复杂，即从问题的某个方面到多方面、多维度地看待问题；③从呆板到灵活地思维；④从对个人利益的关心到关心他人利益和长远利益；⑤从具体思维到抽象思维；⑥从弥散性的、间断性的想法到系统的、有组织的、综合性的思想。

3. 小学生的人际关系

第一，小学生师生关系的发展。

小学生对老师的态度。老师在小学生心目中占有重要的地位，这可能是由于在学校里，小学生把对父母的态度和情感转移到老师身上，从而对老师形成了类似于父母的情感体验。从总体上看，小学生对老师充满了崇拜和敬畏，对于多数低年级的小学生来说，他们对老师可以说是绝对服从，听老师的话也有利于他们迅速掌握各种学校要求，从而适应学校生活。但是，随着年龄的增长，小学生的独立性迅速发展，特别是从三年级开始，小学生不再一味地服从和信任老师了，他们开始对老师做出各种评价，并对不同的老师表现出不同的态度。他们对自己喜欢的老师会产生积极的反应，而对不喜欢的老师则产生消极的反应。

老师的期望对小学生的影响。老师往往会根据小学生的性别、体貌特征、家庭的社会经济地位以及兴趣爱好等信息形成对某个儿童的期望。老师对小学生的期望和小学生的良好表现之间可以有相互促进的现象，从而形成师生关系的良性循环；反之，老师对小学生的消极期望和小学生的不良表现之间也会形成师生关系的恶性循环。

第二，小学生同伴关系的发展。

小学生同伴关系发展大致经历三个阶段：第一阶段：低年级小学生依从性集合关系期。他们的交往对象主要指向老师，还没有形成真正意义上的同伴关系。第二阶段：中年级小学生处于平行性集合关系期。班级里开始出现许多三五个人规模的小团体，小团体内部交往较多，团体与团体之间的交往较少。第三阶段：高年级小学生处于整合性集体关系期。班级里原来的小团体开始相互融合成较大的团体，甚至可能完全融合成一两个大团体，学生间的交往范围显著扩大。

同伴地位的测量与分类。用"同伴提名法"可以测量小学生的同伴地位。研究者要求小学生列举几名班级里自己最喜欢的同学和最不喜欢的同学，使用的问题如"如果你过生日，你打算邀请哪三个同学来家做客？"和"如果分组活动，你不希望和哪三个同学分在一组？"根据每个同学被全班同学提名的频率可以区分出四种同伴地位类型：一是受欢迎型：

被较多的人所喜欢，被较少的人所拒绝；二是受拒绝型：被较多的人所拒绝，被较少的人所喜欢；三是有争议型：喜欢他和拒绝他的人都比较多；四是受忽视型：喜欢他和拒绝他的人都比较少。

一般而言，一个班级中大约有 1/3 的小学生无法划入上述四类，这些小学生的同伴地位则称为"一般型"。另外，还可以根据同学间的互选情况，画出同伴关系网络图，更好地了解整个班级里同学关系的状况。

随着小学生的独立性与批判性的不断增长，小学生与父母、老师的关系从依赖开始走向自主，从对成人权威的完全信服到开始表现富有批判精神的怀疑和思考，与此同时，具有更加平等关系的同伴交往日益在小学生生活中占据重要地位，并对小学生的发展产生重大影响。

=== 心得分享 ===

写下上小学时你与小伙伴之间最难忘的一件事，发送到课程邮箱中。

4. 小学生品德的发展

小学生品德发展的一个基本特点就是协调性：①小学生逐步形成自觉地运用道德认识来评价和调解道德行为的能力；②小学生的道德言行从比较协调到逐步分化；③自觉纪律的形成和发展在小学生品德发展中占有相当重要的地位。

第二节　小学生家庭教育的方式、方法及重点

小学教育是一个人一生中最早接受到的正规教育。小学教育的成功与否，对小学生从小培养良好的品德和素质具有重要的作用，好的小学教育，可以促使小学生将来顺利读完小学、中学甚至大学。俗话说得好"万事开关难"，小学教育是人生教育的"头"，它可以决定一个人以后走什么样的道路，决定一个人今后的发展程度。开好小学教育这个"头"，不能只靠学校，家庭同样重要。

孩子入学并不意味着家庭教育的完成，家长不要以为孩子入学了，可以松口气了。事实上，孩子入学后，在家的时间相对少了，家长对孩子日常行为的了解也就不如以前多了；随着年龄的增长，家长对孩子心理的了解比入学前更难了，而且，孩子入学后，家长又多了一项"工作"——家校合作。这样看来，孩子入学后，家长不但不能松口气，反而更要劳心费神。家长要与老师配合，共同搞好家庭教育和学校教育，只有这样，才能为孩子打好人生的基础。

家庭教育既是摇篮教育，也是终身教育。家庭教育对学生特别是小学生的成长起着举足轻重的作用。小学生的家庭教育如何，直接影响到小学生全面素质的培养。

家庭教育是一门艺术。家长要想成为一个理想的"艺术家",就不能生硬地照搬学校教育的模式,而必须从小学生身心发展的特点和家庭教育的特点出发,重视教育方式、方法的选择和教育手段的运用。

一、认识家庭教养方式

家庭教养方式主要有民主型、权威型(威信型)、专制型、溺爱型和放任型等。

1. 比较可取的家庭教养方式

(1)民主型。民主型的父母把孩子当朋友,对孩子温和、慈祥、宽厚、不摆架子、不强制命令;善于倾听孩子的心声,尊重理解孩子,懂得情感教育和榜样教育,不任意打骂孩子;对孩子的行为更多的是加以分析与引导;对于孩子在成长或学习过程中发生的问题更多的是采取帮助与鼓励的方法;合理地应用奖励与处罚的手段,使孩子从父母的行为与教育中获得知识,明白事理。孩子从小在这种亲密、和睦、民主、欢乐的家庭环境中生活,能够养成活泼、开朗、向上、进取的个性,为人生打下一个良好的基础。

(2)权威型。权威型父母的特点是严而有度。承认、尊重父母和孩子双方的权利,是权威型教养方式的主要特征。权威型教养方式是严肃的、合理的,因为父母的权威来自自身的品格和学识,来自对孩子的理解和尊重。这是大多数中国家长认同的教养方式,但要注意的是权威用过了头,就会变成专制。

2. 不可取的家庭教养方式

(1)专制型。专制型教养大部分依赖于控制孩子的行为,重点放在获得孩子直接和长期的顺从。一般来说,这种教养方式涉及控制孩子各个方面的行为。父母通过许多方法让孩子顺从,常常使用体罚或其他强硬的方式来获取孩子的合作。父母的话对孩子来说就是法律,并让孩子相信父母的所作所为总是为他的最佳利益着想。这种抚养方式,不以鼓励孩子遇到问题自己认真思考为标准,只需要向父母寻求认可,或向父母寻求解决问题的方法就可以了。

━━ **案 例** ━━

有位母亲的工作是在动物园里驯养猴子的,她也用类似驯猴的方法训练儿子,拿一根皮鞭,也不说话,往琴上一指,儿子就像猴子似的用惊恐的目光看向她,乖乖地坐上琴凳,开始练琴。她向其他人介绍教子经验时,最常说的就是:"打最好使!孩子和猴子一个样,不打不行,得狠下心来,不狠不行。"

这就是一个典型的专制型家长。

(2)溺爱型。溺爱型的父母把孩子当作宠物养,当父母把孩子视为"小皇帝",自己自然就成了"奴仆"。这种类型的父母主要有四个特点:一是顺从。无论孩子提什么要求,都给予满足。二是护短。如果孩子同他人发生矛盾，父母不分青红皂白，总是责怪他人。三是包办。父母给孩子盛饭、穿衣、上学、放学帮孩子背书包，更有甚者，有的父母替孩子做作业，有的替孩子做值日，等等。四是迁就。当孩子提出不合理的要求时，父母开始不想答应，但孩子一哭一闹或撒娇，父母往往妥协。这种做法有害无益，不仅会使父母丧失教育原则，被孩子所胁迫，还会使孩子变得越来越任性。

（3）放任型。放任型父母对孩子的行为和学习不感兴趣，也不关心，很少去管孩子，小时候交给保姆或祖父母，上学了交给老师，长大了交给社会。这类父母存在着典型的角色问题，他们或性格内向或缺乏权威意识和责任感或社交能力差。这种家庭环境下成长起来的孩子往往对事情没有责任心，行为放纵，一些不良的个性与态度会影响学业，将来很难适应社会。

━━━ 反 思 ━━━

回忆并思考你父母的教养方式。根据你的观察和能回想起的内容，你能预测你成为父母之后将会采用的教养方式吗？

二、小学生家庭教育的基本方法

小学生家庭教育的基本方法，是指家长对子女实施教育所采取的具体措施和手段。通常有下列数种：

1. 树立榜样

树立榜样是以他人的好思想、好行为来影响和教育子女的一种重要方式。如家长、同学、邻居、老师、英雄模范人物、文艺作品中的正面人物、革命领袖等，都是子女学习、模仿的对象。在这些榜样中，家长是最直接的榜样，不管家长的言行是错误的还是正确的，对子女都有十分深刻的影响。因此，家长在日常生活中应时时处处检点自己的言行，以此树立在子女面前的好的榜样。

2. 环境熏陶

家长要有意识地创造良好的生活环境，使子女受到感染和熏陶。家庭是子女生活的主要场所，家长在组织好家庭生活时就要处理好家庭成员之间的关系，坚持正确的道德行为准则，形成团结和睦的家庭气氛，建立井井有条的生活秩序，以陶冶子女的美好情操。

3. 说服教育

说服教育的具体做法：一是谈话，家长根据子女的思想实际，摆事实、讲道理，使子女明白一定的道理。谈话要有针对性、灵活性，态度要和气，不要板着面孔、居高临下地训斥、挖苦。二是讨论，家长与子女共同讨论。讨论时要尊重孩子，耐心倾听其意见，双方有不同意见时，也要耐心地与子女共同讨论，使子女明辨是非，家长观点不正确时也要勇于承认。

4. 实际锻炼

实际锻炼的内容相当广泛，如适应周围环境，锻炼身体，生活自理，家务劳动，独立作业，文明礼貌，社会交际，等等。进行实际锻炼，首先要孩子明确目的意义（为什么），提出具体要求（怎样做），鼓励他们克服困难，坚持到底。锻炼内容要适合孩子的年龄特征和个性特征，从他们的实际能力出发，交给的任务和提出的要求必须适当。要允许孩子在实践中有失误，不可过分苛求，家长也不能因怕孩子吃苦而中途停止锻炼。

5. 表扬奖励

表扬奖励是对子女的思想行为给予肯定和好评。通过肯定和好评，以强化子女的进取心和荣誉感，争取更大的进步。表扬奖励要实事求是，要及时，要说明原因，并且应以精神奖励为主，物质奖励为辅。

6. 批评和惩罚

批评和惩罚都是对子女不良思想行为的否定，不过后者是对严重不良思想行为的一种教育手段。批评和惩罚时，首先要全面了解情况，掌握不良思想行为的具体情节和严重程度，从错误的实际出发，批评是指出危害和思想根源，否定其思想行为，使之感到羞愧和痛楚，进而产生改正错误的动力。批评时不要讽刺，不要奚落，不要谩骂。惩罚主要是剥夺某种权利，而不是体罚，更不能侮辱人格和摧残身心。

7. 指导安排生活秩序

良好的生活秩序是培养子女良好习惯的有效方法。家长要指导子女安排好生活起居，布置好生活环境，教给子女合理安排和利用时间，使之生活秩序有条不紊。要让子女自己安排生活秩序，家长可以在旁指点，但不能替子女作安排。

8. 指导课外阅读

指导子女阅读书报杂志，从中汲取有益的精神营养。家长要了解子女阅读的内容，和子女一起讨论，引导子女通过阅读增长知识，开阔眼界，陶冶情操。

9. 利用电视节目中的有益知识

电视进入家庭后，子女可以通过观看电视学到许多知识，开阔视野，增长见识，因此可充分利用电视的宣传教育作用。但是要注意的是，电视节目内容不能没有选择，观看时间不要过长，家长要为子女选择有益身心的电视节目内容，看完电视后可和子女对有教育意义的内容进行谈论。

10. 带领子女外出接触社会

家长可带领子女到公园、风景区、商店、工厂、农村，或者拜访同学、亲友，进行社会交往，使之开阔眼界，接触社会，认识社会，在社会这所"大学"中陶冶情操。

三、小学生学习动机、兴趣和方法的培养

1. 激发小学生的学习动机

动机是需要的一种表现形式，是人们由某种需要而引起的对一定事物的向往（意向或愿望）。小学生的学习动机直接影响他的学习态度和学习成绩。学习动机在学习中发挥着两个功能：一是唤醒动能，二是指向功能。

研究表明，小学生的学习动机有以下四种。第一，为得到高分，不落人后而学习；为得到老师的赞许、家长的表扬而学习；为得到各种奖励或荣誉而学习。第二，为履行集体和组织交给自己的任务而学习；为集体和组织争光而学习。第三，为个人前途、理想而学习；为升学，甚至为自己的出路和未来幸福而学习。第四，为祖国的前途、民族的振兴、人民的利益而学习。

这四种学习动机可分为两种类型，第一种学习动机是直接与学习活动本身相联系的，可作为一种类型；后三种学习动机是与社会意义相联系的，是一种远大的学习动机，可作为另一种类型。两种类型的学习动机是相辅相成、相互联系的。一个学生如果只有前一类的学习动机，而无后一类的学习动机，就常常不能坚持不懈地学习。如果只有后一类的学习动机，没有前一类的学习动机，就不能把学习活动当作一种乐趣，愉快地进行学习。

2. 培养小学生良好的学习兴趣

兴趣是人积极探究事物的认识倾向。学习需要兴趣，稳定的兴趣能使观察更加敏锐，想象力更加丰富，能使记忆力得到加强，使思维更加活跃，能使认识过程的整个心理活动积极化，从而大大提高智能活动的效能。

（1）小学生学习兴趣的特点。①小学生学习兴趣容易激发起来，但很难维持稳定。小学生学习兴趣很容易在老师的影响下激发起来，如某个老师讲课形象、生动，小学生就兴趣盎然，但是兴趣很难保持稳定；如果换另一个方法欠佳的老师讲课，小学生的兴趣会骤然下降。②小学生的学习兴趣比较广泛，但缺乏中心兴趣。小学生往往什么都想学，样样都感兴趣，他们今天喜欢这个，明天喜欢那个，兴趣广泛，但缺乏一个中心兴趣。③小学生的直接兴趣较容易形成，而间接兴趣较难形成。小学生的学习兴趣主要是直接兴趣，即对学习活动过程、学习方式和方法、学习内容本身感兴趣，而对那些学习结果虽然重要但学习活动的内容、过程或方式本身比较枯燥的学习通常不太感兴趣，即间接兴趣难以形成。因而，小学生有可能会出现偏科现象，即对有趣味的学科感兴趣，对没有趣味的学科就缺乏兴趣。

（2）小学生学习兴趣的发展。在整个小学时期内，小学生最初对学习的进程、学习的外部活动更感兴趣，以后逐步对学习的内容、需要独立思考的学习作业更感兴趣；对有关具体事实经验的知识较有兴趣，对有关抽象因果关系知识的兴趣在初步发展着；游戏因素在低年级小学生的学习兴趣上起一定的作用，而到中年级以后，这种作用就逐渐降低；在阅读兴趣方面，一般从课内阅读发展到课外阅读，从童话故事发展到文艺作品和通俗科学读物；对

社会生活的兴趣逐渐在扩大和加深。

3. 教给小学生正确的学习方法

学习方法是完成学习任务、提高学习质量的重要手段。有的小学生虽然十分勤奋努力，但成绩总是没提高，这说明仅有正确的学习目的和积极的学习态度是不够的，还必须有科学的学习方法。

在指导小学生学习时，家长要教孩子熟悉使用工具书，培养孩子自学能力。除了学好课本知识以外，鼓励孩子看一看有关的辅导材料，做一点课外练习题，可以起到加深理解教材内容、扩展知识范围的作用。小学生的学习内容中，存在着大量需要记忆的材料，许多内容要求小学生先记住，然后逐渐加深理解，为了有效地防止遗忘，要加强复习。所以，家长应要求孩子先复习、后做作业，提高完成作业的效率，并指导孩子独立完成作业，正确对待作业完成过程中出现的错误，分析原因，吸取教训，达到更好地巩固知识的目的。

四、小学生良好学习习惯的养成

━━ 案　例 ━━

北京有位妈妈，儿子上五年级，写作业磨蹭。在心理学专家的指导下，妈妈开始采取习惯培养的措施。

有一天，妈妈开始观察儿子到底是怎么写作业的。她发现儿子写一个小时的作业站起来七回，一会儿开冰箱看看有什么好吃的，一会儿打开电视看看动画片开始了没有，不到十分钟站起来转两圈，这样写作业能不磨蹭吗？

于是妈妈对儿子说："你是一个聪明的孩子，完全能够学习好，但是我刚才给你数了数，一个小时站起来七回，是不是太多了？我看你写一个小时的作业站起来三回就差不多了吧？"儿子一愣，心里想：想不到妈妈挺宽容的，三回就三回吧，自己也能接受。妈妈继续说："你如果一个小时内站起来不超过三回，当天晚上的动画片可以多看一会儿。"儿子听了高兴得不得了。妈妈又说："先别开心，有奖必有罚，如果你一小时写作业站起来超过了三回，当天晚上的电视就不能看了。"

母子达成了协议。五天下来，儿子有三天做到了，一个小时写作业站起来不超过三回，兴高采烈地看了动画片。但是有两天忘了，于是一到了下午6点就急，因为不能看动画片，可怎么央求妈妈也不能看。

孩子就这样慢慢地变化了，一想到一个小时只能站起来三回，就会慢慢地控制自己，并用争取晚上看动画片来激励自己。就这样，经过三个月的训练，这个孩子终于养成了专心写作业的好习惯。

真正的教育是自我教育，真正的控制是自我控制。良好的学习习惯是学习成功的基础，是一个人一辈子的财富。学习习惯的力量是惊人的，它在不知不觉中，经年累月地影响着孩子的行为，影响着学习的效率。习惯能载着孩子走向成功，也能驮着孩子滑向失败。因此，对于小学生来说，学习习惯比学习成绩更重要，学习习惯决定学习成绩的好坏。好的学习成绩是一时的，好的学习习惯是一生的，会使人终身受益。没有好的学习习惯，学习成绩是不稳定的，也是不能持久的。事实证明，孩子成绩的优劣和他们的学习习惯好坏是密切相关的：凡是学习成绩好而且稳定的孩子，从小都有良好的学习习惯；而成绩忽好忽坏的孩子，往往是因为缺乏良好的学习习惯所致。

1. 培养良好学习习惯的步骤

第一步：提高认识，或者说培养孩子对养成某种良好学习习惯的兴趣、认同和信心。

第二步：明确行为规范，让孩子对养成某种良好学习习惯的具体标准清楚明白。

第三步：适时进行榜样教育，让孩子对养成某个良好学习习惯产生亲切而向往的感情。

第四步：坚持不懈的行为训练，让孩子由被动到主动再到自动，养成某个良好学习习惯。

第五步：及时评估和奖惩，让孩子在成功的体验中养成良好学习习惯。

第六步：形成良好的环境或风气，让家庭生活和校园环境乃至社会风气成为孩子养成良好学习习惯的支持力量。

2. 培养良好学习习惯的基本要求

第一，父母为孩子安排符合科学要求的学习位置。这是培养孩子良好学习习惯的前提，是促进孩子自主和自我控制能力发展的不可或缺的条件，更是保护孩子视力的重要措施。父母为孩子安排科学的学习位置需要细致考虑：①光线充足。柔和的光线来自左前方，晚上照明要求白炽灯的灯泡距桌面的高度，60 瓦为 100 厘米，25 瓦为 50 厘米，15 瓦为 30 厘米。日光灯距桌面高度，40 瓦为 150 厘米，30 瓦为 140 厘米，20 瓦为 110 厘米，8 瓦为 55 厘米。②桌椅比例合适。让孩子坐下写字时，上身挺直，胳膊肘能合适地放在桌面上。

第二，父母应向孩子提出养成良好学习习惯的简明要求。这些要求包括：集中注意力认真做功课，自己负责检查，发现错误及时纠正，不依赖父母；与其他同学一起做功课时，避免互相交谈，打乱思路，影响效果；保持良好的读写姿势（做到"三个一"，即身体和桌子的距离一拳，书本与眼睛的距离一尺，手指握笔与笔尖的距离一寸），正确使用学习用品，不把时间浪费在不断用橡皮擦作业本，或用转笔刀削铅笔上，保持作业本的清洁等。要求提出后，孩子必须坚持做到，开始时，父母要不断提醒，日复一日，孩子良好学习习惯才能养成。

第三，父母应培养孩子独立学习的能力。有的父母对孩子学习能力与学习成绩的关系不够理解，不在培养学习能力上下功夫。有的父母本末倒置，把着眼点仅仅放在孩子的学习成绩上，为追求高分，天天亲自检查孩子的作业，甚至代替孩子改错。有的父母用大量时间和精力辅导孩子，企图拔苗助长，却事与愿违，父母辅导孩子越多越具体，不但未能提高孩子的学习成绩，反而会助长依赖性，离开了父母的辅导，孩子会感到恐慌，不知所措，学习效果适得其反。实际上，这些都是在孩子独立思考和形成习惯方面设置阻碍，不利于孩子独立学习能力的形成，其导致的后果，一种是孩子完全接受父母的控制，盲目顺从，从而失去独立的人格，变成缺乏创造开拓精神的人；另一种是孩子不接受控制，与家庭发生矛盾，逐渐远离父母，形成不正常性格。以上两种结果都不是我们所希望的。

第四，良好学习习惯的培养要从小抓起。心理学研究表明，学习习惯在小学低年级就开始形成了。孩子的良好学习习惯既容易建立，也容易巩固；而不良的学习习惯若能及时发现也易于纠正。因此，孩子入学后就要重视良好学习习惯的培养。

第五，循序渐进，逐步发展。良好的学习习惯不是一朝一夕养成的，它是一个从简单到复杂的逐渐形成的过程。家长应该根据孩子的年龄特点，根据学习的具体情况，结合其能力增长的需要循序渐进，逐步提出具体的切实可行的要求，使他们良好的学习习惯持续稳定地得到发展。

第六，严格要求，多方密切配合。小学低年级学生自制能力差，一些良好学习习惯易产生，也易消退，所以对他们要严格要求，反复训练，直至巩固为止。家长要有目的、有计划地增强孩子的学习意识，并结合老师的教学给予细心指导，反复训练，认真检查。家长与老师之间要密切配合，步调一致，否则会减低强化效果，影响孩子良好学习习惯的养成。

第七，树立榜样，启发自觉。树立榜样对于小学低年级和高年级学生培养良好的学习习惯都有很大的促进作用。对于小学低年级学生要多树立一些现实生活中的榜样，同时家长和老师也要注重自己的言行，做好表率工作。对于小学高年级的学生则要给他们讲一些名人持之以恒、勤奋好学、刻苦钻研等方面的故事，引导他们多读一些课外书籍，从中感受良好学习习惯对一个人成才的重要影响，从而使他们自觉培养良好的学习习惯。

━━━ **心得分享** ━━━

将自己某种良好学习习惯养成或帮助小学生养成某种良好学习习惯的过程写下来，发送到课程邮箱。

五、培养小学生劳动观念与自理能力

劳动在小学生的全面发展中有着重要的意义。劳动能够使小学生的机体充满活力，改善机体的各个生理过程——呼吸、血液循环、新陈代谢等，促进小学生的心理发育；劳动还能培养小学生热爱劳动人民的高尚感情和品格，培养小学生独立生活能力和对家庭、对社会的义务感和主人翁精神，所以重视劳动教育，养成良好的劳动习惯是十分必要的。

世界各国都十分重视对未来一代的劳动教育。德国有一项法规，要求孩子必须帮助父母从事家务劳动。法规规定，6 到 10 岁的孩子必须帮助父母洗碗、扫地和买东西；10 到 14 岁的孩子要参加整理草坪之类的劳动；16 到 18 岁的孩子，每月要做家庭大扫除一次。联合国教科文组织也提出建议，要求各国各级各类学校，普遍重视劳动教育。

有统计数据表明，小学生每天参与家务劳动的时间，美国是1.2个小时，泰国是1.1个小时，韩国是0.7个小时，法国是0.6个小时，英国是0.5个小时，日本是0.4个小时，而我国仅有0.2个小时。上海市家庭美德调查与研究课题组的研究指出：只有31.2%的家长"每天要求子女做一点力所能及的家务。"在天津的一次对低年级小学生生活能力的调查显示：一年级小学生，不会洗脸的有49%，不会穿衣服的占37%，而不会整理书包的占90%以上，这些最基本的自理能力都没有得到锻炼，那就更谈不到会做家务劳动了。另一个调查指出，1/3的城市小学生极少参加家务劳动，更谈不上公益劳动和集体劳动了。这是小学生劳动教育严重不足的真实写照。

鉴于我国小学生劳动教育远远落后于其他国家的同龄儿童，作为我国小学生主要生活场所的家庭应该提供相应的教育，使小学生树立正确的劳动观念，提高自理能力。

1. 帮助孩子树立正确的劳动观点

热爱劳动是社会主义社会对每个公民的基本要求。《小学生守则》第六条明确规定："热爱劳动，自己能做的事自己做"。孩子达到这个要求，需要家庭、社会的合作和支持。家长要逐步纠正只重视孩子学业成绩而忽视对孩子全面素质培养的偏见，要积极配合学校帮助孩子树立正确的劳动观念——劳动是光荣的。督促孩子做力所能及的事，使孩子树立自己事自己做，家里事主动做，集体事争着做的劳动意识。

2. 培养孩子良好的劳动习惯，提高自理能力

=== **案　例** ===

楠楠是家里的"小公主"，爷爷奶奶、外公外婆和爸爸妈妈对她都百般宠爱，从来不让她做一点点事情，所有事情都有人给她安排得非常周到，衣服脏了有人替她换洗，回到家就有香喷喷的饭吃，作业不会做有爸爸代劳，学校做值日有爷爷帮忙，就连全班组织郊游也有奶奶跟着替她拿干粮和水壶。这样，楠楠养成了懒惰、依赖的习惯，什么事情都不会做。马上就要进行小学毕业前的军训了，规定不准家长看望孩子，不准回家，也不让带任何营养品，这下可愁坏了楠楠和全家人，军训一个月楠楠可怎么"活"啊？

家长要教育孩子自己的事情自己做，指导和要求孩子会整理和安排自己的生活，参加力所能及的自我服务劳动，包括整理书包、书桌及洗衣、叠被、钉纽扣等。这样做的目的是让孩子从小养成爱劳动、讲卫生的习惯，培养生活自理能力，克服依赖家长照顾的心理和"饭来张口，衣来伸手"的懒惰习惯。

=== **提　示** ===

有专家对小学生在生活环境中的劳动教育做了具体细致的划分，列在下面供参考：

低年级：穿衣服、系鞋带、洗手、洗脸、洗脚、叠被、洗手帕、洗袜子、整理图书和玩具、擦桌子、扫地、削铅笔、整理书包、做值日。

中年级：洗小件衣服、收拾屋子、倒垃圾、钉纽扣、包书皮、帮家长买菜。

高年级：布置房间、缝补衣物、刷鞋、打扫院子、打扫楼道、积极参加社区和学校组织的劳动。

3. 教育孩子积极参加公益劳动

家长要教育和引导孩子学雷锋做好事，积极参加各种公益劳动。如到福利院为孤寡老人打扫房间，协助居委会清扫街道，努力做好值日工作，打扫公共卫生等，这是培养孩子的劳动责任感和集体主义意识必不可少的途径。

4. 指导孩子学习一些简单的劳动技能

家长要指导孩子学会一些简单的手工制作，使用一些常用的劳动工具，制作简单的模型玩具，积极开展小制作、小发明、小创造等。

━━━ 心得分享 ━━━

结合你的家庭教育状况，谈谈家庭劳动教育对提高小学生生活自理能力的作用。建议把个人心得发送到课程邮箱。

六、小学阶段应该重点注意的几个问题

1. 关注"三年级现象"

━━━ 咨　询 ━━━

刘女士咨询，孩子上一二年级时，成绩一直不错，每次考试都在95分以上，排名次也属于中上水平，孩子升入三年级后，学习退步很快，不会做的题越来越多，刚刚结束的期中考试，语文成绩刚过90分，数学考了80多分。家长会上，老师告诉她，孩子的这个成绩只属于中等偏下。刘女士感到困惑的是，为什么孩子在一二年级学习很好，到了三年级就出现了这么大的滑坡？

三年级是中年级的开始，是由低年级向高年级过渡的初期，也是孩子学习的关键阶段。这个时期，许多孩子不大适应，学习成绩往往会明显下降。这就是我们所说的"三年级现象"——"塌腰"现象。三年级作为一道"坎"，是对孩子一次不小的考验。如果这一年保持了良好成绩的话，小学阶段以后几年的学习就会变得比较顺利。相反，如果三年级成绩滑下去了，那基础肯定不会扎实，以后的学习也会越来越困难。所以，"三年级现象"必须引

起家长的高度重视，要找出原因，采取措施，帮助孩子顺利度过这关键的一年。

2. 小心孩子的"同伴危机"

心理学家研究发现，如果一个人在孩童时期没有交过朋友，那么长大后就无法适应集体生活，而且这种缺陷在以后很难弥补。在少子化时代，"同伴危机"逼近了我们的孩子。孩子没有同伴，会失去很多对社会规则的学习机会，体验不到交际的快乐，难以形成健全的人格，帮助孩子走出"同伴危机"已刻不容缓。

3. 家庭性教育不容忽视

案 例

有位 10 岁男孩，总是和人打架，甚至还喜欢挑老师的刺。小男孩说，有一次无意间在网上看到裸体女人像后，就老想着上网去看，上课老走神，一想到网上的画面，他的"小鸡鸡"就会勃起，浑身燥热难耐，在学校里也总会有那种感觉，只好蹲下来逐渐安稳，而且火气也特别大，就是抑制不住自己，总会和人吵架。

小学生为何 10 岁就产生了"青春期性焦虑"情绪？原因是性教育严重滞后于性成熟。现在儿童第二性征的出现，已从原来的十二三岁，提早到现在的 10 岁左右，如果不提前对孩子进行性教育，就会出现无法想象的后果。家庭应成为性教育第一课堂，父母是第一责任人。

4. 不要剥夺孩子玩的权利

许多家长仍抱着"勤有功、嬉无益"的思想，否定玩的价值，认为玩物丧志，玩浪费时间，影响学习，是不务正业，是一种坏毛病，无情地剥夺了孩子玩的权利，让孩子成了另类"留守儿童"。许多家长往往把玩与学习对立起来，把读书、写作业看成是孩子学习的唯一方式，与这些无关的事情，一律都要限制。家长的偏见影响着孩子对待玩的态度和行为，导致孩子不敢玩、不会玩，逐渐对现实的生活失去了兴趣，缺乏强烈的求知和探究的欲望。这对孩子各方面的发展是极为不利的。

作为家长，应该让孩子首先成为"儿童"，把玩的权利还给孩子，鼓励孩子聪明、巧妙、愉快地玩，发展孩子的"玩商"。还给孩子玩的权利，并不等于放纵孩子玩的方法和内容。可以告诉他：哪些可以玩，哪些是绝对禁止的，什么时候可以玩，什么时候不可以玩。

5. 保持家庭教育的一致性

据抽样调查统计，家长在教育问题上不一致的现象约占30%。在家庭内部，教育的不一致性主要表现在两个方面：一是祖辈与父辈对孩子的态度不一致。祖辈宽容过度，父母严厉但不得法，孩子拿祖辈当挡箭牌。二是父母之间的不一致。有的父母当着孩子的面争吵，有的父母对孩子的要求各异，给孩子带来很大伤害。

6. 提高孩子的自我保护能力

生活是美好的，孩子是单纯的，但是，不可预知的危险处处存在着，家长不可能一直守护在孩子身边，更不应该怕危险而限制孩子的行动，当孩子独自一人时，应当具备必要的自我保护的能力，这就需要家长平时要有意识地培养。事实证明，孩子被过度保护才更容易出问题，而那些爱运动的孩子反而更安全一些。这是因为他们在蹦蹦跳跳、打打闹闹中运动经验就多了起来，运动技能也更加熟练，胳膊腿儿也比那些不运动的孩子灵活而有力量。以戏水为例，孩子经常戏水，他就识得水性，从中学会游泳，学会扎猛子，也就学会了在水中自护自救的本领；相反，不让孩子下水，孩子就不识水性，偶遇大水，必然手足无措，导致悲剧的发生，这样的教训是沉痛的。自我保护能力是一个人在社会中保存个体生命的最基本的能力，是孩子独立生活的可靠保障。它包括生活自理能力、自我防范能力、自我救护能力、自我调整能力等。它有助于孩子尽早摆脱成人的庇护，成为一个独立自主的有生存能力的个体。在日常生活中，家长要耐心向孩子讲解必要的安全常识，注意培养孩子的独立性和自主性，训练孩子的自救自护技能，学会正确使用和拨打110、119、120等求助电话。

7. 择校要考虑家庭和孩子的实际情况

毋庸讳言，谁都希望自己的孩子能上一个名牌学校，这是一个无可非议的事实，也是谁都能够理解的现实。择名校、选名师，对孩子进步不能说没有关系，但毕竟是外因。归根究底，学习还要靠内因，靠孩子自身智力活动和非智力因素，外因只有通过内因才能起作用，任何人包括老师和家长在内谁也不能替代孩子自身的作用。是否一定要上名校，最终要看家庭的经济状况，看孩子的意愿和实力，不要跟风、攀比。名校是一个重要选择，但不是唯一选择，也不一定是最佳选择，最适合孩子的才是最佳选择。

8. 做好小升初的准备

小升初阶段，是一个孩子身体、心理成长的分水岭。从一个熟悉的环境进入一个完全陌生的环境——新学校、新同学、新老师，大部分初一新生都会产生紧张、焦虑情绪，尤其是一些心理素质差的、新环境适应能力差的、过去在学校经常受老师批评的或者部分过分追求完美的优秀生，往往是"开学恐惧症"的易发群体，这些学生会表现出"恋旧""对抗""消极"等不良情绪。家长要打好预防针，帮助孩子做好充分的思想准备，教育孩子要以自信、宽容的心态，尽快融入集体。一般来说，小升初要做好物质、学习、心理三方面的准备。就物质准备而言主要有三方面：一是寄宿生的生活用品。对于一些需要寄宿的孩子来说，最重要的就是要准备好生活用品。二是必备文具。除了跟小学生一样要准备书包、笔、作业本之外，最大的不同，就是初中生需要准备圆规、三角尺、量角器等数学课上必须用的物品。三是可备书籍。教辅书的选择极为关键，不建议买太多，关键是少而精：初中生的教辅书更要注重质量，最好购买老师推荐和在同学中口碑较好的教辅书。此外，中学阶段英语的学习比较重要，一般要准备牛津或剑桥等较为权威的英汉、汉英词典。就学习来说，除了做好相关用品准备之外，还要努力培养良好的学习习惯，利用假期查缺补漏。就心理准备来讲，主要是调整心态，加强适应能力和自律能力的培养。

思考与讨论

小学是孩子人生一个重要的发展阶段。该阶段的孩子身心发展特点主要体现在：身高和体重处于比较迅速的发展时期；外部器官有了较快发展，但感知能力还不够完善；处于从具体的形象思维向抽象的逻辑思维过渡阶段；情绪情感方面表现得比较外显。此阶段的家庭教育指导要点是应做好孩子的健康监测，关注孩子学习习惯的养成，等等。

学习完本章，请思考并讨论以下问题：

1. 小学生的身体发育特征有哪些？
2. 小学生的心理发展特点有哪些？
3. 家庭中如何保证小学生正常顺利地投入学习？
4. 家长如何教会小学生正确的学习方法？
5. 良好学习习惯养成的步骤有哪些？
6. 培养小学生的良好学习习惯有哪些要求？
7. 家庭如何培养小学生爱劳动的习惯？
8. 小学生家庭教育的方法有哪些？
9. 小学阶段应该重点注意哪些问题？

可与小组同学开展讨论，分享思考与心得，可将讨论结果和思考心得发送到课程邮箱。

视窗拓展

1. 推荐阅读书目

[1] 刘万伦，田学红. 发展与教育心理学 [M]. 2 版. 北京：高等教育出版社，2014.

[2] 中国教育学会，全国妇联儿童工作部，中央教育科学研究所. 小学生家庭教育知识家长读本 [M]. 北京：教育科学出版社，2000.

[3] 艾达罗娃. 小学生家庭教育 [M]. 汪昌仁，兰伟，严平，译. 北京：教育科学出版社，2004.

2. 影视剧

[1] 国产电影：《小人国》。

[2] 意大利电影：《美丽人生》。

[3] 国产纪录短片：《请投我一票》。

第四章　中学阶段的家庭教育咨询与辅导

学习导入

　　社会的飞速发展带来的不仅仅是文明和进步，随之而来的还有各种矛盾和冲突，使未成年人特别是正在初高中就读的青少年学生面临着非常严峻的挑战。比如，网络技术的迅速发展，给人们生活带来便利的同时，也使许多青少年由家庭、学校涌向网吧，使网吧成了"青少年收容所"。他们轻则沉溺网络，影响学业；重则产生网瘾，引发犯罪。而这只是诸多青少年教育问题中的一种，其他诸如心理、身体、品德、学习、安全、交往，特别是青春期的异性交往等方面，也同样存在着很多问题，严重影响着青少年的健康成长。为此，帮助家长认识初高中学生的身心特征，提高教育能力，让中学生顺利度过青春期，是每一个中学生家长必须解决的问题，也是责无旁贷的义务。

学习目标

陈述初高中学生的生理特征和心理特征；
掌握初高中学生家长应具备的能力；
认识世界观、人生观、价值观教育的重要性；
教中学生学会做人，学会合作；
说明学习与生活的关系；
教会中学生如何适应新的学习生活和环境；
运用知识对中学生进行升学选择指导；
运用家长的教育准备对高中生进行人生规划指导；
掌握青春期性教育和早恋、叛逆、厌学等矫治策略；
掌握与处于青春期阶段中学生的有效沟通方式方法。

第一节　初中生的身心特征与家庭教育重点

初中生阶段是从儿童过渡到成年的中间期,俗称为"青春发育期",简称"青春期"。这个时期是人体发育迅猛、心理变化急剧的时期,也是性萌发并趋向于成熟的时期。初中生是社会的特殊群体,他们开始摆脱幼稚,逐步走向成熟,同时又处于人生的十字路口,面临人生道路的选择和开拓。

一、初中生的生理特征

(一) 体态骤变

青春期的生长发育状况很明显地反映在其体态变化上,这些变化常以身高、体重、宽度和围度等指标来衡量。身高是评定体格的基础,具有代表性;体重是身体发展量的指标之一,表明身体的充实程度和营养状况;宽度和围度也是衡量身体发展所必不可少的。

(二) 功能增强

人体的各种组织器官,分别具有不同的结构和生理功能,结构与生理功能相互制约,因而初中生的身体功能应正常发展,相互协调。

1. 脑和神经系统逐步完善

人脑和神经系统在出生前就迅速发展。出生后随着年龄的增长,脑的发展由容积、重量转向功能的完善,即在青春期时,神经系统的结构更加复杂,功能更加完善。

2. 心血管系统功能稳定

代表心血管系统功能的两个参数是心率和血压。心率在青春期已接近成人,以后逐渐减慢,趋于稳定,每分钟 60~70 次;血压走出少年期的低谷,稳定在 110~120/70~80mmHg (毫米汞柱) 范围内。

(三) 身体素质提高

身体素质是在神经系统控制下人体活动时肌肉所表现出来的能力,如速度、耐力、灵活性、神经系统功能的完善、肌肉的增长等。初中生的身体素质快速提高,首先表现在各种能力的提高;其次是速度,速度的生理基础是大脑兴奋与抑制过程转换的灵活程度;最后是耐力,耐力是人体长时间进行体力活动的能力,即对抗疲劳的能力。

(四) 性发育成熟

性发育是一个起始于胎儿期的缓慢过程,初生婴儿形成的是第一性征。青春期后,性器官迅速发育成熟，功能完善，形成第二性征。

1. 男生的青春期变化

男生的青春期变化首先反映在性器官的发展上，10 岁以后睾丸发育加快，15～16 岁出现遗精现象；其次是阴毛、腋毛、胡须、胸毛的生长及喉结的膨大。

2. 女生的青春期变化

女生的青春期变化，性发育总体上比男生早 1～2 年，一般从 10 岁开始发育，12 岁时变化更为显著。乳房变化是女性进入青春期的第一个信息，也是最早、最明显的标志，一般 11 岁左右开始呈现芽状突起或像小山似的乳头肿突，之后继续发育，最后慢慢接近成人；与此同时，音调变得尖而细。月经初潮（指女性第一次月经的到来）是女生青春期发育最突出的指标之一。初潮的时间大概在 12～15 岁，气候的冷热、健康状况、营养的供给与分配、心理状况等，都会影响到初潮的早晚。

■■■ 阅 读 ■■■

《2014 年国民体质监测公报》对全国学生体质与健康的调研采取抽样原则，按照分层随机整群抽样调查方法，优先确定调研点学校，再以年级分层，以教学班为单位随机整群抽样构成调研样本。调研范围涉及 31 个省、自治区、直辖市，27 个民族，1 137 所学校。调研统计人数为 347 294 人，其中汉族 7 至 22 岁大中小学生 261 914 人，回族、藏族、蒙古族、朝鲜族等 26 个少数民族学生 85 380 人。调研检测项目包括身体形态、生理功能、身体素质、健康状况 4 个方面的 24 项指标，并同步对小学四年级以上学生进行问卷调查。

结果显示，与 2010 年相比，7 至 18 岁学生中，除少数组别外，多数组别的学生速度、柔韧、力量、耐力等身体素质指标呈现出稳中向好趋势。学生体质与健康状况总体有所改善，主要体现在 5 个方面：身高、体重、胸围等形态发育水平继续提高；肺活量继续呈上升趋势；营养状况持续改善；乡村小学生蛔虫感染率持续降低；中小学生身体素质继续呈现稳中向好趋势。

本次调研结果还显示，在学生体质健康状况总体有所改善的同时，也存在一些问题，主要有：大学生身体素质继续呈现下降趋势；视力不良检出率居高不下，继续呈现低龄化倾向；肥胖检出率持续上升。

二、初中生的心理特征

随着身体的发育，初中生在心理上也发生了变化。

（一）心理发展的矛盾性特点

人的生理发展与心理发展是密切联系的，在人一生的大部分时间里，生理发展与心理发展的速度是相互协调的，因而使个体的身心能处于一种平衡、和谐的状态。但初中阶段是人类个体生命全程中的一个极为特殊的阶段，初中生的生理发育十分迅速，在 2 至 3 年内就能完成身体各方面的生长发育任务并达到成熟水平。但其心理发展的速度则相对缓慢，心理水平尚处于从幼稚向成熟发展的过渡时期，这样，初中生的身心就处在一种非平衡状态，引起种种心理发展上的矛盾。

（二）生理变化对心理活动的冲击

随着青春期的到来，初中生在生理上出现了急剧的变化，这必然给他们的心理活动带来巨大影响。这种影响主要来自两个方面。首先，由于初中生身体外形的变化，使他们产生了成人感，因此，在心理上他们也希望能尽快进入成人世界，希望尽快摆脱童年时的一切，寻找到一种全新的行为准则，扮演一个全新的社会角色，获得一种全新的社会评价，重新体会人生的意义。就在这些新的追求中，他们感到了各种困惑。其次，由于性的成熟，初中生对异性产生了好奇和兴趣，萌发了与性相联系的一些新的思想意识，滋生了对性的渴望，但又不能公开表现这种愿望和情绪，所以，产生了一种强烈的心理冲击。

（三）心理上成人感与幼稚性的矛盾

初中生的心理活动往往处于矛盾状态，其心理水平呈现半成熟、半幼稚性。其成熟性（成人感）主要表现为他们产生了对成熟的强烈追求和感受，这是来自于身体的快速发育及性的成熟，在这种感受的作用下，他们在对人对事的态度、情绪情感的表达方式以及行为的内容和方向等都发生了明显的变化，同时也渴望社会、学校和家长能给予他们成人式的信任和尊重。其幼稚性主要表现在认知能力、思想方式、人格特点及社会经验上。初中生的思维虽然已经是以抽象逻辑思维为主要形式，但水平还较低，处于从经验型向理论型的过渡时期；由于辩证思维刚开始萌发，所以，初中生思想方法上仍带有很大的片面性及表面性；在人格特点上，他们还缺乏成人那种深刻而稳定的情绪体验，缺乏承受压力、克服困难的意志力；初中生的社会经验也十分欠缺。

由于初中生心理上的成人感及幼稚性并存，所以，表现出种种心理冲突，具有明显的不平衡性。

1. 稳定性和可变性的矛盾

稳定性指心理发展具有一定的顺序性和系统性，在任何情况下，都不可能逾越某个发展阶段或任意改变其发展顺序；可变性是指在一定条件下（如不同生长环境、不同经历等），心理发展的程度和速度会发生某些变化。

2. 共同性和差异性的矛盾

共同性是指在不同时代、不同社会背景下，心理发展所表现出来的普遍性或相似性；但由于各种主观因素的影响，其心理发展也存在着个别差异。

3. 独立性和依赖性的矛盾

由于初中生产生了一种强烈的成人感，进而产生了强烈的独立意识，他们对一切都不愿顺从，不愿让大人管，不愿听取父母、老师及其他成人的意见，在生活中，从生活细节到对人对事的看法，常处于一种与成人相抵触的情绪状态中。但是，在初中生的内心中并没有完全摆脱对父母的依赖，是依赖的方式较之过去有所变化。童年时，他们对父母的依赖更多的是在情感和生活上，初中阶段对父母的依赖则表现为希望从父母处得到精神上的理解、支持和保护。

4. 闭锁性和开放性的矛盾

进入青春期的初中生，渐渐地将自己内心封闭起来，他们的心理生活丰富了，但表露于外的东西却少了，加之对外界的不信任和不满意，又增加了这种闭锁性的程度。但与此同时，他们又感到非常孤独和寂寞，希望能有人来关心和理解他们。他们不断地寻找朋友，一旦找到，就会推心置腹，毫不保留。因此，初中生在闭锁的同时，又表现出很明显的开放性。

5. 勇敢和怯懦的矛盾

在某些情况下，初中生似乎能表现出很强的勇敢精神，但这时的勇敢带有莽撞和冒失的成分，具有"初生牛犊不怕虎"的特点。这是因为，首先，他们在思想上很少受条条框框的限制和束缚，在主观意识中，不存在着过多的顾虑，常能果断地采取某种行动；其次，由于他们在认识能力上的局限性，使其经常不能立刻辨析出某一危险情景。但在另外一些情况下，初中生也常常表现得比较怯懦。例如，他们在公众场合，常羞羞答答，不够坦然和从容，未说话先脸红的情况在少男少女中都是常见的。这种行为上的局促是与他们缺少生活经验以及这个年龄阶段所特有的心理状态分不开的。

6. 高傲和自卑的矛盾

由于初中生尚不能确切地评价和认识自己的智力潜能和性格特征，很难对自己做出一个全面而恰当的评价，而是凭借一时的感觉对自己轻下结论，这样就导致他们对自己的自信程度把握不当。几次甚至一次偶然的成功，就可以使他们认为自己是一个非常优秀的人而沾沾自喜；几次偶然的失利，就会使他们认为自己无能透顶而极度自卑。这两种情绪往往交替地出现于初中生身上。

7. 向上性和盲目性的矛盾

初中生自我意识开始发展，有了一定的评价能力，也开始注意塑造自己的形象，希望得到老师和同学的好评，在学习和纪律方面会认真努力，力争给老师和同学留下好印象，但思维的独立性和批判性还处于萌芽阶段，神经系统调节能力较差，容易受外界影响，顺利时盲目自满，挫折时盲目自卑、泄气，有从众心理。

8. 否定童年又眷恋童年的矛盾

进入青春期的初中生，随着身体的发育成熟，成人的意识越发明显，他们认为自己的一切行为都应该与幼小儿童的表现区分开来，力图从各个方面对自己的童年加以否定，从兴趣爱好到人际交往方式，再到对问题的看法，他们都想抹去过去的痕迹，期望以一种全新的姿态出现于生活的各个方面。但在否定童年的同时，在初中生的内心又留有几分对自己童年的眷恋。他们留恋童年时那种无忧无虑的心态，留恋童年时那种简单明了的行为方式及宣泄情绪的方法，尤其当他们在各种新的生活方式和学习任务面前感到惶惑的时候，特别希望仍能像小时候一样，得到父母的关照。

（四）初中生的认知特点

初中生观察的目的性、自觉性提高了，观察的时间更为持久，在概括性和精确性上有所提高；初中生思维已由具体的形象思维过程发展到抽象的逻辑思维为主，并且由经验型转向理论型，表现在逻辑思维的组织性、敏捷性、灵活性、深刻性、批判性的发展上；初中生在面临问题时能够较快地从根本上抓住矛盾焦点，能够独立、批判地思考，对同学、老师、家长、书籍、课程等有自己的认识和看法；他们喜欢争论和怀疑，敢于发表自己的观点，不迷信权威。

═══ 反　思 ═══

初中生的生理变化对心理的影响有哪些？请你谈谈自己的看法，可将看法发到课程邮箱。

三、初中生的年级特点

同是初中阶段的学生，在不同的年级有着明显不同的特点。这些特点给教育工作提出了不同的要求，了解孩子这些特点，对于家长来说是非常重要的。

（一）初一：中学生活的适应期

═══ 咨　询 ═══

一位家长咨询：女儿上中学以后，刚开始简直乱了套，作息时间调整不过来，老的学习方法好像都不灵了，心理压力特大，一个多月了还没有顺过劲来，老是进入不到初中学习的正常轨道和状态。这该怎么办？

由小学升入初中，这对每个初一新生来说，是一个新的质变。新生带着纯真和幻想进入新的学校，他们对新的生活充满好奇，憧憬新生活丰富多彩、津津有味。原来学习好的踌躇满志，欲在中学大显身手；基础差的也满怀希望，暗下决心，想在中学重新做起。表面看来，孩子都是积极向上的，都是兴高采烈的。其实，孩子进入初中后，新的环境、新的面孔、新的学习内容，将会给他们的心理带来许多的不安定，他们都有一个适应变化的过程。

1. 要适应环境的变化

从小学到初中，进入了一个新的学校，环境发生了许多新的变化。中学是怎么回事？中学有哪些新的不同于小学的要求？他们心中疑问无数。刚入初中，不少人会显得小心翼翼，不敢随便行动，唯恐其他人笑话自己"不懂规矩"或"孩子气"。所以，从小学生变成初中生既是光荣的、自豪的，又是陌生的、焦虑的，这会带来心理上的矛盾和冲突。兴奋、激动、好奇和胆怯交织在一起，使他们难以适应，需要老师和家长进行引导和帮助。一般来说，新生入学首先应带他们参观校园，了解学校的历史和现状，了解学校的各项规章制度，认识小学和中学生活的差异，帮助他们稳定情绪，适应新的环境，尽快消除因环境变化而引起的心理紧张与恐惧。

2. 要适应人际关系的变化

首先，要适应师生关系的明显变化。在小学，大都由班主任负责主要学科的课程教学，每天与学生见面的机会最多；而中学一个老师要教两个或几个班的课。另外，中学班额普遍比小学大，班主任根本照顾不过来。这样，对于学生的了解和关照就不如小学老师那样清楚和周到，这就会使刚入中学的孩子感到不适应，并可能对老师产生疏远的"自立感"。所以，家长要注意孩子的独立意识和倾向，最好每天都要跟孩子聊聊老师和学校的情况，看看孩子的反应，是否对老师有抱怨情绪。其次，要适应朋友关系的变化。由小学进入中学，经过编班后，小学时的一些朋友逐渐疏远了，遇到了不少新同学，一时还不大熟悉。这种人际关系的重新分化与组合，必然会造成初一新生在一段时间内的拘束、紧张或不安。为此，家长要配合老师做好工作，一方面，家长要支持班级开展各种活动，让孩子们尽快相互了解和亲近起来；另一方面，要经常过问孩子的交友情况，尽量避免与习性不良的孩子为友。

3. 要适应学习生活的变化

小学阶段的学习内容比较简单，课程的门类比较少。到了初中，一下子拿到手的新书近10种，他们既感到新鲜，又有些紧张。在学习方法上，对孩子独立学习的要求提高了，学习时脑力和体力的负担也加重了。这时，有的学生会觉得手忙脚乱，有的学生会觉得自习时无事可做，个别的学生甚至会感到恐惧、惊慌和不安，产生了对学习不适应的现象。对此，家长要经常与老师沟通，了解孩子的学习情况，着重培养孩子的自学能力，帮助孩子适应学习生活的新变化。

（二）初二：中学生活的关键期

━━ **咨　询** ━━

一位家长咨询："我家孩子到了初二年级就像变了个人似的，学习成绩明显下降不说，他还学会了撒谎、打架、谈恋爱……感觉一不小心他就会走上弯路，但我们帮助他，他还不领情。这该怎么办？"

许多家长都有这样的感觉：孩子刚上初一时还挺省心，父母的话也能听进去，可到了初二就开始越来越让人费神了，你说往东他偏往西。这种情况时常发生，成为了很多父母的困惑，也就是教育界所说的"初二现象"或"八年级现象"。有人把初中阶段的学生概括为：初一不分上下，初二两极分化，初三天上地下。可见，初二是事故多发的危险阶段，是求学道路上最为严重的分化期，是思想道德、学习成绩和能力培养的分水岭。这是因为，无论是生理、心理方面，初二学生都会发生明显的变化，这种两极分化直接影响着学生在整个中学阶段的思想品德和学习成绩的变化。

━━ 提 示 ━━

如果说，初中阶段是人生的"关键期"，那么，初中二年级就是中学生活中关键的关键。作为家长，不仅要关心孩子的学习，更要关心孩子的身心发展和思想品德，特别要在培养情商方面下工夫。

（三）初三：中学生活的选择期

初中三年级的孩子生理上的激变虽然还在进行，但经过头两年的动荡，多数人心理上都对此比较适应。他们思维能力的发展接近成人，思想品德方面也初步成熟，他们在初中一二年级学生面前成了"老大哥"，稚气明显减少，逐渐显得"老成"起来。由于面临升学与就业问题，多数人会产生紧迫感，开始考虑个人未来的职业和前途。由于每个人的情况不同，会表现出不同的思想倾向：一些成绩好的学生埋头学习，只想升学而不愿意参加其他活动；一些成绩差的学生觉得"悔之晚矣"，干脆混日子，等毕业，其中不少学生连文凭都不等，中途辍学回家；也有一些学生觉得"亡羊补牢，犹未晚也"，因而奋发学习，急起直追。这个时期，家长对孩子加强理想和人生观教育，帮助孩子进行前途的选择和安排，都是非常重要并易于取得效果的。

四、初中生家长应具备的教育能力

家长要想取得家庭教育的成功，提高家庭教育质量，就必须不断提高自己的教育能力。家长需要提高的教育能力有很多，这里只选择一些主要教育能力加以说明。

1. 了解孩子的能力

了解孩子，并非只知道孩子的温饱就行了，这种了解是远远不够的。要运用心理学、生理学、行为学的知识，去认真地观察孩子的言行，全面了解孩子。一般来说，家长要了解孩子的身体发育、智力发展、学习、心理、个性、习惯、性格、喜好、品德、才能等方面的情况，了解孩子的在校表现，了解孩子的休闲活动，了解孩子的想法，了解孩子的自我意识，了解孩子安全感的需要、交往的需要、游戏的需要、信任的需要、创造的需要、对异性关注的需要、成功的需要和潜在的需要等。可以说，许多家长教子失败就是因为不了解孩子造成的，因此，家长了解孩子是非常必要的，只有了解孩子，才能教育孩子。

2. 分析判断的能力

在初中生的生活、学习过程中，会出现许多不同的情况。比如，孩子突然成绩下降，就需要对产生的原因进行分析：是因为学习未用功，还是学习方法不正确；是早恋了，还是产生网瘾了；等等。只有找到真正的原因，才能对症下药，所以，要求初中生家长，要有分析判断的能力。

3. 解决问题的能力

同样的问题，发生在不同年龄的学生身上，应当用不同的方法去处理，才能收到好的效果。有一点可以肯定，孩子的问题并不是靠严厉训斥和打骂所能解决得了的。以逃学为例，家长首先要分析原因，然后采取不同的方法加以解决，决不能采取打骂这种简单生硬的方法。同样是一种良好的教育方法，对有的孩子有用，对有的孩子却无用，关键就在于家长有无解决问题的能力。

4. 指导能力

初中生的独立能力还很差，他们的思想、学习、生活等各方面都需要家长经常不断地加以指导。指导，也是一种能力，指导得好，孩子愿意接受，可以达到事半功倍的效果；指导得不好，孩子拒绝接受，会加重孩子的逆反心理。

5. 沟通能力

在家庭中，家长处于沟通的主导地位，家长的观念、态度、情绪、能力、方式方法等，决定亲子沟通的效果。不是所有的沟通都是有效的，有效沟通能够密切亲子关系，促进孩子的健康发展；沟而不通不仅导致亲子关系的破坏，还会影响孩子的成长。所以说，亲子需要沟通，沟通需要技巧，技巧需要学习。

6. 调节能力

一是要善于调节自己的情绪。家长要有自控能力，不要动不动就发火，不要把不良情绪带回家，将心中怨气发泄在家人身上，让家人特别是孩子成了"出气筒"和"替罪羊"。二是要善于调节孩子的情绪。研究表明，情绪高涨、轻松愉快地进行学习的学生，比情绪低落、忧郁、愤懑的学生，成绩要高出20%左右；而在情绪低落的时候，学生常常是心扉紧闭，反应呆板僵化，老是想着自己的心事，根本无心学习。鉴于此，若想让孩子发挥出最佳的学习潜能，家长就要设法使他们保持一种良好的心境和乐观的情绪。当孩子遭遇挫折、遇到困难的时候，家长要有洞察力，及时化解孩子的消极情绪。三是要善于调节矛盾。家长要调节的矛盾主要有家庭内部矛盾、孩子与老师的矛盾、孩子与同伴的矛盾、孩子与亲属的矛盾等。家长要善于调节这些矛盾，使孩子能经常处于一种乐观向上的状态。

7. 反思能力

在家庭教育中，家长只有善于反思，才会找到正确的解决问题的方法，这样，家庭教育才会走向成功，家庭关系就会变得更和睦。家长必须在教育孩子的过程中经常反思，在改变中去承担责任，在反思中去获得新的智慧。

8. 表达能力

家长提高语言表达能力非常重要，从某种程度上讲，家长的语言表达能力是家庭教育水平的重要标志。同样的一句话，用不同的方式说出来，收到的效果往往是大相径庭，有时候，怎么说比说什么更重要。

9. 评价能力

首先，家长要学会评价孩子。一是多使用鼓励性、发展性和多元性等评价方式，少用或不用否定性的评价；二是评价不要极端化，既不要过分夸奖，也不要过分贬损；三是不要自卖自夸，贬低他人；四是学会全面评价孩子，不把成绩当作评价的唯一标准；五是不仅看重结果，还要关注过程；六是试用"无错评价"原则。"无错评价"是一个心理学术语，并不是说做错了也是对的，而是一种无责怪原则。其次，家长要学会自我评价。一是要正确看待自己的优缺点；二是正确对待成功与失败；三是正确认识他人，多看他人的长处；四是正确认识社会。

10. 激励能力

美国哈佛大学的心理学家威廉·詹姆斯发现，一个没有受过激励的人，仅能发挥其能力的 20%~30%，而当他受到激励时，其能力可发挥至 80%~90%，即一个人在通过充分的激励后，所发挥的作用相当于激励前的 3 至 4 倍。日本一位儿童教育学家的一项研究表明，经常受到父母激励的孩子与很少受到父母激励的孩子相比，其成才率前者比后者高 5 倍。可见，家长提高激励能力，学会激励孩子，十分重要。

五、让孩子学会做人

━━ 案 例 ━━

据《中国青年报》报道：重庆理念科技产业有限公司曾经招聘了 21 名大学生。让人始料未及的是，在随后不到 4 个月的时间里，该公司陆续开除了其中的 20 名本科生，仅仅留下了一名大专生。据该公司反映，这些大学生被开除的主要原因是他们的自身素质和道德修养不能胜任公司的人才需求。

第一批被公司除名的是两名来自某重点大学的计算机专业毕业生。他们在第一次与客户谈完生意后，将价值 3 万多元的设备遗忘在出租车上。面对经理的批评，两人却振振有词地说："对不起，我们是刚毕业的学生。学生犯错是常事，你就多包涵吧。"两人终因修养不够、"言多语失"而被开除。

据记者了解，像这两名本科生一样，其余十几名本科生被开除的主要原因也与个人修养存在缺失有关。

第三个被公司"扫地出门"的是一名本科毕业的女学生，她喜欢睡懒觉，上班经常迟到，还在工作时间上网聊天，经多次警告仍置若罔闻，最终被公司"开回家"。

　　另有 3 名大学生因"张狂"而"卷了铺盖"。他们在与客户吃工作餐时，夸夸其谈，大声喧闹，弄得客户和公司领导连交谈的时机都没有。席间，更有一名男生张嘴吐痰，一口痰刚好落在了客户的脚边，惊得客户一下子从凳子上跳了起来，该男生却像什么事都没有发生一样继续吃饭。结果可想而知。

　　最让人难以接受的是，有一次，公司老总带领公司员工到外地搞促销，在海边租了一栋别墅，有 20 多间客房，但员工有 100 多人，很多老员工甚至老总都只能睡在过道上，而有些新来的大学生却迅速给自己选定好房间，然后锁上房门独自看电视。这些学生好几次走出房门看见长辈睡在地上，竟都视而不见，不吭一声。此事又让几名大学生丢了饭碗。

　　最后被开除的是一名男生，他没与对方约定就飞到南京，让公司白白花了几千元的飞机票。当领导问及此事，他却不依不饶："我没错，是他们变卦，你是领导我也不怕！"他被开除后，邀约两名同事一起走，后来，3 人又从公司里拉走了几个人。

　　就这样，3 个多月下来，20 名本科生全都离开了公司，而唯一没有被"炒掉"的"幸运儿"是一位女大专生。"我只是比其他人更清楚，自己比他们少了什么东西。我虽然没有很高的文凭，但是我觉得'细微之处见匠心'。尤其是在和客户面对面接触的时候，可能会因为你的一个眼神，或者是你的微笑不到位，就让人觉得心里不舒服。这种不舒服如果转变成一种对立的话，势必影响到工作，对公司的业务发展也可能有很大的甚至是负面的影响。"在她看来，作为公司的一员，应该懂得自己的言行必须符合公司的正当利益。对自己的前途负责，首先是对自己所在单位负责，对工作负责。在她的工作记录本封面上写着两个字：用心。她介绍说，因为刚接触工作，很多东西都需要学习，自己就借公司其他员工的资料看，经常看到深夜。"而且我特别喜欢问，几乎公司上上下下的同事都被我问遍了，大家都笑话我是'十万个为什么'。"

　　正是这份勤奋和谦逊，让这位女大专生笑到了最后。

　　这篇报道虽然说的是几年前的事情，但对于初涉职场的大学生来说仍是一个可以借鉴的经验教训。大学生在求职时，要得到用人单位的认可，修养和学识缺一不可。做任何事情的前提应该是首先学会做人，做人是一门学问，做人不仅体现了一个人的素养和智慧，更为重要的是，它会影响一个人的前途和命运。学会做人，需要我们在中学阶段就给孩子做好细致入微的指导。人做好了，前途一片光明，反之则会暗淡无光。学会做人就是一个人要具有良好的道德修养，并能按道德标准去处理好各种社会关系。学会做人是立身成人之本，品德修养不足，不会做人，就失去了立身之根本。学会做人是 21 世纪教育四大支柱的关键和核心，是家庭教育的重中之重，是教育的目的和根本。做人成功，成功是永远的；做人失败，成功只是暂时的，一切成功都是做人的成功，一切失败也是由于做人的失败而导致的结果。

━━ 心得分享 ━━

　　联系实际，谈谈你对学会做人的认识，可将心得发送到课程邮箱。

六、让孩子学会生活

　　人的生活不同于动物的"生活"，虽然都涉及吃饭，但人吃饭要讲卫生、讲礼貌；虽然都有住所，但人住宿要讲美观、讲文明。人的生活实际上是一种"文化"生活，虽然孩子在日常生活中可以观察、模仿到一定的生活知识与技能，但要掌握生活的文化，取得独立的生活能力，没有成人的生活教育是不可能的。家庭中的生活教育目的是要让孩子理解生活的真相，给孩子传授生活经验，使孩子在未来拥有高质量、高品位的生活。学会生活不仅是个人生活幸福的前提条件，也是个人完成学习和工作任务的有利因素。

　　生活是完整的，又是多姿多彩的，生活教育的内容是全方位的。家长对孩子进行生活教育，要从一些平常的小事入手，注意生活细节方面的教育。

　　（1）对孩子进行餐桌教育。就餐本身应该是一种施行教育（不是教训）的过程，如果巧妙地运用好就餐时间，使孩子懂得就餐的礼仪和文化，全家人会感到吃得舒服、吃得顺气，也利于健康，还可使子女在餐桌上学到很多科学的生活常识，达到提高修养的目的。

　　（2）让孩子学会做饭。孩子应该学会做饭，这是对孩子生活教育的最早一步。让孩子学会做饭，不但是让孩子学习一种生活技能，更重要的是培养孩子的生活能力。如果孩子连饭都不会做，就会缺乏基本的独立生存的能力。

　　（3）让孩子学会交朋友。第一，父母要给孩子创造平等和谐的交往环境，鼓励孩子走出家门，适当安排孩子外出活动，如利用假期让孩子到亲戚家住上三五天，带去亲切问候，融洽亲戚关系，学学待人接物的本领。第二，教给孩子基本的交往技能，如分享、轮流、协商、合作等。第三，要支持和关注孩子与同学的交往，对孩子的交往对象有所熟悉，避免交上品质不良的朋友。第四，鼓励孩子在社会交往方面的每一点进步。

　　（4）吃苦也是生活的一部分。吃苦是一种独特的内心体验，会拓宽加深孩子对自己情感的认知和体会，吃过苦的孩子知道陷在困苦中的感受，知道从困苦中走出来需要什么样的努力，也体验过走出困苦后内心的愉悦。"穷人的孩子早当家"，这不是一句空话，而是一句教子箴言。艰苦的条件能让孩子理解生活的不易，明白很多问题需要靠自己解决。这样孩子才会更珍惜、更努力、更自立。

　　（5）运动也是生活的一部分。调查显示，体育运动较多的人群的学习成绩，显著高于体育运动少的人群。原因是——从短期效应看，体育运动能提高个体短时记忆能力和注意力，提高学习效率。从长期效应看，体育运动能提升大脑海马结构体脑源性神经营养因子的水平，进而对学习和记忆产生重大影响。现在，很多孩子都喜欢在床上吃着薯片、看着电视或玩着电脑来度过闲暇时光，这对身体和心智都没有多少益处。因此，家长做出一些努力鼓励孩子参加体育运动是很有必要的。运动不仅有助于学习，更有利于健康，还能提高生活幸福指数。

（6）失败也是生活的一部分。面对失败，要给孩子重试的机会，指导孩子一次次改正错误，直到成功。这不只是教孩子学习并掌握生活的能力，同时也是教他学会一种人生态度。

（7）指导孩子用好闲暇时间。一是要教育孩子珍惜时间，学会科学计划闲暇时间，娱乐应合理安排，适可而止；二是要求孩子自觉抵制内容不健康的娱乐活动，娱乐内容应健康，形式多样；三是家长也应该尽可能地和孩子一起娱乐，既要尊重孩子的个性爱好，又要培养亲子间的共同兴趣。

（8）培养孩子良好的生活习惯。习惯不是先天就有的，而是后天逐渐养成的，有无良好的生活习惯是衡量生活素质的重要标准。家长在培养孩子良好生活习惯的同时，还要注意纠正孩子不良的生活习惯。

（9）指导孩子逐步形成正确的生活态度。家长要经常同孩子谈心，和孩子聊聊先进人物，及时纠正孩子不良的行为和错误的认识，为孩子灌输正确的世界观、人生观、价值观、道德观、是非观，逐步形成正确的生活态度，提高生活品位。

七、让孩子学会合作

合作，是孩子未来发展、立足社会的重要素质。良好的合作能力不仅能给人生带来快乐，还助人走向成功。所以，教会孩子与他人合作，是一个很重要的课题。那么，怎样培养孩子的合作能力呢？

（1）让孩子学会悦纳他人。悦纳他人，是指自己从内心深处真正地愿意接受他人。要让孩子悦纳他人就要认识并欣赏对方的长处，不能因为他人有缺点或毛病，就嫌弃他、疏远他。

（2）让孩子体会到与人合作的快乐。孩子在与伙伴交往中逐渐学会合作，会在交往中感受到合作的愉快，而这种愉快又会继续产生合作的需要，促进孩子更进一步的合作。

（3）注意父母的言传身教。父母本身应该待人宽厚，对家庭成员、邻居、同事都要热情、平等、谦虚、礼貌，并能互相帮助。这些生动而又直观的形象"教材"能在潜移默化中逐步植入孩子的精神世界，使他们在与人合作时，自觉地把父母言行举止作为效仿的榜样。

（4）为孩子创造合作的机会。首先，家长要下一番功夫，有目的、有计划地组织孩子和同伴进行一些合作游戏、合作学习，为孩子提供锻炼的机会。其次，把对孩子合作能力的培养贯穿在生活当中，如和父母共同做家务等，为孩子创造一切可以合作的机会。

（5）让孩子学会为他人着想。父母应教育孩子在活动时对同伴有礼貌，发生不愉快时，要多想对方的感受，站在对方的角度考虑问题，学会替同伴着想，学会谦让，当个人利益与他人利益发生冲突时，学会在合理范围内的妥协与谦让。

（6）要教会孩子解决合作中遇到的小纠纷。初中生已经比较有主见，常常与同伴在纠纷争吵过程中互不相让，谁也不服谁，谁也不让谁，很容易发生激烈冲突，造成严重后果。为了解决好矛盾冲突，避免矛盾升级，父母应及早教会孩子解决纠纷的方式方法，让孩子学会协商，必要时懂得妥协。

（7）让孩子学会分享。教孩子学会分享对培养他们的合作能力非常重要，存有自私心理的孩子，不愿意与人分享，家长可以以分享行为做目的行为，用行为矫正法帮助孩子克服自私心理，学会分享。

（8）培养孩子的团队精神。要想让孩子具有团队精神，爱心、责任心以及合群意识是必备的，因此在日常生活中家长要注意培养孩子的综合素质，培养孩子团结协作、为集体的荣誉而努力的精神。

（9）让孩子多参加集体活动。事实证明，只有将孩子置身于集体之中，孩子才能学到与人共处的知识，积累合作的经验，孩子只有与人合作时，才能培养出团队精神。

（10）让孩子学会求同存异。要让孩子知道，一个人的价值只有在集体中才能得到体现。团队中的每个人各有长处和不足，需要相互取长补短，既不能固执己见，也不要人云亦云，要在求同存异的基础上进行合作。

第二节　帮助初中生度过青春期

初中阶段是指 12～15 岁的阶段，被称为学龄中期或少年期，是孩子已经脱离儿童群体但又未进入成人行列的过渡时期，属于少年期和青年早期，俗称青春期，心理学上谓之"心理断乳期"，曾被人喻为多事的季节。这一时期，孩子的身体、智力迅速发展，是生理上的"激变期"，在个体发育上是充满生机的、最宝贵的时期，同时，又是受社会影响日增，自身知识经验不足，容易产生各种心理冲突和思想矛盾及过失行为的时期，还是家庭乃至学校教育最容易出现问题的时期。正确认识和了解这个时期孩子身心发展的特点，对教育工作意义很大。家长和老师在这一关键时期起着重要的引导作用。

■■■ 咨询 ■■■

　　张女士咨询：她快要上初三的儿子最近变得特别不听话，想要好好地跟他说话，他却摆出一副不耐烦的模样。中考临近，眼看着他天天打游戏，成绩一天天退步，打骂也不见好。张女士很困扰："打不得，骂不得，管不了，这就是传说中的'青春期'吗？这该怎么办呢？"

　　这样的困惑绝不是张女士一个人，很多家长都有这样的烦恼。虽然人类自从有了子女开始，就一直和子女的叛逆情绪作斗争，但是子女的叛逆情绪依然固有地存在着。如何帮助孩子度过青春期是每一个初中生家长必须关注和研究的问题。

一、确立初中生科学的人生观

人生观是对人生的根本看法。人生观教育是道德教育的重点。在实际生活中，人们面对各种各样的问题，逐渐地认识和领悟人生，到了一定年龄，无论自觉与否，人都会形成与自己的生活阅历，与实际体验密切相关的关于人生的根本看法、价值判断和生活态度，这就是一个人的人生观。我们通常讲的幸福观、生死观、荣辱观、审美观、义利观、得失观、苦乐观、道德观等，都属于人生观的基本内容。

初中生的人生观，是他们在学习、成长、发展过程中，对现实生活中各种事物、现象进行评价、决定取舍的基本思想观点，它支配、影响着初中生生活、学习的各个方面。

家长要让孩子懂得，人为什么而活着，应该怎样活着。要批判那种"人不为己，天诛地灭"的腐朽人生观，摒弃极端个人主义、事事处处把个人利益放在首位的狭隘人生观。浑浑噩噩、庸庸碌碌的人生，是没有什么色彩的；把金钱看得高于一切的人是被鄙视的；没有信仰，又缺乏拼搏精神的人前途是渺茫的。

在进行科学人生观教育中，家长应当重点帮助孩子正确处理以下三种关系：一是处理好物质追求与精神追求的关系。要告诉孩子，物质生活是人生存和发展必不可少的条件，但是，物质生活和物质追求并不是人生内容的全部，更不是生命的全部价值所在，人要有高尚的精神追求。如果只满足于物质追求，没有精神追求，就会沦为物质和金钱的奴隶，那将是十分可悲的。正确的观念应是用高尚的精神追求对待物质生活，创造出具有丰富内涵的人生。二是处理好奉献精神与利益原则的关系。个人利益的正当获取和合理满足不仅是自身生存的需要，更是国家和集体利益增长的推动力，但不能把个人利益放在第一位。要教育孩子懂得，人生的意义在于奉献，而不是索取，"君子爱财，取之有道"，要淡泊名利、乐于奉献。三是处理好个人、集体、国家三者之间的关系。要让孩子明白，在社会发展中，个人、集体、国家三者利益从根本上说是一致的。一方面，国家利益、集体利益是满足个人利益的保障和前提，是个人利益的集中表现；另一方面，没有个人利益的实现，国家利益、集体利益也难以充分发展。国家利益、集体利益比个人利益是更重要、更根本的存在，每一个人的命运都是与国家、集体的命运紧密相连的。对个人利益的追求不能损害国家利益和集体利益，当个人利益与国家利益、集体利益发生矛盾时，应自觉顾全大局。

二、初中生的早恋及疏导

━━ 案 例 ━━

15岁的小翠，柔美可爱，但学习成绩一般。她说："在班里'一帮一'活动中，班长主动提出帮我补习功课。我有不懂的问题就直接问班长，他总是给我详细讲解。起初，我们在一起谈理想，谈人生，并讨论许多学习上的问题，我发现我们在一起很愉快，后来我们就利用星期天看录像、郊游。他活泼、好学、充满朝气，身高也高，尤其骑车的动作潇洒极了。我发觉我深深地喜欢上了他，我看得出来，他也喜欢我。渐渐地我们都无法自拔，彼此难舍难分，友谊已经变质了。为了考大学，我们互相约束：不说话，努力读书。但过不了几天，彼此都难以克制。上课时偶尔的目光对接，就像通了电，让我根本无法静心读书，情绪极为不稳，成绩也一落千丈。期中考试时还勉强通过，但现在功课再也跟不上，整天迷迷糊糊的，痛苦至极。我知道早恋不好，可我该怎么办呢？这样的状态将来怎么考大学。是早恋毁了我。"

早恋，是指青少年学生过早地发生或发展着的恋爱现象。什么年龄恋爱是早恋，还没有一个明确的标准。一般来说，可从两方面判断：一是生活自立的程度；二是恋爱的年龄和法定最低婚龄相差的程度。来自重庆市和成都市城区学校的 1 754 份问卷调查显示，中学生早恋的比例为：初中学生占 13.5%，高中学生占 25.6%，但实际情况可能更多。对中学生早恋的疏导措施主要有：

1. 正视早恋，家长要有正确的态度

家长不要一看到孩子和异性来往就视为不正常，就认为是"早恋"。退一步说，即使真的是早恋也不要认为这是一件邪恶的事，不要轻易地把早恋和品质恶劣、思想肮脏画上等号，不能责怪孩子，因为这是人生必经的事情。家长不妨把"早恋"当作"早练"——未来择偶结婚的早期练习。但是，也不能任凭孩子的早恋行为盲目发展，因为孩子还不懂爱情，必须给予恰当指导，而不是硬性干预。

2. 正面引导，让孩子心中充满阳光

现在，许多家长对"早恋"这个词特别敏感，谈之色变，一经发现问题，便风声鹤唳，草木皆兵，如临大敌，忧心忡忡，用孩子的话说："他们像克格勃"。家长对于早恋多是横加干涉，明察暗访，非打即骂，到学校告状，甚至把孩子赶出家门。种种不信任孩子、不尊重孩子人格的做法，反而加剧了孩子的逆反心理，使孩子在错误的道路上越走越远。很显然，这些做法都是不妥当的，因为家长对"洪水"到来所用的方法是"堵"，事实证明，"堵"是堵不住的，最重要的是"导"，硬堵就会提高水位，积蓄能量，一旦决堤，后果不堪设想。家长最好是现身说法，讲讲自己的婚姻经历，孩子既感兴趣，又信服，可以顺势引导孩子处理好理智和冲动的关系、友情和爱情的关系、需要和可能的关系、高尚和庸俗的关系、现实和未来的关系。

3. 净化心灵，家长和孩子都学会自我控制

家长要禁止孩子涉足"青少年不宜"的场所，引导孩子免受或少受黄色书刊、色情影视及其他性刺激的影响。家长一方面要控制自己在子女面前的某些过分亲昵的行为，以及有意无意地对男女问题的津津乐道；另一方面，要让孩子明白事理，懂得恋爱和婚姻的真谛，

在处理感情的问题上变得清醒和成熟，防止感情冲动。

4. 认清危害，帮助孩子用理智来战胜不成熟的感情

早恋最直接的危害是严重干扰学习。早恋处理得好，可以产生动力，处理不好，就会变成对立。家长要通过恰当的性知识教育为孩子不成熟的情感注入理性的防腐剂，教育孩子将情感集中到学习生活等更美好的追求上来。同时，应为孩子提供丰富多彩的文娱、体育活动，使孩子的过剩能量和不良心理得到宣泄。

三、初中生的性教育

━━ 案 例 ━━

妈妈问正在上初三的女儿："班上有女同学怀孕堕胎的情况发生吗？"女儿说："有几个，不过这些学生对于怀孕都有自己的'理由'。"女儿跟妈妈解释说，第一类怀孕的女生是要利用怀孕把自己中意的男孩子拽在手里，想用性的手段巩固两人的恋爱关系；第二类则是身不由己，陷入情网不能自拔，怀孕之后又担惊受怕；第三类女生的想法相当实际，目的就是享受此时此刻，并且愿意承担"怀孕"的责任，是典型的"活在当下"的新生派作风。

听了这段话，妈妈吃惊地问："难道这些孩子都不怕怀孕、做人流吗？"女儿笑了笑，回答道："妈妈，你们那一套对我们已经不起作用了，你知不知道，我们很反感恐吓、威胁式的性教育方式。"

对于刚进入青春期的初中生来说，这一时期最重要的心理特征是"自我意识"和"性意识"的觉醒，进入这一时期的孩子或多或少在"性"方面都会出现一些问题，因此，这一时期也是人的一生中最需要进行性教育的时期。性教育是青春期教育的核心，是青春期的头等大事。青春期性教育是孩子教育过程中绕不开的话题。性教育不仅是知识教育，而且是人格教育，性教育的最终目的，不仅是要传授给孩子大量的性知识，而且要孩子学会正确的性态度和恰当的性行为。性是人格的重要组成部分，一个青少年只有很好地了解性的问题，才算获得了良好的人格。

性教育已引起越来越多家长的重视。近年来的调查资料表明，少女妈妈和青少年中得性病的人数比例在不断增加，年龄也越来越趋于低龄化。现在的青少年，他们在性观念和性行为方面已经与上一代有了很大差别，而这些真实情况，家长却知之甚少。

我国的青春期性教育主要是防范式的，大多以防止相关不良后果为出发点，譬如避免青少年过早地与异性亲密交往以影响学业；避免青少年偷食禁果而导致妊娠、人工流产和性病、艾滋病的感染；等等。很多家长只是要求孩子不能这样做，却很少为孩子解释具体的原因。越是不让孩子去碰触，孩子的好奇心和探知欲就越强，所以结果往往事与愿违。

（一）家庭性教育首先要给家长补课

改革开放前的中国家长生活在一个性封闭的时代，几乎没有接受过正式、系统的性教育，处于性知识贫乏、性观念陈旧的状态。而新一代许多年轻的家长，性观念往往又过于开放。不管是家长羞于谈性，或是认为性可以无师自通，或是认为对孩子进行性教育是教唆犯罪、是性开放，都是不可取的。因此，倡导家庭性教育，首先要给家长补课。

1. 家长的态度要端正

对青春期孩子的异性交往，如果家长和学校不教育，孩子就会从网络、色情书刊、色情视频中了解性活动的知识，而性的道德、法制、责任、自我保护的知识和方法却没有人告知孩子，就会让他们以为爱情就是上床，就是性。现在出现相当多的青少年性犯罪、早期性行为、少女怀孕堕胎、艾滋病流行等，都是性教育缺失导致的。

在实际生活中，家长自身对性的态度比语言更能影响孩子，家长要传递给孩子正确的性价值观，比如尊重异性、保护隐私、热爱父母、珍惜生命。讲解性知识时，要以解决当下孩子的疑惑为原则，不要超越孩子的理解能力。

━━ 提　示 ━━

性教育忌讳走向性自由和性愚昧，既要从青少年成长的总体上把握尺度，也应从个体方面把握分寸，在性知识的基础上提升孩子的人文素养，这才是性教育的价值所在。

第一，家长不要谈性色变，要以平常心对待性。家庭性教育是家庭成员之间共同来学习与性有关的科学知识，应保持一种健康进步的观念和态度，并在家庭生活中营造一种理解、豁达、和谐的气氛。

第二，家长要在家庭中保持一种良好的性形象。性，不仅指性生活、性知识，它还包括性心理，包括亲密与爱的表达和体验。夫妻应当经常地、有意无意地让孩子看到夫妻间嘘寒问暖、谈笑风生，这样可以使孩子初步形成对美好生活、爱情、婚姻的向往心理，为其未来的幸福生活打下良好的心理基础。

第三，夫妻在孩子面前亲近要得体。亲密不等于过分亲热，夫妻可以让孩子看到彼此之间亲密的身体接触，如拥抱、关心等，但不宜让孩子看到具体的性交过程。

第四，关注孩子的性成熟。男孩的遗精、女孩的月经都是孩子青春期来临的重要标志，在此前后家长都要注意做好引导，让孩子感受到成长的喜悦和自豪，感受到长大的庄严。同时，也要对孩子的性幻想、手淫等现象给予充分的注意和理解，及时地讲解有关的知识，帮助孩子正确地接纳自己。家长还要在一些生活小节上多加注意，比如孩子要尽早与家长分床睡，不要让孩子赖床，要养成早睡早起的好习惯，等等。

2. 家长要善于教育和引导

对于青春期的孩子，家长应主动关心询问孩子的性困惑。有一位男孩睡觉时遗精，他认为是生病了，非常担心，又不好意思告诉父母，自己在书摊买来不健康的书籍想从中找到答案。一日，母亲整理他的房间时，发现孩子在看一些不健康的书籍，母亲这才意识到该告诉孩子一些正确的性知识了，但是父母都不好意思向他讲性知识。最后，这位母亲买来有关青春期性知识的书籍放在孩子的床头，并通过书信的方式与孩子交流，这样，既避免了"难以启齿"的尴尬，又克服了"说不清楚"的弊端。

（二）构筑青春期性教育的"防火墙"

第一道"防火墙"就是劝阻未成年人的性关系，即对未成年的初中生，要求其做到"洁身自爱"。对这一点，家长和老师应当理直气壮、开诚布公地对孩子讲解。就如未成年人不能参加公民选举投票一样，中学生不能发生性关系也是因为其心理、社会、经济能力均不成熟，无法承受由性关系所导致的后果。做符合自己年龄应做的事情，是每个青春期少男少女都应当懂得的人生规律。在讲"洁身自爱"时，我们不能否认少男少女的性欲望和性冲动，这是本能的生理现象，不受意识支配。但如何去应对欲望和冲动，则是要通过大脑和意志力去回答和行动。性器官的接触，并不是排解性欲和性冲动的唯一方式，还有其他释放性压力的方式，如自慰、转移注意力、积极参与群体社交活动等。还要说明，性欲作为一种本能现象，与食欲和睡欲是不同的，性欲是可以延搁、转移、消解的。任何一个正常人30天不吃饭、不睡觉都会生病或死亡，但是任何一个正常人在三年或更长时间没有满足性欲的情况下，却不一定会生病也不会死亡，这样的讲解是为了消除青少年的疑虑。其实，一个人一生绝大部分时间和场合，都是在克制性的本能欲望和冲动，否则便没有道德伦理这回事，也不会有人类的文明秩序了。

第二道"防火墙"就是讲解避孕和紧急避孕。我们希望所有未成年的孩子都安全地待在第一道防火墙之内，但却总是有例外的情况发生。事实表明，有些"小勇士"冒险地翻墙而过了，我们难以预料究竟哪些孩子会冒险，所以还是需要给他们再建一道安全网。在讲解"生命的孕育和诞生"这一课时，孩子们已经从视频上直观地看到了精子与卵子结合的情景，并从"计划生育"一课得知，如果父母不可以生第二个孩子的话，用哪些方法可以避孕，等等。这一课是以成年人的计划生育为背景的，不让孩子感到是在针对他们，或赞同他们发生性关系，所以他们不会有羞怯感、触及隐私感或意欲尝试之感。他们得到关于避孕与紧急避孕的知识，"有备无患"，孩子随着年龄的增长，将来在成年时会用上这些知识，也为可能会犯错误的孩子做了知识准备。至于避孕套的用法，口服避孕药的具体使用之类，学校不宜在课堂上集体宣讲，避免造成刺激或尴尬，但家长可以在孩子需要的时候通过口头或书面语言的方式说明。老师和家长应告诉孩子，避孕和紧急避孕的实施需要向计划生育工作者、医院或药房的专业人员咨询。

第三道"防火墙"就是讲终止妊娠。讲到避孕失败的问题，首先要讲到各种避孕手段都不是十分可靠的，因此，有性生活的女性，发现自己未按时来月经，就要尽快到医院做检查。如果检查出怀孕了，又不可以生孩子，就要做人工流产终止妊娠。根据现有的医疗技术条件，3个月之内终止妊娠相对安全，尽管人工流产并不是控制生育的好办法，只是避孕失败后不得不采取的补救措施，但3个月内终止妊娠毕竟比大月份引产安全些，还需要提及大月份引产对孕妇可能带来的危险。

═══ 反　思 ═══

请思考青春期性教育家长应该承担怎样的责任？可将反思结果发送到课程邮箱。

四、重视与青春期孩子的有效沟通

几乎所有的家长或多或少都经历过与孩子沟通的困惑，而青春期孩子的家长有着更多与孩子沟通的烦恼。如何与青春期孩子进行有效的沟通，这是家长需要学习和值得探讨的问题。

1. 学会尊重孩子

会教育孩子的家长，是宽容和宽厚的，家长要变"说"为"听"，而不是对孩子做的每一件事都指手画脚，强行命令。孩子出现问题，家长可以给孩子提出原则性、合理化建议，可以用商讨的方式，心平气和地与孩子进行分析，交换彼此的想法。平和的语气和尊重的态度，可以更好地获得孩子的理解和认同，会让孩子信任家长的判断，领会家长的要求。

2. 任何事情从理解出发

青春期的孩子对家长说得最多的一句话就是："你们不懂，所以我没必要解释。"这句话堵住了所有沟通的可能性。所以家长可以先试着了解青春期孩子的想法，就算不能完全同意或者接受他们的观点和行为，但至少可以设身处地地从他们的立场想一想。比如，家长沟通时可以这样开头"爸爸妈妈很理解你的难处，知道你很难过很委屈，但是……"先表达理解再告诉他们需要什么样的改变，这样，孩子才比较容易听得进去。

3. 不要感情用事

我们都知道人在气头上是无法理性处理事情的，和孩子沟通也一样，在气头上的双方是无法愉快地聊天的，所以家长尽量不要在生气的时候与孩子讨论问题，那只会让争吵越来越严重。如果孩子开始发脾气，家长可以让孩子自己先安静一会儿，给彼此一个机会冷静一下，要知道很多争吵都是因为小冲突没有及时制止而引发的。

4. 给孩子一些自主性

青春期的孩子最大的特点就是开始有自己的想法和观点，其实这并不是坏事，相反，在这个阶段给孩子一定的空间，反而会帮助他们变得独立与自信，和他们的关系也会变得融洽。但这并不代表家长要放任青春期的孩子做一些错误的决定，而是给他们一些自主的机会自己判断自己的错误。比如，孩子晚上玩电脑玩到很晚，早上不能按时起床，家长不要急着告诉他们这样不对，而可以间接地问："你自己觉得怎样才可以按时起床呢？"这样给他们一些机会让他们自己想办法解决问题，自己想的办法，自己就比较愿意落实。

5. 不要通过孩子来证明自己

家长经常会陷入一个误区，需要通过孩子的行为来证明自己是正确的，其实一旦有这样的想法，家长就很容易无意识地想要控制孩子，自己的情绪也很容易被孩子影响。其实孩子做出不正确的行为不一定是家长的问题，无须自责或者慌张，孩子走弯路、犯错误都很普遍，我们只需就事论事，遇到问题解决问题，不需要把责任完全归结到自己或者孩子身上。

6. 做个倾听者

建议家长做一个可靠的倾听者，听听孩子的烦恼与想法，用心去体会孩子，这样既可以了解他们的想法，也可以给彼此一个交流的机会，不要急着给孩子评论或者表达过分同情，要给孩子提供一个舒适的倾诉空间。偶尔可以装个傻，明知故问一下，给孩子一个炫耀自己的小成就和爱好的机会，让他们变得更加自信。

7. 增加与孩子共同做事的机会

关注孩子正在关注的事情，做孩子的"粉丝"。比方说孩子喜欢周杰伦，喜欢漫画书，家长不能一味排斥，而是也要去了解，去学习，这样才会和孩子有共同的话题，才能创造出交流沟通的机会。比如，和孩子一起去书店选书，与孩子共同听歌，让孩子一起帮忙做家务等。找到一件孩子感兴趣的事情，与他们一起做，重点放在活动上，一边活动、一边交谈，双方也不必相互看着对方，这种非面对面的谈话方式会让家长和孩子都感到轻松自在。

8. 不要把沟通的话题局限在孩子的学习上

一项关于中学生的调查："父母主动找你谈话的主要话题是什么？"结果有将近80%的学生回答是学习问题。许多中学生表示，只要父母不提学习上的问题，交流什么都可以。这项调查给家长的启示就是：家长应该找些孩子喜爱的话题去交流。如果家长平时和孩子沟通时能聊聊学习以外的事情，多和孩子探讨孩子感兴趣的话题，如流行歌曲、时髦服装、影视明星及孩子喜欢的影片等。这样，慢慢地，孩子和家长之间就会变得有共同语言，且有话可说，有话爱说。在这种情况下再谈学习，孩子就不会反感了。

9. 不要带着不愉快的情绪和孩子沟通

请家长们记住一句话：在你情绪不好的时候，你可以告诉孩子你的情绪，但是千万不要去教训孩子。同样，我们也要教会孩子如何恰当地释放自己的情绪，和孩子一起学习释放情绪的正确方法。如果孩子的情绪没有得到有效释放的话，他可能会找一些其他的途径，比如，乱发脾气、摔东西、上网聊天、玩游戏，在虚幻的世界里放纵自己。对此，家长要给予理解，并且要恰当引导。

10. 增加与孩子使用非语言沟通的频率

美国语言学家艾伯特·梅瑞宾有个著名的沟通公式：沟通的总效果＝7%的语言＋38%的音调＋55%的面部表情。可见，正确的非语言沟通对于孩子来说是非常重要的。当孩子对家长说一些事情的时候，家长应该用专注的神情来面对孩子，放下手中的家务，给孩子一个欣赏的眼神、一个会心的微笑，给孩子一个充满爱意的拥抱，或者亲切地拍拍孩子的肩膀，这会让孩子产生无穷的信心。

11. 向孩子说说自己的心里话

做家长的都知道，养儿方知父母恩。人到中年，进入了人生中最忙碌的一段时期，家长不仅要了解孩子，也要让孩子了解自己，只有双方互相理解，才能更好地度过孩子的青春期和自己的更年期。家长向孩子说说心里话，要找好时机，不能不讲，也不能动不动就说。只有让孩子了解了家长的一片苦心，孩子才懂得家长所做的一切都是为了他们好，才懂得好好与家长相处，才懂得去关心、体谅家长。这对于孩子形成正确的人生观、价值观都很重要。如果在这个时期，孩子不懂得怎样去理解、关心自己的父母，他长大后与他人相处也会出现问题，这会成为孩子成功路上的一大障碍。

12. 与孩子的同伴保持沟通

青春期的孩子有自己的想法，心里有事情，宁愿讲给同伴听，也不愿意讲给家长听。国外的心理学家研究发现，12 岁以前的孩子很愿意和家长交谈他们的想法，但之后却有明显的变化，尽管家长对孩子的态度一如既往，但孩子有了问题和想法，他们更多的会和同伴交谈。青春期的孩子是很注重同伴的，尤其是当同伴把心事告诉他们之后，有时他们甚至会主动地帮同伴解决困难。家长和孩子的同伴保持沟通，就会多一个了解孩子心理变化的渠道，为做孩子的知心朋友打下基础。

五、防止初中生产生厌学情绪

═══ 咨　询 ═══

　　一位老师咨询：小兵是初中二年级学生，在班上的学习成绩属中等偏下。小兵从小父母离异，与外婆一起生活，父亲由于自身经济情况较差，很少给予照顾，母亲再婚后，曾接小兵和继父一起生活，但继父要求较为严格，曾因为小兵犯错而责罚过他，此后小兵对继父一直耿耿于怀，再不愿与母亲和继父生活在一起，之后便一直与外婆生活。小兵从小学开始，各科成绩都很优秀，进入初中学习以后，学习开始有点吃力，在一次期中考没考好之后，小兵就觉得心里特别烦躁，经常说头痛、难受，不想上学。初二上学期开学后，班里一个同学告诉他打游戏很好玩，他从此迷恋上了打游戏，以至于上课总是无精打采，提不起精神，上课时老师讲到什么地方都不知道。老师针对他的表现，多次批评教育他，但是由于没有父母的关心和管教，他不愿听课，不愿记笔记，拿起课本就烦，学习成绩下降很快。对这样的学生应该怎么办？

　　这是一个学生因家庭因素和自身因素引起成绩下降，并最后导致厌学甚至逃学的案例。厌学，就是对学习产生厌恶、反感或无所谓的心理倾向。小兵产生厌学情绪的原因既有家庭方面的关心和教育不足，也有自身的因素：小兵渴望取得好成绩，对自己期望很高，但是初中的学习内容比小学深，学习方法也会不一样，由于缺乏指导和运用正确的学习方法，学习成绩得不到提高，反而下滑，导致学习动力不足、丧失学习兴趣和学习信心等，以致用逃避的方式来解决问题。

厌学情绪是一种正常的不良情绪或者说是一种常见的消极情绪。在每一个人求知学习的过程中都有可能产生这种情绪，这是一个人在其成长过程中，自我动态失衡、和谐度不稳定的表现。当然，由于学生所处年龄段的不同，厌学情绪的表现也有所不同，但无论是小学、初中，还是高中、大学，厌学是一个客观存在的问题。厌学，突出一个"厌"字，"厌"是一种心理状态——厌烦、厌倦、讨厌。就学习而言，小学是基础阶段，而初中是最关键的阶段，厌学心理也最容易在此时产生，因此，这个阶段孩子的家长更应多关注孩子的学习，要让他们树立责任感，懂得学习的重要性，从而健康、快乐地成长。

══ 提　示 ══

由厌学引起的辍学，更是给社会带来不良影响。大量的辍学生流向社会，增加了社会的负担，造成许多社会问题。研究表明，在青少年犯罪中，辍学生所占的比例很大，他们在生理和心理上都处于不稳定发展期，缺乏是非判断力，容易受社会不良行为的影响，走上犯罪道路。因此，预防和矫正学生的厌学情绪是家庭、学校和社会一个非常重要的任务。

（一）初中生厌学的原因

初中生厌学形成的原因是多方面的，有来自学校教育的原因，有来自家庭、社会的原因，有来自孩子自身的原因，这几方面的原因是相互联系的，其中，孩子自身的原因是内因，其他因素是外因，外因通过内因才能起作用。

1. 学校教育的原因

①学校办学方向有偏差。在应试机制的作用下，许多学校片面追求升学率，使学生身心负担过重，造成精神高度紧张，难以应付各种压力，由此产生厌学心理在所难免。②教材设置不够合理。许多学科教材内容过多，难度较大，超过了大多数学生的可接受程度，使学生对学习失去兴趣。③对后进生的忽视。一些教师厌恶、歧视后进生，使学生对教师产生逆反心理，学习情绪低落。④教师素质不高。一些教师教学观念陈旧，课堂教法不当，讲课枯燥无味，没有吸引力。⑤同学关系不好，如打架等。⑥师生关系不好，如学生经常受到老师的强烈斥责、警告等。

2. 社会方面的原因

①社会上存在的"知识贬值"和"一切向钱看"的错误倾向，扰乱了一些学生的思想。他们看到一些辍学生发财致富，逐渐产生了物资至上的拜金心理，致使学习积极性下降。②改革开放以来，多元文化思潮和价值观，造成了一些青少年思想上的困惑，影响了他们的学习生活，使他们无心学习。

3. 家庭原因

家庭环境不良是造成学生厌学心理的重要原因。在不良家庭环境中生活的孩子多厌学、辍学，甚至犯罪。这些不良的家庭环境有：①父母经常吵架。父母吵架，即使不拿孩子撒气，也不会给孩子好脸色，孩子也就自然不会有好心情，学习积极性肯定不高。②家长行为不端。凡是家长有偷盗、越轨、赌博等不良行为的，孩子会深受其害，不仅学习受影响，品德也会受到家长不端行为的影响。③不善于激励孩子。对孩子批评多于表扬、否定多于肯定的家长，会导致孩子消极地对待自己的学习，从而产生厌学情绪。④对孩子放任自流。许多家长为了多赚钱，无暇顾及孩子的学习，只是用钱来打发孩子，孩子不但学习受影响，还往往染上一些坏毛病。⑤溺爱孩子。家长对孩子百般宠爱，过度迁就，使孩子滋长了依赖性和懒惰性，缺乏进取心。

4. 孩子自身的原因

①孩子厌学的根本原因是他们减弱或失去了学习的内部推动力——学习动机。例如，家长过低的期望值往往使孩子缺乏明确的学习目标，缺乏强有力的学习动机；过高的期望值又会给孩子带来过重的压力，使其产生恐惧感，从而削弱已经形成的学习动机。再如，学校生活的成功，往往使人产生积极向上的情绪，失败的行为往往使人产生消极退缩的情绪。学校现实生活表明，喜欢学习的学生往往都是在学习生活中获得成功的人，厌烦学习这种消极情绪多发生在学习生活失败的人身上。另如，有些单位在招聘中不是严格执行择优录取的原则，而是凭关系，而且在分配具体工作时不参考学生在校时的思想和学习表现。受这些不良倾向影响，孩子的学习动机就会减弱。②基础知识差，成绩跟不上。③学习习惯不好，学习方法不当，使他们感到学习是一件十分痛苦、让人疲倦、厌烦的事情。④受校外游乐场所如营业性舞厅、电子游戏室、台球室等影响，使贪玩的学生学习分心。⑤受毕业分配、就业难及滥招生的影响。⑥不良性格的影响。不良性格往往导致学生在面对老师与家长的批评时不能很好地调整情绪来促进学业的进步，容易放弃学习。性格不够坚强的学生，面对过于沉重的学业压力，往往是遇到困难就主动放弃。

（二）初中生厌学的解决方法

1. 学校老师应该更为关注处于弱势的学生

在学生学习的过程中，接触最多的就是老师，对学生的学习动机与学习态度产生最大影响的也是老师。因而老师应该意识到他们在学生的学习过程中所起到的关键作用，老师应努力改革课堂教学方法，提高教学内容的趣味性与教学手段的灵活性，只有这样才能充分调动起学生的学习积极性，给他们带来学习的动力。更为重要的是，老师要给予学生充分的积极关注，不仅要关心学生的学习，也要关心学生的生活和思想，学生的人格健全发展需要老师的积极引导。

2. 创造良好的家庭环境

家长应对孩子的学习行为给予积极的关注，要注重与孩子进行心与心的交流，同时还要注重自己的行为与态度对孩子的示范作用。当孩子没有取得预期的学习成绩时，家长要注意采用恰当的教育方式，不要强化孩子对自己的学习行为的消极归因。

3. 进行有效的心理咨询及行为干预

心理咨询是改善学生厌学情绪的有效途径。通过选择恰当的干预技术和方法，如合理情绪疗法、强化法、认知疗法等，改变学生自身的认知和行为，转变其对学习的看法和态度，引导其对自己的学习行为做出正确的归因。通过分析自身的原因，从其自身的因素出发来提高自我管理和控制的能力，缓解厌学情绪，激发学习兴趣，减少厌学行为，提高学习效率。在对学生进行心理干预过程的同时，建议采用家庭疗法，争取家庭的配合对学生进行积极的心理治疗。

4. 把加强学习目的和学习动机的教育放在突出的地位

良好的学习目的和学习动机，能激发学生的学习热情，使其在学习上表现出积极的态度、强烈的责任感和发奋进取的欲望。社会心理学告诉我们：自我意识对个人的言行、活动的指导，推动和制约作用是不言而喻的。它可以使个体正确地认识其在社会生活中的地位、身份和作用，帮助个体确立起正确的生活目标和科学的人生价值观，使个体建立起正确的自尊心和自信心，推动个体努力完成学习和工作任务。

5. 把学校教育与家庭教育有机结合起来

家长要积极主动地与校方联系，学校、家长应相互配合，根据学生的年龄特点、生理和心理发展情况、兴趣、要求等，运用多种形式，进行启发式引导，绝不能采取强制型的管教方式。家长要帮助孩子建立密切的师生关系，消除孩子对老师的误会或不满。

6. 家长要保持平常心

首先，要允许孩子偶尔考试失常。当孩子考试失常时，家长要注意孩子的情绪变化，及时帮助孩子调整学习状态，挖掘并分析导致孩子考试失利的主要原因，然后与孩子商量改进措施。其次，对于初中生来说，家长要帮助他们多掌握一些调节压力的方法。最后，帮助孩子放松心态，引导孩子与自己进行比较，多品尝学习提高带来的乐趣，让孩子做最好的自己。

7. 家长要多做少说

对于青春期的孩子，家长说得越多，孩子越反感。对于厌学的孩子，家长要做的事情很多，比如，要了解孩子在学习上的苦恼，给予理解和宽容，帮助孩子分析厌学的原因，共同寻找解决方案。要不断改变教育方式和方法，不要唠叨或打骂孩子，给孩子恰当的关怀，和孩子建立融洽的关系，不要给孩子施加压力，给孩子一定的自由和娱乐时间。预防并消除不良社会风气的影响，要特别注意调节孩子的情绪。跟老师商量，必要时请一位家庭教师给孩子补课，培养良好的学习习惯、学习兴趣和学习方法。培养意志力，帮助孩子克服学习中遇到的困难，及时发现孩子的闪光点，鼓励孩子学习上的进步。用努力而不是用分数去评价孩子。为孩子选一门他最想学、最有把握学好的学科作为突破口，用好的成绩证明他具有学习的能力，让他从中体验到学习的成功和快乐。与孩子商量，制订一个可行的学习计划，家长要积极配合，改变不和谐的家庭氛围，反思并找到自身的问题，与孩子一同成长。不要强迫孩子学习，如果家长对孩子学习逼得太紧的话，孩子会变得比较焦虑、不耐烦，甚至产生逆反心理。

8. 培养孩子的学习兴趣

唤起孩子的学习兴趣是改变孩子厌学的一剂良药。孩子兴趣的产生往往是在小时候，不同的年龄段，由于各自不同的素质，孩子的兴趣往往有自己的独特性。孩子兴趣的发展和表现，往往是他天赋和素质的先兆。要培养孩子对学习的兴趣，首先要多表扬、少批评。家长要善于发现孩子的优点，多表扬；不要总是盯着孩子的缺点，总是批评。其次是鼓励孩子获得成功，提高孩子的成功感。成功是使孩子感到满足，并愿意继续学习的一种动力。孩子一旦获得成功，就感到满足，并愿意继续学下去。因此，家长应该鼓励、引导孩子，让他们体验到成功的喜悦。最后是对孩子要多精神鼓励，少物质刺激。有家长规定：孩子考100分奖100元，考95分以上奖50元，考90分以上奖20元，考90分以下取消奖励，85分以下就要挨批。家长运用金钱或实物奖励、刺激孩子按自己的需求争取上进的做法，在物质生活条件越来越好的当今社会，是很常见的现象。物质奖励本质上并不是坏事，但许多家长重物质奖励，轻精神鼓励，使孩子变得越来越贪婪，做一点普通的事也要讲条件，甚至要挟家长，这是很不可取的。奖励分为物质奖励和精神奖励两种，在家庭教育中，一般应以精神奖励为主，物质奖励为辅，两种奖励要恰当结合使用。

9. 试着让孩子创造问题

孩子是学习的当事人，被迫学习，被迫考试，学习处于被动状态，时间久了，孩子对学习生厌是可以理解的。家长指导孩子学习时，可以换一种方法，不是经常让孩子去解答问题，而是采取让孩子创造问题的学习方法。这不仅会改变孩子的学习态度，而且会激发厌学孩子的学习兴趣。试着让孩子创造问题，孩子会考虑什么地方是要点，家长也可以在指导孩子学习时以此为中心。孩子一般会对自己理解非常充分或自觉得意的地方提出问题，这对家长来说，就很容易掌握孩子在哪些方面比较擅长，在哪些方面还有欠缺。如果坚持这种学习方法，孩子就会在平常的学习中准确地抓住学习的要求和问题所在。此外，这还有助于提高孩子的表达能力，满足孩子的自尊心，提高孩子的自信心，学习自然就会取得良好的效果。

10. 让孩子做老师

家长可以与孩子一起学习，让孩子做老师去教家长，试着交换一下教方和被教方的地位，孩子站在教方的立场，会提高其学习的欲望，同时，为了使被教方明白，教方即孩子自己必须深入地学习并抓住学习内容的要点，这对于其自身的学习有很大的帮助。

第三节　高中生的身心特征与家庭教育重点

进入高中阶段的学生，思想和行为意识已逐渐形成，他们即将迈入成年人的队伍，同时，高校的大门也缓缓地向他们开启，学习的紧张和压力更是牵动着家长和孩子的心。此时的孩子又有哪些特点？家庭教育又该如何进行？这些问题是需要家长认真研究和对待的。

一、高中生的生理特征

学生在高中阶段的生理发育，正处于青春发育的末期。这个时期，人体生长在经过青春期的快速发育后，进入了相对稳定阶段，也就是发育成熟和定型阶段。高中生的身体生长，主要表现在形态发育、体内器官的成熟与功能的发育、性生理成熟几个方面。

第一，家长可以观察到孩子身体的迅速变化与成熟。我国高中学生，大多数年龄在15～18岁的范围内。这个年龄阶段，人体的生长发育反映在外部形态上的特征：一是身高、体重、胸围的发育。这是评价身体发育的各项形态指标，先后出现增长速度减慢，年增长值减少的趋势，但仍处于生长发育的重要时期。二是男、女生由于肌肉、脂肪的增长水平不同而体现出不同的体态特征。三是性生理成熟带来了第二性征的出现，即除生殖器官以外的不同性别的特殊征象，如阴毛、腋毛、乳房、胡须、变声等更加显著，男孩子成了宽肩体壮的男子汉，女孩子则发育成丰满娇美、亭亭玉立的大姑娘。

第二，到了高中阶段末期，孩子的心脏功能加强，肺活量增大，脑的发育和神经细胞的分化均已达到成人的水平。他们的身体素质、运动能力迅速发展，达到了人生的最高水平。此时，他们活泼好动，精力旺盛，但也容易冲动、闯祸。

第三，性生理的成熟给孩子造成巨大震荡。由于男女机体差异的客观存在，性意识的产生并随着年龄的增长而发展，异性间的吸引、接触、交往就成为必然。有人将性意识的发展分为三个阶段：两性疏远期、两性接近期和两性恋爱期。高中生即处于两性接近期，因而，高中时期的两性间相互吸引是符合规律的，家长不必惶恐、担忧，但要对异性交往给予必要的引导。

二、高中生的心理特征

（1）自我意识增强，自我形象确立。遇事有自己的想法，不愿意随波逐流；自尊心明显增强；自我评价、自我教育能力逐步提高；重视自己在群体中、家庭中的地位。

（2）心理的闭锁性、开放性同时存在。心理活动内隐，指向内部世界；渴望被人理解，又感到不被人理解；非常想向理解自己的人敞开心灵的大门。

（3）好奇、好胜，幻想与理想并存。精力充沛，内心想显示自己的力量，又可能选择不当，存在不稳定性和冒险性；向往未来，幻想与理想交织。

（4）情感丰富。感情最强烈、最丰富的时期，易于激动和变化，也容易悲观，渴望有异性朋友，但往往分不清友谊与爱情的界限，缺乏控制能力。

（5）关注社会。思考、判断社会中的各种现象，考虑如何适应社会，思考社会中的真善美、假恶丑，思考生活中的各种问题，逐步形成自己的处世态度和方式。

（6）意志、性格逐步走向成熟。仍存在摇摆性，容易见异思迁，害怕困难，缺乏恒心，虎头蛇尾，甚至半途而废；理智驾驭不了感情，容易产生片面性、偏激性。

（7）面对学习压力，产生不同的心态。有的稳扎稳打，扎实前进，不因小的成功或失利而动摇；有的凭小聪明学习，不肯下大功夫，基础不扎实，成绩不稳定；有的基础不牢，学习吃力，信心不足；有的盲目过日子，没有目标，得过且过；有的想学好，但严重自卑，情绪低沉。

三、做高中生家长的基本要求

1. 尊重孩子

尊重是亲子和谐的前提。家长要充分理解和尊重孩子，把孩子当成一个有独立人格的个体，平等地对待，这样才能促成亲子关系的和谐，也才能让孩子成为一个有独立见解且富有自我价值的人。

2. 理解孩子

有句话叫"理解万岁"。没有理解，沟通就会受阻；没有理解，家长教育孩子就很难成功。理解意味着宽容，意味着放弃固有的观念和权威，理解需要换位思考、将心比心、现身说法。可以说，许多悲剧都是由于家长不理解孩子，使用过激语言，采取不当的方法造成的。

3. 不要期望过高

家长的期望过高，超出了孩子的能力范围，会给孩子造成很大的思想负担。面临高考，家长对孩子的殷切希望，不要赤裸裸地表现为盼望孩子考上重点大学，也不要在孩子面前流露出对名牌大学的羡慕。期望过高，就容易造成评价过低。有些家长认为孩子考不上好大学，就对孩子彻底失望，大泼冷水，其实，这也是期望过高的一种变相表现。

4. 家长在家里少谈学习

每个孩子都在学习，效果有时却截然不同，关键在于孩子是用什么方法学习的，是如何学习的，孩子是不是自主学习和享受学习。高中阶段，大多数家长已经不能具体指导孩子的功课了，却依然可以在孩子需要的时候及时站出来，只不过家长的角色应该由原来的教导者变为服务者。课本知识、考试内容有老师来教导，生活中的各种学问，则需要家长在日常生活中教会孩子。孩子回到家，最好不要谈学习，要多跟孩子谈谈发生在校园外的事，谈谈生活琐事，谈谈孩子感兴趣的话题，这既是对学校教育的最好配合，也是对孩子精神压力的缓解。

5. 家长要控制唠叨

家长的唠叨一般分两种：一种唠叨反映了家长的攀比心理，比如，某某的成绩跟你差不多，你可不能输给他；一种唠叨反映了家长的焦虑心态，比如，生怕孩子出一点差错，嘱咐个不停。不管是哪种唠叨，其结果都是增加孩子的心理压力，让孩子感到不被信任，甚至会对家长产生反感和厌恶，有的孩子还会因此大发脾气。

══ 提　示 ══

家长要练就一种功夫，就是管住自己的嘴。即便是想表达关心，也要看时机。有些必要的嘱咐，最好"说一不二"，说了一遍之后，不重复第二遍。

对于高考前的孩子，家长在和孩子的相处中，不妨变唠叨为倾听，抽空带孩子散散步，聊聊天。听孩子说说困难或压力，孩子不一定要你帮他解决什么，可能只是情绪的宣泄，家长要做的只是贡献一下耳朵，当个好听众。如果你想说点什么减轻孩子的压力，不妨给孩子讲个笑话，彼此都放松一下心情。

6. 家长关爱要适度

══ 案　例 ══

章女士的女儿即将参加高考。孩子并无异常，作为教师的章女士却坐不住了，离高考还有一个月呢，她就开始操心给女儿安排高考餐了。为给女儿增加营养，除了肉蛋奶、蔬菜水果大量往家搬外，还买了好几种补品。这还不够，临考前几天居然给女儿在家里吊氨基酸，说这样能够"补充能量"。

章女士也不知从哪里打探来的消息，说考前要好好调节孩子的睡眠。她给女儿定下调整睡眠的方案：晚上几点一定要睡觉，早晨几点一定要起床，中午几点午休。

孩子要大考，饮食睡眠，家长自然牵肠挂肚，但是过度的关爱和保护，会弄得家里气氛紧张。而紧张的家庭气氛，会加重孩子的焦虑感，使孩子的考前压力更大。

孩子要大考了，家长送给孩子的最好礼物，就是平常的生活氛围，平静的临场心态。这样，孩子才会镇定自若地走上考场，发挥出应有的水平，取得理想成绩。

7. 家长管束不要过严、过多

══ 案　例 ══

一个女孩说：我到了高三，进家就像进监狱，完全失去了自由，除学习之外的一切活动都被禁止，上网、看电视、看课外书、和异性来往……想都不要想。快高考了，父母对我管得更严了。每天只要我一进家门，还没来得及把书包放下，我妈就发话了："先把书桌上的模拟题做了，我刚搞到的，做完我们再吃饭。"吃饭时，我想对父母讲讲学校里的趣事，刚开个头，就被我爸打断："管那些有啥用？学习好才是硬道理。离高考没多长时间了，你要抓紧一切时间学习！"

现在，我感觉每天过得都很压抑，心里虽然想着要把所有的时间都用在学习上，可是根本专心不起来，经常坐在书桌前对着书本发呆。

面对高考，的确有些家长对孩子管束过严，干涉过多：忙着给孩子请家教，盲目给孩子买资料，甚至帮孩子制订复习计划，反正什么事情都要干涉和过问。放学回家就学习，每次考试，必问成绩和排名，成绩下降逼问原因；同学打来电话，像查户口一样彻底盘问，要是异性同学来电更是如临大敌。

管束过严，会使孩子在家学习难有平静心态，家成了学校紧张学习生活的延续，孩子感觉没有自由，不能自主地安排时间，同时也束缚了孩子学习的主动性和积极性，甚至会让孩子产生逆反心理，与家长对立起来。

8. 家长与老师沟通要讲究技巧

家长与老师沟通是有学问的，而且要讲究技巧：单独找老师面谈，但不要过于频繁，去找老师前，先想好要说的话，跟老师说话要言简意赅，不要长篇大论；在自己说完话的时候，要征求一下老师的意见；在老师说话的时候要虚心倾听。

9. 家长要学会激励孩子

人就像汽车，而激励就好像是给孩子的"油箱"加油。激励能够使孩子成为生活的强者，最终实现奋斗目标。埋怨则使孩子反感、苦闷、厌烦、冷漠，甚至可能造成更为严重的后果。家长不仅要学会激励，还要指导孩子学会自我激励，自我激励才是真正的动力。事业上的成功者，大都是掌握自我激励的人，如果一个人在其他方面都具备的条件下，善于自我激励，他的成功率就会高得多。

四、高中生学习与生活的有效调节

1. 做好适应新生活的准备

这也许是每一个高中新生必经的第一课。新的学校、新的老师、新的同学会使人际环境较以前更复杂，新的环境、新的作息规律、新的常规要求也对每一个生活于其中的人提出了更高的要求。

家长要和孩子提前了解学校的作息时间，让孩子在开学前按学校的时间来作息，按时起床，按时休息。对于寄宿制学生，还要提醒孩子做好过集体生活的准备，这一点对没有过寄宿生活的孩子来讲无疑是一个很大的考验。

2. 要培养自学能力

初中时老师发挥的作用很大，学生自学空间相对较小，但是进入高中，对学生的自学能力有了一个很大的要求，老师讲完课后，更多的是要求学生自己去学习。因此，学生一定要学会自己去安排学习、自己去解决困难，这就要求学生要主动学习、自主学习，努力提高自学能力。

3. 提前制订自己的理财计划

对于高中寄宿制学生来说，第一次离家在外求学的孩子，父母一次性把一个月甚至几个月的生活费给了孩子，在孩子的生命中可能是第一次拥有支配自己经济开支的权利，孩子自己是否有能力管好自己的生活？面对诱人的零食的时候，面对新颖的文具、饰品的时候，在看到别的同学花钱如流水的时候，孩子能控制好自己的经济开支、管理好自己的生活吗？此时的理财教育就尤为重要。

4. 让孩子学会照顾自己

初中的学生很少离开家长，即使是寄宿生，也不会离家很远，每周都会回家一趟或者家长来看望，既没有独立感，也不会有孤独感，一切生活上的杂事家长都会帮助处理好。而到了高中，很多同学由于学校的实际情况，远离家长，家长的照顾享受不到了，学习与生活上大大小小的事都要依靠自己去做，碰到困难也要自己设法解决。这就要求家长要提前教育孩子，培养其独立性，学会自己照顾自己，自己管理自己。

5. 适当让孩子做些课业外感兴趣的事

高中生活丰富多彩，家长不要让孩子一头钻进书本里。高中有许许多多的社团、组织，孩子可以根据自己的兴趣参加，让兴趣发展成特长。除此之外，还可以给孩子一些独立的空间和时间，让他们自己安排自己的生活，做一些自己喜欢做的事，不要因为高考把自己变成书呆子。

6. 积极参加班集体活动

班级开展的主题班会、讨论课、校内及社区活动、运动会、文娱活动等，不仅要让孩子积极参加，还要尽他自己所能，为班级争光，这既是孩子展示自己、把自己融进班集体的大好机会，又能培养孩子的兴趣爱好。

7. 教育孩子要调整自己

要让孩子明白自己是生活在集体之中，自己的爱好不一定是他人的爱好，自己的习惯也不一定是他人的习惯，要对自己的言行有所节制，不随便拿他人的东西，不随便向他人借钱，如果借钱一定要按时归还。要注意个人卫生，待人接物要有礼貌。总之，要从细节方面严格要求自己，做一个文明的、有修养的人。

五、高中生的升学选择指导

═══ 咨　询 ═══

王女士咨询：孩子今年要参加高考了，全家人都特别关注，尤其是作为母亲的我更是紧张得不得了，为了全身心地投入孩子复习的后勤工作中，我几乎取消了自己的所有活动，不仅力求做到生活照顾方面的无微不至，而且还到处打听学习辅导方面的相关信息。如果孩子的状态不错，我会异常兴奋，做什么事情都很有劲头；但如果出现考不好或学习成绩下降的情况，我就开始着急上火，焦虑万分，经常会有一种透不过气来的感觉，还动不动就发脾气。我也知道自己这种表现很不好，不仅对问题的解决没有什么实质性帮助，而且还会给孩子增添更大的压力，但是却总是控制不了自己的情绪，为此很是苦恼。我该怎么办？

高中时期是人生的重要驿站，每个学生都将面临着升学或就业的选择与考验，正确指导孩子的升学或就业，具有十分重要的实践意义。面对孩子的高考，家长首先需要做的是对自己有个清晰的定位，在面对高考这一问题上，要时刻牢记自己只是高考的助跑者，而非运动员本身。所以家长应该只是起到辅助作用，不要喧宾夺主，不要焦虑，更不要将自己的焦虑表现出来，避免加重孩子的焦虑感。

（一）正确指导高中生升学

望子成龙、望女成凤是为人父母的共同愿望。在当今社会，从家长到孩子，都把考大学作为改变人生命运的重要途径，但并非每个人都能如愿以偿，能否考上大学，取决于多种因素的综合作用，其中有主观原因也有客观原因，有个人原因也有社会原因，家长用正确的方法教育和指导自己的孩子，对其升学有着不可忽视的积极影响。

1. 理智地选择专业

相当一部分在校大学生对自己所学的专业并不满意，有的甚者由于学习成绩跟不上或发现专业并不适合自身而不得不中途退学。对专业选择的决定，对孩子的影响相当深远，专业选择的偏差，可能需要日后花十倍的努力纠正。可见，正确选择专业非常重要。

职业目标与生活目标一致的人是幸福的，成功的人生需要正确规划。孩子今天站在哪里很重要，孩子下一步迈向哪里更重要，因此，理想的择业要求我们理智地选择专业。兴趣是最好的老师，喜欢你的工作首先要喜欢你的专业，家长帮助孩子选择自己感兴趣的又符合自己潜能的专业将有助于孩子未来事业的成功。

2. 引导孩子冷静看待热门专业

高考结束后，有些学生填报志愿时存在攀高心理，一味地追求名校和热门专业，而很少考虑自我的个性特点，既埋没了自身在其他专业上的潜在才华，也导致了社会总体人力资源的浪费，造成个人和社会资源的损失，不少人因为当初专业选择的失误而抱憾终身。实际上，热门专业往往是根据社会需求的变化而变化的，今天热不等于明天热。所以，不顾自己的兴趣爱好和能力特长，而一味地追求热门专业是不明智的。

3. 培养孩子的平常心

家长要经常站在孩子的立场上考虑问题，有问题可以平等地沟通，与孩子多多交流，了解他们的困难，理解他们的想法，运用一些心理暗示的方法去关注和鼓励孩子，让他们以充足的自信和良好的心态去面对高考。

4. 留给孩子一定的私人空间

家长不要把高中生还当作小孩子来看待，有些事情应交给他们自己做主，以培养他们的独立人格。让孩子有机会独处，有机会自己安排自己的时间和空间，这对于人的成长非常重要。家长出于关心和帮助的角度去排挤或占据孩子的时空，往往会一次次地剥夺他们真正成长的机会。

5. 家长要做好心理调整

当孩子产生焦虑情绪时，家长首先要保持冷静，然后再采取一些科学积极的方法帮助孩子尽快地走出学习焦虑的困境。家长要用自己的积极情绪带动孩子的积极体验，只有自己放轻松了，才会平复孩子的紧张情绪，让他们以一种更专注的状态投入学习中。

6. 关心孩子要适度

家长适度的关心对于孩子来说，是一种默默的支持，会让孩子觉得温馨且备受鼓舞，但过度的关心会干扰到孩子的学习及心态，如频繁地询问孩子的学习成绩，殷勤地端茶送点心，会让孩子因不适应而烦躁。孩子进入高三，家长可以适当减少外出，多些规律的生活，保持自然宽松的家庭氛围。家长要对自己的孩子有信心，相信他们有一定解决问题的能力，没必要事事过问，否则会引起孩子的反感，加重他们的心理负担。

7. 用理想激励孩子发奋学习

孩子有了理想，才有目标，才有动力。通过读书学习，要把改变个人命运、实现个人理想与改变民族的命运、振兴中华结合起来；把提升个人文化素质与完善个人人格结合起来；把实现自身价值与服务祖国人民结合起来。

8. 用理性的态度合理调整孩子升学的期望值

合理调整孩子升学的期望值，有利于保护孩子的自尊心，激发斗志，让他们感到目标可达到，希望在眼前，作为一个称职的家长，应该掌握自己孩子的实际水平，在和孩子沟通时尊重孩子的意见，不施加过多的压力和阻力。

9. 用冷静的态度应对孩子学习成绩的变化

孩子的学习成绩往往是家长最为关心的敏感问题，成绩考好了，家长一脸阳光灿烂的样子；孩子成绩下滑了，家长的情绪立刻就会晴转多云，这些都会给孩子造成负面影响。正确的态度应该是：①家长要稳定情绪，冷静地帮孩子分析原因；②要培养孩子的适应能力；③要培养孩子独立思考的能力；④始终注意进行双向沟通。

10. 创造和谐的氛围让孩子从容自如地备考

家长要注意的是：①要把非常时期营造成平常时期；②对待考生要保持一颗平常心；③不可常问敏感问题；④给孩子的学习、生活、精神松绑；⑤不要轻信道听途说。

（二）正确指导高中生就业

就业是人生的转折点，是"成人"的重要标志。经过三年的高中生活，部分学生如愿以偿地升入大学，还有部分落榜学生只能选择就业。就业既是学生自己的事，也是社会和家长的事，正确指导高中生就业，有利于他们的健康成长和发展。

1. 帮助孩子走出高考落榜阴影

高考不是人生的句号。高考之后，学生将面对升学还是落榜的现实，无论成功还是挫败，都需要清醒地面对人生道路上一个新的开始，需要老师和家长加以正确的引导，使其保持积极向上的精神状态。

2. 指导孩子树立正确的就业观

传统的就业观认为，就业的标志是劳动者必须在某一固定的岗位上工作。高中生应该顺应时代潮流，重新审视各种职业在经济和社会发展中的地位和作用，作为就业新军，应该树立正确的就业观。①树立能上能下的就业观；②树立先就业后择业、流动就业的思想，打破一步到位、从一而终的旧的就业观；③树立创造性就业的思想；④树立竞争就业的思想。

3. 帮助孩子纠正择业心理偏差

就业者在择业过程中的心理偏差主要有如下几种：①期望值过高；②犹豫观望，举棋不定；③过于自信，盲目乐观；④互相攀比，盲目从众；⑤缺乏主见，依赖他人；⑥遭遇挫折，怨天尤人。

为了提高心理健康水平，保证求职择业的顺利进行和日后更好地适应社会，家长要主动帮助孩子积极调整心态、克服心理偏差乃至心理障碍：①正视现实，适应社会；②敢于竞争，开拓进取；③不怕挫折，总结经验；④放眼未来，从长计议。

4. 鼓励孩子努力实现人生价值

人生在世，事业为本，每一个有远大抱负的青年在踏上工作岗位时，都有立志成才的愿望，脑海中勾画着一幅事业成功的蓝图，而要把蓝图变为现实，必须立足本职岗位，脚踏实地去努力学习和实践，走阳光人生之路。①敬业爱岗，艰苦创业；②更新知识，勇于实践；③开拓创新，拼搏进取。

第四节　帮助高中生度过叛逆期

进入高中，意味着孩子在成长与求学的道路上又向前迈出了一步。如果说小学是基础期，初中是转折期，那么高中则是冲刺期。在冲刺期的第一年里，家长就应该帮孩子做好高中生活的思想准备，从踏入高中校门的第一刻起，就要尽快适应新的学习环境和高中学习的特点，引导孩子重新自我定位，培养自立精神和能力，帮孩子确立高考目标，做好高中的学习规划。

一、让孩子顺利应对高中生活

美好的高中生活，充满着欢乐，也蕴含着心酸。面对新环境、新老师、新同学以及新课程，高中生会感受到高中学习生活与自己以前的生活有很大不同，其内心会产生种种的情绪体验和心理感受，其中也难免有不同程度的不适应感。

═══ 咨　询 ═══

A 同学咨询：开学两个星期了，自己还没适应学校的伙食，感觉吃不习惯，住不习惯，学习也不习惯，总之什么都不习惯……请问：我怎样做才能尽快适应高中生活？

B 同学咨询：宿舍的同学在热闹地讨论着什么，可是我却提不起劲，好想家，好想以前初中的同学，好想以前那些快乐单纯的时光……我该怎样摆脱这些烦恼呢？

C 同学咨询：读高中了，刚开始觉得很多时间不知道该做什么，现在又觉得好多作业做不完，时间不够用，发现自己需要刻苦学习了，可是又不知道从哪里入手，好多学科都不懂……我该怎么办？

对于这些"不适应"的情绪和体验，家长和孩子应怎样去理解和对待呢？一般来说，孩子由初中到高中要过五道关：一是生活关。孩子在家时多数处于中心地位，生活自理能力一般都不强，上高中后可能离家更远，需要住宿，而吃住都不一定随心。家长要利用好假期这段时间，不但要为孩子做好物质方面的准备，还要对孩子进行生活习惯和技能方面的训练，以适应新的学校生活。二是学习关。为帮孩子尽快适应高中阶段的学习，作为家长，一方面要及早与老师沟通，了解孩子的在校表现；另一方面，要想办法与孩子保持联系，或打电话，或校访，或陪读一段时间，尽快让孩子适应新环境，以防学习退步。三是名誉关。高一学生，很多在初中时是老师眼里的才子，是学生心目中的明星。进入高中之后，情况发生了变化，面临的是高手如林的激烈竞争，尖子生可能不"尖"了，原来是班级或校级学生干部的，可能变成了"庶民"，相对位置变了，原有的自我荣誉感体会不到了。对此，家长要及早提醒孩子，让孩子及时找准自己的坐标，避免产生失落感、自卑感。四是交往关。首先是同老师的交往。家长要提醒孩子，一定要适应老师的教学方式。须知，老师不能因为你一人而改变他多年的教学风格。其次是与同学的交往。高中生对友情很关心，他们的友谊常常能终身保持，最让家长担心和头疼的是孩子同异性同学的交往，家长不要硬性干预，要疏导，让孩子把握好男女交往的"度"，要特别注意加强非智力因素的培养，让孩子把精力集中在学习和生活上。五是高考关。面对高考，家长好比幕后军师，为考生在高考考场的胜利运筹帷幄、出谋划策。总体来说，适应新的环境需要一定的时间和合适的方法，希望以下方法能对那些较难适应新环境的高中生及其家长有所启示。

1. 要让孩子主动与同学交往

交往要主动，不要等待其他人先来关心自己，更不能孤芳自赏。当其他人有困难时，应该尽自己的能力去帮助他人，在学习、生活上多关心他人，别忽视了朋友，这样，孩子在高中的学习生活中就会赢得友谊与快乐。

2. 要尊重他人

在与同学相处中，给双方保留一定的心理距离是有必要的。专门爱询问、打听别人的隐私，传播不确切的小道消息，干涉他人私事的人是没人喜欢的，也不利于同学之间的团结。

3. 积极向老师和同学提问题

要让孩子多与老师、同学交流，当天的问题当天解决，不要积累问题。"不懂就问"是求学之道，很多成绩优秀的学生都非常好问。不要因为刚到一个新的环境，与老师、同学不熟悉就觉得不好意思开口。与初中相比，高中课程科目多、难度大、综合性强，老师授课节奏加快，一堂课所授知识量往往是初中时的数倍，而且难度和深度都非初中时可比，这就使得很多学生都会在学期伊始出现暂时跟不上课的现象。更为严重的是，由于新生对老师和同学都比较陌生，缺乏充分地交流，不会的问题往往被积累下来，久而久之，就会真的跟不上课了，这也是部分中考成绩比较优秀的学生进入高中后学习成绩落后的一个重要原因。因此，一有问题最好就要去问老师、问同学，对于增进师生情感和同学友谊，提高学业成绩至关重要。

4. 总结自己的学习方法

高中的课程内容繁多，面对繁重的学习，高中生必须要尽快摸索出适合自己的学习方法。科学而有效的学习方法并不是一蹴而就的，这要根据个人的实际情况，在学习的过程中不断摸索、总结，才能掌握。

5. 待人要宽容

同学之间的交往，待人要宽容有礼。即使同学有缺点，双方之间有矛盾，也不要纠缠不休，要能原谅他人。同学之间出现摩擦时，要以宽容的态度去解决问题，化干戈为玉帛。

6. 放平心态，制定目标

进入高中，新生首要的问题就是要摆正心态，不管自己身上曾经有多少光环荣誉，都要忘掉，踏踏实实投入新的高中学习中，这才是最为重要的。要勇于面对挫折，不要一两次考试成绩不好，就丧失信心，自暴自弃。高中生可以根据自己的能力、实力和学习要求，制定通过努力能达到的学习目标，这样，每完成一个目标，就会有一种成就感，从而增强自信心。

除了使用上述方法让孩子应对高中生活外，还要注意几个问题：一是防止孩子"早恋"，一经发现要及时引导，千万不要硬堵；二是要培养孩子良好的生活习惯，早睡早起，勤于锻炼身体；三是不要让孩子过度放松，部分学生觉得自己经过千辛万苦好不容易考上高中，可以松口气了，殊不知，高中的竞争要比初中残酷得多，不松懈都有可能落后，所以，家长一定不要让孩子放松对自己的要求，否则将影响孩子的高中学习成绩；四是家长要以一颗平常心对待孩子的高考，没有必要弄得"草木皆兵"，反而徒增家庭的紧张气氛，给考生带来考试压力。

二、正确对待高中生的叛逆

=== 咨　询 ===

董老师咨询：小东 17 岁，高二学生，染了一头黄头发，黄头发中间又夹染几撮红头发，还喜欢穿新奇的服装，他知道这些打扮是父母及老师所无法接受的，但每当看到父母或长辈瞧见自己这般模样时的表情和表现出来的嗤之以鼻，他就扬扬得意，犹如自己打了胜仗一样。他逆反心理十分强烈，经常跟父母、老师顶嘴，你说一句，他回你十句。如果父母说了点重话，他就离家出走，一走就是十天半个月的，是个让父母和老师十分头疼的孩子。对这样的学生应该怎样教育？

高中生随着自我意识和好奇心的增强，不遗余力地追求个性，让自己变得很另类。高中生喜欢"跟风"，追求时尚，表现个性，但缺乏对事物全面综合评价的辨识能力。家长要对孩子的行为耐心疏导，不要同处于青春期的孩子较劲。要培养孩子正确的价值观，培养健康的审美意识。

叛逆，顾名思义，就是反叛的思想、行为……忤逆正常的规律，与现实相反，违背他人的本意，常常做出一些出乎意料的事。叛逆是一种"长大了"的感觉（其实本质依然是种幼稚的心理），是一种强烈的自我表现欲，在思维形式上属于"求异思维"，希望通过自己的"标新立异"甚至是"唱反调"，来引起别人注意，试图改变别人对自己原本的看法。

三、教育高中生树立健康的世界观和正确的价值观

1. 教育高中生树立健康的世界观

世界观是人们对整个世界以及人与世界关系总的看法和根本观点。要让高中生树立健康的世界观，最重要的就是要让他们顺应潮流，与时俱进。正确引导高中生对待社会不公现象，如社会分配问题、腐败问题等，不能和他们一起抱怨。要相信社会总体是好的，对社会的良好宽容心态会影响高中生看待社会的心态，对他们的未来幸福与成长也会有所影响；总是听到、看到社会阴暗面的高中生其心理也是灰色的，会影响他们在社会的正常发展。

2. 教育高中生树立正确的价值观

价值观，是人们对价值问题的根本看法，包括对价值的实质、构成、标准的认识，这些认识的不同，形成了人们不同的价值观。教育高中生树立正确的价值观，就要以科学理论为指导，勇于实践，将理想和现实、精神和物质统一起来，将个人利益和集体利益结合起来，把个人理想融入全体人民的共同理想当中，把个人的奋斗融入为国家事业的奋斗当中。

四、高中生家长的教育准备

1. 心理准备

这种心理准备，不仅仅只是家长，也包括考生的准备。高考是整个家庭的大事，所以理应整个家庭成员都要做好充分的准备。要让孩子心里明白，高考是一家人在战斗，家长是孩子的心理依靠，且一定要靠得住。高考之年既是对考生心理上的一种考验，也是对家长的一种考验。高考是人生的一次很重要的经历，将会影响考生的一生，高考是实现梦想的时刻，为了梦想必须去拼搏。考生和家长都要有足够的心理承受能力和准备。

2. 用品准备

跟小学、初中不同，高中生多了很多的自主性，基本上都是自己去准备一些开学的物品。作为家长，可协助孩子做一些准备，如，寄宿生的生活用品、必备文具和可备书籍等。

3. 环境准备

升入高中特别是高考之年，一定要为孩子营造一个良好、和谐、关爱、亲切的环境，给孩子安排一个独立的房间，房间的室内环境要适宜孩子学习，灯光、桌椅、书架要配备合适，要建立一个良好的家庭关系，父母关系和谐，关注孩子的情绪和心理。在这一年里，以不影响孩子为原则，为孩子营造一个安静的心理和学习环境，可适当减少亲朋好友的往来，包括走亲访友，外出旅游等。

4. 沟通准备

这一年，家长必须建立与孩子良好的沟通渠道，要注意与孩子沟通的方式和方法，以鼓励孩子为主，多给孩子信心。家长还要保持与学校各任课老师的沟通，以便了解孩子各科的学习情况，特别是要保持与班主任老师的沟通，负责任的班主任老师，相对于其他任课老师来说对每个学生的情况都比较了解。家长还要时刻关注目标大学的各项招生信息，以便随时掌握目标大学的招生动向。

5. 服务准备

在一些具体的事情上，家长要做好一切有利于高考的准备工作。家里可配置电脑、打印机，这些可以方便孩子及时查找、打印各种复习资料。特别提醒的是，这一年有很多关于高考信息的号码：包括会考号、考生学籍号、高考报名号及密码、身份证号、考生号、准考证号等，要注意区分识记。高考之年，服务的工作比较多，对孩子的健康饮食方面要做好准备，做到营养均衡，饭菜合口。

6. 信息资料准备

高考信息方面，家长要了解一些主要学校或孩子感兴趣的学校及专业的基本情况，未来走势，发展方向，培养目标，就业读研出国的前景，热门学科，长线专业，以及各个专业主要学习哪些方面的知识，在现实生活中有哪些运用，等等。这一年家长要准备的资料也比较多，包括上一年高考的大致情况，所在中学的高考情况，所在中学在区和市的情况，中学及区的排名与区及市排名的对应关系，这些资料一般从网上都能找到。家长可协助孩子整理各科的资料，试卷归类，错题整理，以节省孩子宝贵的时间。

7. 定位准备

三年高中期间，家长要归纳孩子各次各科的考试成绩表，准备一份表格，记录孩子各次各科的考试成绩及排名，帮助孩子分析总结各次各科的考试情况。家长要积极发现孩子的兴趣和爱好，帮助孩子制定未来的发展目标和发展方向，这样有利于高考时的学校和专业的选择，特别是孩子感兴趣的学校和专业。要帮助孩子做好各项定位，包括各类学校的定位、孩子目标学校的定位、目标专业的定位以及学校和专业的要求等。

8. 加分准备

在尽可能的情况下，关注政策性加分和自主招生认定加分。参加自主招生时，要注意报名条件、程序、要求、资料、笔试、面试等。在自主招生报名的时候，可能要用到孩子所有的证书，家长可以帮助孩子整理高中三年来孩子所有的荣誉证书，这是一件非常值得骄傲的工作，也是自主招生报名工作的一部分。在填报高考志愿之前，这些分都是有用的。因此要结合自己可能的选择，选择参加目标学校的自主招生。

9. 志愿准备

志愿准备是家长高考之年各项准备工作中最重要的一项工作。这项工作要在对孩子有充分明确的定位后才能做。在"一模"前，不要急于定位，要多观察、多分析、多了解。在填报志愿时，要与孩子商量志愿方案，并填报志愿。高考志愿填报中的一志愿非常重要，一志愿中的前三个专业更重要。没有最好的学校和专业，只有是否适合自己且能够达到要求的学校和专业，适合自己的学校和专业才是最好的。一志愿明确了，二志愿就更有目标性和针对性了，二志愿填报也很重要。如无特殊情况，二志愿的三个学校的各个专业都要填报。下一批次的一志愿也要认真准备。

10. 考务和考后准备

家长要为孩子高考积极准备各项考务服务，包括考场考点、用车用餐、交通路线安排等，同时要注意安抚孩子，做好孩子心理辅导。既要重视，又不能过于紧张。家长要积极参与到高考中来，考试两天，家长应全力为孩子做好后勤服务工作。

考后出成绩是最紧张的时候，有可能好，也有可能坏，要做到鼓励和安慰并举。在录取过程中，要做好各批次征集志愿补录准备，及时了解实录信息和补录信息。录取结果和录取通知书是孩子期盼的，也是家长所期待的。不管录取到哪个学校和专业，都应该是满意的，都要为孩子感到高兴，都应对孩子进行鼓励。

五、高中生的人生规划

=== **术　语** ===

　　人生规划就是一个人根据社会发展的需要和个人发展的志向，对自己未来的发展道路做出一种预先的策划和设计。人生规划是指一个人结合自身实际情况，根据眼前的机遇和制约因素，积极主动地确立自己的事业发展方向、奋斗目标，然后为达到这一目标而确定行动时间和行动方案。

　　国家的发展有计划，一个人的成长也需要有人生规划，但不同的人其人生目标是不一样的。人生规划包括：①个人自身规划；②健康规划；③事业规划；④情感规划；⑤晚景规划。

　　人生规划可以帮助高中生在规划人生的同时更理性地思考自己的未来，初步尝试性地选择未来适合自己从事的职业，并从学生时代开始培养自己适应未来职业需要的综合能力和综合素质。同时，人生规划可以帮助高中生确定人生目标，制定行动的措施，增强责任感，增强学习的动力。

　　目前，高中生较少接受职业生涯规划教育，相当多的学生在面临职业生涯重要选择的时候，认识不够，准备不足。高中生的职业生涯规划具有三个要素：一是知己：认识自己的能力、性格、兴趣、人格特质和价值观；二是知彼：了解社会及经济发展趋势、行业就业状况、未来就业机会；三是抉择与行动：做决定的技巧、勇气、毅力、有计划地采取行动、落实有效管理职业生涯规划事项。人生规划设计一般需要六个步骤：

　　（1）家长要清楚孩子的主要人生目标是什么。主要人生目标，应该是一个人终生所追求的固定的目标，生活中其他的一切事情都围绕着它而存在。对于一些学生来说，主要人生目标的确立是一个自我发现的愉快的过程，但对于另外一些学生来说，它也许是一个痛苦的过程。

　　（2）帮助孩子确立大目标不要急于求成。家长可以通过引导孩子阅读、讨论或参加趣味活动等方式，帮助孩子确立目标。家长和孩子都要切记，只要一个人还没有到安享晚年的时间，任何时候开始人生规划都不为晚。无论孩子是高一刚入校，还是高三即将结束高中生活，都是进行人生规划的好时机。

　　（3）暂时无法确立大目标时可先设计小目标。进入高中后如果孩子还没有确立人生大目标，那么，就先帮助孩子设计一个近期小目标，多个小目标的积累，容易小中见大，从中发现大目标。设计小目标主要是制订一个详细的个人学业发展计划，这个计划可以是三年的计划，也可以是一学期的计划。

　　（4）制定具体措施。在形成了具体的短期目标或制定了大目标之后，家长就应该帮助孩子制定具体措施去达成目标。

（5）行动。这是所有步骤中最艰难的一个步骤，因为要求家长和孩子必须停止梦想而立即开始行动。要想实现人生的终极目标，有两方面的问题需要谨慎避免，一是懒惰，二是错误。

（6）不断地修改和更新人生规划。人生目标的确定往往是基于特定的社会环境和条件的。环境和条件总在变化，确定了目标也应该做出修改和更新，家长和孩子不但要制定人生目标，更要根据社会的发展和时代的需要不断修改和完善人生规划。

思考与讨论

人体生长发育过程，青春期占一半或更多一些时间，青少年从 10 岁到 18 岁是青春期，从 18 到 25 岁是青年期，或叫青春后期。进入青春期的少男少女，各方面都显示出与儿童期大不相同的特点，他们伴随着性器官的成熟、第二性征的出现以及生殖能力的具备等，产生了一系列的变化。

学习完本章，请思考并讨论以下问题：

1. 初中生有哪些生理特征和心理特征？

2. 初中生的年级特点是什么？

3. 初中生家长应具备哪些教育能力？

4. 学会做人的重要意义是什么？

5. 为什么要让孩子学会生活？

6. 为什么要让孩子学会合作？

7. 对"早恋"现象如何疏导？

8. 家庭怎样对初中生进行性教育？

9 父母如何与青春期的孩子沟通？

10. 如何防止初中生厌学？

11. 高中生有哪些生理特征和心理特征？

12. 做高中生家长的基本要求是什么？

13. 如何处理好高中生学习与生活的关系？

14. 如何指导孩子应对高中生活？

15. 如何做好高中生的升学选择指导？

16. 怎样帮助高中生树立健康的世界观和正确的价值观？

17. 高中生家长需要做哪些教育准备？

18. 如何帮助高中生做好人生规划？

可与小组同学开展讨论，分享思考与心得，可将讨论结果和思考心得发送到课程邮箱。

视窗拓展

1. 推荐阅读书目

［1］戈尔金，格列别尼科夫，德拉古诺娃，等．初中生家庭教育［M］．刘廷璋，杨挹敏，伍济美，等译．北京：教育科学出版社，1986.

［2］萧斌臣，闫浩东．读懂孩子［M］．北京：新华出版社，2011.

［3］张文质．成长的烦恼：初中生家庭教育漫谈［M］．福州：福建教育出版社，2012.

［4］中国教育学会，全国妇联儿童工作部，中央教育科学研究所．初中生家庭教育知识家长读本［M］．北京：教育科学出版社，2000.

2. 影视剧

［1］国产电视剧：《同学，你好!》《虎妈猫爸》。

［2］日本电视剧：《龙樱》。

第五章 特殊类型的家庭教育咨询与辅导

学习导入

社会变革引发家庭结构的多元。在新的社会背景下，生长在特殊家庭中的儿童不断增多，他们的家庭教育问题具有许多新特点，日益引起全社会的关注。本章所涉及的特殊类型的家庭主要指学习障碍儿童、心理障碍儿童、独生子女、离异与重组、流动儿童、隔代抚养、农村留守儿童等家庭。

学习目标

了解当前我国特殊类型家庭教育的现状；
说明一些特殊类型家庭的特点；
举例说明特殊类型家庭儿童的特征；
总结不同类型家庭子女教育指导策略与方法；
掌握特殊类型的家庭教育案例分析技术。

第一节 学习障碍儿童的家庭教育

美国国家卫生研究院（National Institutes of Health，简称 NIH）将学习困难定义为，学习困难是归因于神经系统的，特征是辨认字的正确性及流畅度有困难，无法拼写，以及语言的拼音组成有困难。

=== 术 语 ===

"学习困难"一般是指由于有读写障碍、多动症及阿斯伯格等症状所产生的学习能力低落、注意力不集中、肢体协调不佳，以致缺乏社交能力等的具体表现。

儿童学习障碍（Learning Disability，简称 LD）问题最近十多年来，受到我国教育学、心理学以及医学方面的广泛关注。这是因为，这种病症在儿童中的发生率占到 6% 左右，并且给这类儿童本身的学习和生活带来很多烦恼和痛苦，也给家庭和学校带来很多问题、负担和无奈。我国是儿童大国，在重视教育、重视知识的今天，儿童在学习和认知方面出现的问题成为家庭、学校、医疗保健乃至社会关注的焦点，各方面试图对学习障碍这一问题有个较全面的认识，并能够采取一些针对性的预防、干预和保健措施。

典型的儿童学习障碍有别于我们通常讲的学习困难，后者可能由多种先天或后天不良的原因所造成。而这里所说的学习障碍意思相对狭窄，一般指那些智力正常儿童在阅读、书写、拼写、表达、计算等方面出现一种或一种以上的学习困难的状态。医学界倾向认为这类儿童所表现出的学习困难与其中枢神经系统的某种功能失调有关，临床观察发现，这类儿童并不存在盲、聋、哑或智力低下（个别智力水平在临界状态），而且接受着正常普通的教育，或还可能伴有一些情绪问题和行为问题。

━━ 案 例 ━━

文文刚上小学一年级，是个聪明伶俐的小女孩，能背诵大量的诗歌。然而偏偏在做作业时，文文却总是让大人失望，因为她常常不由自主地把字写出格子外，怎么教都学不会。看着作业本上东倒西歪的字，父母很着急。现实生活中，是不是还有很多家长都碰到类似的孩子？明明很聪明，学习成绩却总是上不去，语言能力很突出，但不知道为什么动手能力却很差……

文文的父母带着她来到市七医院儿童心理门诊，朱晓华副主任医师给文文做了评估，她发现文文的听觉、记忆功能几乎已经达到了成人的水平，而"视—动统合能力"却比实际年龄要落后两岁半，动作功能也没有达到应有的水平，正是这种能力的不平衡使她迈入了学习障碍儿童的行列。

朱晓华介绍，听、说、读、写、算是学习能力的五个基本要素，缺少任何一个都有可能在学习中遇到困难。文文在听和说方面的能力应该没有问题，甚至发展得比同龄孩子还要好，但还不足以说明她在学习方面就会畅通无阻。事实上，由于听说能力较好，她会较多地利用"听—说"的渠道接受外界信息，而需要视知觉能力参与的读写方面，就会自然地受到抑制。这样，视知觉就可能长期得不到丰富的刺激，导致能力发展上的不平衡状态。

经过一个多月的"视—动统合训练"，文文的字写得工整多了，还经常得到老师的表扬。

孩子学习差并非全是态度问题。现实中，许多家长与其说是不了解学习能力构成的基本原理，还不如说是不愿意接受孩子在某方面能力落后的现实。由于他们被孩子某一方面的突出能力所掩蔽，从而坚信孩子是聪明的，是没有缺憾的，并武断地认为孩子学习成绩不好，是因为孩子的学习态度或动机上存在问题，并一味地责怪孩子不努力，结果不仅使孩子产生厌学情绪，更可能使孩子的原有问题更加恶化。

如果有与文文类似问题的孩子，家长不必焦急，因为大多数智力正常、学习能力落后的孩子是可以通过能力训练来补救的，最主要的是要找准问题的所在，并且是越早训练，疗效越好。

一、学习障碍儿童的主要表现

（一）感知觉障碍

学习障碍儿童的感知觉障碍是造成儿童学习能力不足的重要因素，它主要体现在以下方面。

1. 视觉—空间知觉障碍

患有此类障碍的儿童，缺乏精确的视觉辨别能力，致使不能把背景与需要认识的物体区分开来，严重影响对世界的认知；难以区别形似的数字或者文字，不能正确区别笔画的长短、多少，如"人"与"入""上"与"下""大"与"犬""6"和"9"等；难以理解词语所表达的位置顺序，如不能区别前后左右。此类儿童，在阅读时也发生困难，因为阅读主要依靠视觉辨别能力，困难主要表现在手指触觉辨别困难，精细协调动作困难，顺序认知障碍，计算和书写障碍。患有此类障碍的儿童有明显的文字符号镜像认知现象，如把 p 视为 q，b 视为 d，m 视为 w，6 视为 9 等。学习数学或计算时忘记进位或错位，数字顺序颠倒，数字记忆不良，从而导致认不清数量关系和应用题计算困难。同时，视觉方面的障碍也使得视觉信号无法正常传入中枢，从而产生空间知觉不良，方位确认差，判断远近、长短、大小、高低、方向、轻重等能力差。

2. 听觉功能障碍

患有此类障碍的儿童一般听力正常，但常常伴有一种或数种听觉功能缺陷，如不能区分混合嘈杂的声音、即刻的声音记忆能力差或难以区分音高和音调等，造成儿童语言理解与表达能力差，比如不能区别"同志"与"通知"，不能区别近似的"an"和"en"，不能理解长于 5~6 个词的句子等。

3. 知觉转换障碍

知觉转换指的是由一种知觉转换到另一种知觉上，它是人类认知世界和应对外界刺激的重要生理基础，对于学习和生活都有重要作用。比如，语文课上的听写就需要把听觉语言转换成视觉文字。学习障碍儿童认识外部世界的感知觉通道比较单一，不能自如地在各种知觉之间转换，因而造成学习能力低下。

4. 注意力集中障碍

一般来说，注意力集中障碍往往和多动行为障碍伴随在一起。患有此类障碍的儿童表现出难以置信的多动，他们根本不能控制自己的行为，因此很难集中注意力来做一件事情，可以说，由多动行为障碍引起的注意力集中障碍，这是恶性循环。多动导致个体不能认真听讲，从而学习成绩低下，渐渐对学习的兴趣越来越小，于是注意力更难集中，多动行为更多，导致儿童学习障碍的产生。需要指出的是，并非所有学习障碍儿童都伴有多动行为，即使没有多动行为的学习障碍儿童也同样存在注意力集中障碍。

（二）精细动作障碍

精细动作障碍主要是指学习障碍儿童的小肌肉群动作能力差，他们不能自如地做各种灵巧的动作，表现为动作笨拙，写字与绘画能力差，系不好纽扣和鞋带等。

（三）语言发展障碍

语言发展障碍包括语言迟滞和语言缺陷两个方面。有语言迟滞的儿童可能根本不会与人交谈，或只能用非常有限的语言与人交谈。有语言缺陷的儿童则能够与人交谈，但常常语无伦次，用词不当。可以形象地说，如果一个 4 岁的儿童还不会说话，那么这个儿童就属于语言迟滞，如果一个 5 岁的儿童说话时常语无伦次，那么这个儿童就有语言缺陷，具体表现在以下几个方面。

1. 语言理解困难

此类学习障碍儿童听力正常，但是语言理解能力低下，常常是听到他人谈话没有任何反应。当家长或者老师和学习障碍儿童说话时，儿童往往置之不理，容易被视为不懂礼貌，其真正原因是儿童听不懂家长或老师的话。

2. 语言表达障碍

此类学习障碍儿童学会说话时间比较晚，发音有明显困难，开始说话时常省略辅音，语句里少用关系词。个别儿童可能言语理解良好，但是语言表达有困难，有的即使能说出少许单词，也可模仿说出单音，但不能模仿说出词组，而且缺乏节奏感。有的儿童可自动反射性说出一两句短句，但随意性强、目的性差，有口吃、语调缺乏抑扬、说话时伴有身体摇晃、形体语言偏多等表现。尽管如此，学习障碍儿童还是会常喋喋不休或多嘴多舌，喋喋不休往往是儿童为寻求其他人关注和理解而采用的一种手段。

3. 阅读障碍

此类学习障碍儿童阅读书籍时，表现为遗漏文字、增字、语塞、语速太急、字节顺序混乱、漏行、阅读和书写时视觉倒翻、计算时位数混乱和颠倒等；默读书籍时不专心，易用手指逐行指读；若是拼音可整体读出，但不能分读音节；不能理解文字所描述的事情的因果关系，也不能准确地把名称和物体对应起来。

4. 书写困难

此类学习障碍儿童缺乏精细动作能力，手指技能笨拙，写字丢偏旁部首，潦草难看，涂抹过多，错别字多，字的间架结构掌握不好。

(四) 情绪障碍

情绪障碍是指伴有情绪障碍的学业障碍。情绪障碍主要表现在：

其一，适应性行为差或者说是行为不成熟，比如行为动机低下、缺乏兴趣、强迫性行为等。

其二，表现在个性问题上，如过于敏感、自我意识缺乏、自信心不足、恐惧和焦虑、自卑感强等。

患有情绪障碍的儿童伴有继发性情绪问题，如课堂上骚扰他人，攻击或恶作剧，社会适应和人际关系不良，品行较差等。国外研究发现，情绪障碍患者中左撇子比率高，并且过敏性体质者居多。

还有部分儿童有人格障碍，主要是指人格方面的不良因素干扰和妨碍了儿童进行有效的学习，主要表现为退缩、偏执和过度焦虑等。

(五) 行为障碍

学习障碍儿童常见的行为障碍主要是多动行为，多动行为是以注意力集中困难，行为具有冲动性和活动过多为特点的一种行为障碍，它直接影响了儿童的学习活动。儿童的多动行为有着各种表现，并且受年龄、个性特点、所处环境等因素的不同而又有所不同。

二、学习障碍产生的原因

普遍认为学习障碍是多种因素综合作用的结果。到目前为止，关于儿童学习障碍产生的原因有如下一些研究成果或认识。

1. 生理因素

①儿童在胎儿期、出生时、出生后由于某种病伤而造成轻度脑损伤或轻度脑功能障碍。②遗传因素。有些学习技能障碍具有遗传性，如儿童的父亲、爷爷或其他亲属可见到类似情况。③身心发展落后于同龄儿童的发展水平。乳牙脱得慢、走路说话迟、个子特别矮小等；感觉器官功能的缺陷或运动协调功能差。④身体疾病。儿童若体弱多病，经常缺课，会使得所学的功课连续性间断，学习的内容联系不起来，自然会导致学习困难；有的儿童上课小动作多，或存在注意缺陷，不能集中注意力，也会导致学习困难。

2. 环境因素

①不良的家庭环境。由于父母长期在外工作或家庭成员关系紧张等原因，使儿童从小就未得到大人充分的爱抚，特别是缺乏母爱。②儿童在幼年时未得到良好教养，在儿童早年生长发育的关键期，没有提供丰富的环境刺激和教育。③不适当的学习内容和教育方法使儿童产生厌学情绪。有些父母望子成龙、望女成凤心切，他们不按儿童的身心特点进行教育，常在教育的内容、方式、方法上违反教育规律，如学前儿童小学化，小学生初中化等。

3. 营养与代谢

研究证实，儿童学习困难与营养代谢相关，某些微量元素不足或膳食不合理、营养不平衡均可影响智力发育。过去人们认为碘摄入不足影响儿童智力，锂元素影响儿童的性格特征，进而影响学习。现有研究表明，微量元素中锌、铜的含量也有影响，学习障碍儿童中微量元素锌、铜的含量显著低于正常儿童，而铁也是影响儿童学习效果的重要因素。

4. 心理因素

儿童学习障碍与心理因素密切相关，过去已有认识，近来大量研究得以进一步证实，学习障碍儿童存在普遍的心理问题。普遍观察得到的结果是学习障碍儿童学习动机水平低，学习动力不足，学习兴趣差，情绪易波动，意志障碍、认知障碍、自我意识水平低等。

5. 学校因素

在儿童期，老师对儿童的影响力逐渐增强，他们在儿童心目中的地位逐渐升高。在学校，老师的言行、教学水平、自身素质等都会对儿童学习产生很大影响。对于一些学习不好的儿童，老师往往没有足够的耐心，对其评价较低，甚至不闻不问，认为无药可救。老师将更多的精力放在那些成绩优秀或者聪明、讨人喜欢的儿童身上，忽视学习不好的儿童，对其心理产生很大影响，使得儿童对老师产生排斥心理，最终演变成学习障碍儿童。

=== 提 示 ===

近年来的科学研究显示，学习障碍是由于小脑发育迟缓造成的，小脑功能若无法有效发挥，将导致各类的学习障碍。因为每一个人的小脑发育程度不同，所以每个人学习障碍的症状也不会完全相似，症状也常常相互重叠。

由于小脑是学习过程中重要的讯息处理中心，能将我们的能力"自动化"。有了自动化功能，日常生活中的许多事物和技能，在我们学会后是我们不假思索就可以直接做出来的。一旦小脑无法有效自动化运作，每做一件事都要重新学习，那就很可能让阅读书写、动作协调、人际关系等这些一般人都轻易可学会的生活技能变成困扰，甚至变成灾难与噩梦，不论怎样奋斗挣扎，却总是陷在一筹莫展的困境。

三、学习障碍儿童的诊断

（一）学习障碍儿童诊断的项目

（1）医学诊断。对儿童的生长发育史、病史、家族史进行了解，并对其进行神经科、眼科和耳科检查，以诊断可能导致学习障碍的原因。

（2）心理诊断。使用心理测验量表，对儿童作出恰当的评估。常用测量工具有伊利诺心理语言能力测验、符洛蒂斯视知觉发展测验、词汇发育检查、智力量表等。

（3）教育诊断。主要是为了了解儿童在学业方面存在哪些障碍，如总体学力水平低还是读、写、算等某方面存在困难。

（二）学习障碍诊断的主要方法

学习障碍诊断的主要方法涉及收集有关信息的手段与来源。一般而言，学习障碍诊断是在家长或教师怀疑儿童具有学习障碍的情况下进行的。受过专门训练的医学工作者、心理学工作者与教育工作者是诊断的主要实施者，他们以儿童的自我报告、家长与老师的观察以及运用一定的测量工具进行全面的测评为基础进行诊断，主要采取以下方法。

1. 神经系统检查

根据对学习障碍病理机制的神经系统异常假设，医学界在诊断时首先要对儿童神经系统的结构与功能进行检查。检查方法有 CT、MRT、脑电图、双耳分听等，重点放在确定儿童有无皮质异位，对称性改变等。除此之外，有时也运用"软性神经系统检查"，这一方法不需要特别仪器，而是通过检查儿童的特定动作来发现其神经系统是否正常。常做的检查包括：①实体觉试验；②对指动作试验；③指鼻实验；④两臂伸展试验；⑤翻手实验等。

对学习障碍儿童神经系统的检查可以提供神经系统结构与功能有无异常的信息。但是由于现有技术的局限，可能发现不了实际存在的异常，或者无法与多动症等其他有关神经系统异常的病症区分开，因此这种诊断方法的作用是相当有限的，它往往仅作为参考信息的来源供研究者使用。

2. 了解个人既往史

由家长和老师报告儿童的生活史、病史与学校表现，内容可以涵盖儿童生活背景与以往发展的广泛信息。通过结构化和半结构化的访谈、问卷，可以向家长了解家庭其他成员有无学习障碍问题，还可以了解该儿童的孕产史，该儿童学会独坐、行走、大小便控制、说话等的年龄、健康状况（有无发高烧或特殊事故的经历）等。另外还可以从父母、老师、同伴及有关档案中收集儿童社交情况、兴趣、对学习的态度，有无跳班或留级，有无转学，对学校的态度及以前是否受到过特殊学习辅导等情况。以上这些个人既往史可以给研究人员提供儿童发展的整个过程的信息，是诊断的重要参考，也是探查儿童有无潜在学习障碍的一种常用方法。

3. 行为观察法

行为观察法是以儿童外显的具体行为为对象进行连续性观察、记录及评价。实施者主要是家长和老师，他们可在日常活动中进行，有时也由儿童自己在一天的某些时间对某些行为进行记录。行为观察法有两种形式：一是行为评定表法；二是应用行为分析法，直接评价儿童在特定领域的实际表现。

4. 标准化量表测验法

这类方法是目前在学习障碍诊断中运用最为广泛的方法。由于它以常模为基础，对个体差异相对不敏感，因此在运用有关结果时务必谨慎。采用标准化量表测验法，可以对儿童的智力、心理过程、学业成就、特定学习技能进行评价，以发现其是否偏离常态。

四、学习障碍儿童的治疗措施

━━ 咨 询 ━━

　　一位家长咨询：老师说我的孩子存在学习障碍，我也不懂什么是学习障碍，只知道孩子学习吃力，成绩不好。请问：怎样才能克服学习障碍？

　　儿童学习障碍的早期预防和早期干预十分重要，前者包括加强卫生期保健，做到优生优育，防止烟酒毒品等有害物质的侵害，正确开展早期教育。后者在于一旦发现儿童有语言或供需类学习问题时及时就诊，指导家长改进养育条件和方法，尽早进行心理咨询与指导。有些学习障碍儿童的父母（尤其是母亲）容易陷于长期担心和慢性焦虑，易受其影响进而采取不适当的教养方式，因此，及早对家长开展心理咨询与辅导也是防治儿童学习障碍的重要环节。

　　矫正儿童的学习障碍，是一项专业性和实践性很强的高难度教育任务，它需要老师在摒弃偏见、倾情关注的前提下，在心理健康教育理论与技术的指导下，针对儿童的障碍类型与程度，给予科学、及时、有效的矫正性辅导。

　　1. 早期诊断早期治疗

　　其目的在于防止这类儿童因基本学习能力缺欠而出现丧失自信、自我评价低下、情绪障碍等继发性障碍。尽早了解生育史异常的儿童，及时入手对这类儿童进行发育评价和平衡性运动训练，并且对那些高危儿童（如早产儿、难产儿、高烧痉挛史儿童、癫痫儿童、产伤史儿等）的家长及时进行心理咨询与辅导。

　　2. 预防为主

　　导致儿童学习障碍的原因多而复杂，要做到防范一切致病原因并非容易，但许多围生期的诱因已明确，有些可做到"防患于未然"。出生后如能早期诊断，早期干预，亦能得到事半功倍的效果。

　　3. 鼓励学习障碍儿童提高自我效能感

　　对儿童自身来说，学习障碍儿童心理健康比一般儿童的心理健康水平要低，这是由于儿童学业成绩本身落后，社会家庭、自身对这种表面成绩落后而导致的偏见会给儿童造成心理上的负担。学习障碍儿童本身的情绪经常是低落的，伴随着会在某一方面或者某几方面存在缺陷，自信心丧失，与同伴不能保持良好关系时，会使学习障碍儿童自我封闭和孤独感上升。研究表明，当学习障碍儿童在其他方面有一技之长时，学习障碍儿童会对自己的评价良好，所以，引导孩子自我效能的提升是非常必要的，让学习障碍儿童去取悦自己是自我效能感提升的第一步。

4. 选择适宜的治疗方法

学习障碍儿童有自我意识不良，缺乏自信，易放弃努力等特征。要根据其认知特点及发展水平确定治疗教育计划，前提是务必理解接纳他们，强化其自信心，预防其自我低评价，尤其关注其易感失败的地方，超负荷的训练矫治有百害而无一利，故忌高起点、超负荷的训练。要求综合治疗，争取家庭和学校的协调，始终要求父母的参与和介入。

5. 父母要有耐心和持之以恒

学习障碍儿童的行为和不适状态往往是"冰冻三尺，非一日之寒"，有些甚至可持续到成年期。因此，父母一定要有耐心，要持之以恒，切忌急于求成。

6. 开展矫治训练

①手眼协调训练：如划消实验、触觉辨认训练、电脑操作训练、手语训练、视动训练、书法训练、运动等。②视觉分析训练：半视野速示训练、Neker立方图辨认、点状图定位训练、结构图辨别训练、重叠结构辨认、方向辨认训练、物体体积面积判断训练等。③结构化训练：如知觉训练、视觉理解训练、电脑训练、书写训练、意义理解训练、正确发音训练、注意力（自控）训练等。④感觉统合训练：学习障碍儿童常伴有感觉统合失调，可以通过感觉统合功能训练来进行矫治。感觉统合训练是通过特殊研制的器材，以游戏的形式对儿童进行一系列的行为和脑力活动强化训练，使大脑能将训练中接受的各种感觉信息进行综合处理，并做出正确决策，提高注意力、自我控制能力、组织能力等。⑤学习能力训练：学习能力训练是建立在儿童心理学和儿童教育学的基础上，从注意力、记忆力、运动能力、口语表达、阅读写作、数学计算、概念理解、逻辑推理以及有效的学习策略等项目入手，通过专业教师耐心指导，使孩子的学习能力得到提高。学习能力训练还包括了对语言发育障碍（发音错误、口语表达明显低于实际年龄、语言了解困难）、孤独症（社交、语言能力异常，伴随刻板的重复活动）等儿童的训练。

7. 医疗保健机构的干预方法

医疗保健机构的干预常规程序包括：①制订个别教育计划。②进行个别指导计划。③在普通学校建立特殊教育班级。④时间概念的教育训练。⑤中期效果评估等。

具体矫治方法包括：①感觉统合疗法。②行为疗法。③正负强化。④游戏疗法。⑤社会技能训练。⑥理解规则训练。⑦结构化教育训练等。

8. 心理咨询

学习障碍儿童中大多数对学习无兴趣、求知欲低，经历失败的机会较多，容易形成自卑、自信心不足等不良的自我意识，因此，心理支持非常重要。通过心理咨询可调整他们的情绪，激发学习动机，改善自信和人际关系，培养良好的性格。此外，这类儿童的家长也可能存在焦虑情绪，并采取不合适的教养方法，这也是不容忽视的问题。

9. 运动治疗方案

如果被诊断出有读写困难、动作协调困难、注意力缺失、多动症或有相关症状，很可能就是小脑发育迟缓，以运动刺激小脑的自动化机制，能重新自我塑造扩充脑神经通路并促进链接，改善脑部管理阅读、书写、注意力、动作协调等特定区域的效率，而且一旦改善后，就不会退步。这种脑部生理特性改变的可能性，称为"脑神经细胞的可塑性"。

=== **心得分享** ===

收集一个关于学习障碍儿童的案例，分析其产生学习障碍的原因，并提出指导意见或建议。可将案例发送到课程邮箱。

第二节　心理障碍儿童的家庭教育

儿童心理障碍指在儿童期因某种生理缺陷、功能障碍和各种环境因素作用下出现的心理活动和行为的异常现象。一项由德国联邦青少年心理和精神保健协会开展的最新调查发现，在 7～16 岁的孩子中，有心理障碍者占 20%，注意力缺陷——多动症、抑郁和焦虑等心理障碍在孩子中具有普遍性，而且，在 7 岁以下的幼儿中饮食、语言、睡眠等心理障碍也越来越严重。这说明，儿童的心理障碍比想象中要普遍得多。

=== **咨　询** ===

家长咨询：我儿子上小学三年级，不知何故，近来频频要求换座位。老师一开始在他的要求下为他换了几次，可这孩子还是一次又一次地闹着要求换座位，而且学习成绩大幅度下降。老师没办法，便打电话告诉了我。我只知道我儿子有些腼腆，不善于交往，总说自己交朋友不行，这样频繁的要求换座位是有什么问题吗？该不会是小儿多动症吧？

孩子频频要求更换座位，确实心理出现了问题，心理学家将这种表现说成是"同桌恐惧症"。追溯缘由，可能是孩子从小与父母及外界缺少交流，导致孩子性格内向，以后在成长和心理发展过程中又缺乏足够的社会化锻炼，从而造成了目前这种见人即有自卑感的倾向。

自卑是一种因过多地自我否定而产生的自惭形秽的情绪体验。自卑感人人都有，只有当自卑达到一定程度，影响到生活、学习和工作的正常进行时，才归之为心理疾病。自卑主要来源于心理上的消极自我暗示，如现实交往受挫，生理上的某些缺陷，对自我智力的估计过低，对性格与气质的自我评价失衡等。在人际交往中主要表现为对自己的能力、品质等自身因素评价过低，心理承受能力脆弱，经不起较强的刺激，谨小慎微、多愁善感，常产生疑忌心理，行为畏缩、瞻前顾后等。

由此可见，频频换座位的孩子是对自己没有信心，即自卑、羞怯、紧张、恐惧等心理在作怪。为了消除孩子的这种自卑感，应该引导他主动与父母、同学、邻居等多交谈，多在班上公开发言，并多参加文体及社会活动，使他慢慢地消除羞怯、恐惧情绪，性格变得开朗。

一、儿童心理障碍的表现

（1）多动症。又叫轻微脑功能障碍，这是小学生中常见的异常行为之一，主要表现为注意力不集中，小动作频繁，情绪波动大，自我控制能力差，学习受到严重影响。

（2）抽动症。主要表现是身体某些部分经常出现不自主的、无目的的、重复的快速肌肉痉挛现象，如摇头、眨眼、抬脚、咬指甲等，而在性格上则表现为紧张、胆怯、自卑。

（3）焦虑症。指突如其来的没有明显身体原因的恐惧状态，具体表现为缺乏自信、过于敏感、食欲低落、无端哭闹等。

（4）恐惧症。对某些事物或情景产生惧怕和逃离的心理，如打雷闪电时极度紧张、害怕，见人时紧张、惊慌、呼吸困难，害羞是这类儿童的经常性表现。

（5）失眠症。儿童入睡困难，睡中不时惊醒、大声哭闹，甚至梦游四方，但白天回忆不起来，只觉得精力不足，情绪不稳。

（6）攻击症。这类儿童整日东奔西跑，经常搞恶作剧，喜欢讽刺挖苦其他人，对美好的物品毫不爱惜，摔打成为癖好。

（7）嫉妒症。对他人的优点和成绩难以容忍，看到他人成功比看到自己失败还要难受，常常诋毁他人。

（8）贪婪症。极端自私，一切以自我为中心，物质占有欲望强烈，根本不管公共利益和他人利益。

（9）懦弱症。心理水平低下，对外界刺激反应迟缓，遇事缺乏主见，甚至受到他人欺负也不会自卫。

（10）性过敏症。常被原始的性欲所左右，沉湎于性幻想之中，要么不敢与异性交往，要么无端袭击、戏弄异性，甚至强行发生性行为。

（11）自闭症。自闭症又称孤独症，其基本特征是在社交中表现出明显的不正常或交流技能受损，活动和兴趣十分狭窄，社会交往缺陷是其明显标志。发病于童年早期，性别比例严重失调，患病率男女比例为 2∶1 或高达 5∶1，每十万个儿童中就有四到五个患有自闭症。

（12）强迫症。指明知某种行为不必要，但又无法摆脱、反复呈现的行为（比如反复洗手、反复计数、反复整理书包等）或观念，常伴焦虑和恐惧。另有一些心理障碍儿童却不断地想一些问题，如 2＋2＝4 对吗？会不会等于 3，为何一定等于 4 而不是……这种多次重复想某个问题或做某些动作，称为强迫思想或强迫行为。

（13）抑郁症。典型的抑郁症表现为，当令人高兴的事发生时，儿童仍然没有积极的反应。除了情绪反应之外，非典型的抑郁症还需包括其他表现，如增加食量、增长体重、增加睡眠和行动迟缓。例如，典型的抑郁症有普遍失眠的表现，而非典型的抑郁症表现正好相反，这类儿童睡觉的时间比普通儿童更长。

（14）神经症。神经症是对一组心理障碍的总称，主要表现为持久的心理冲突，儿童觉察到或体验到这种冲突，并因之而深感痛苦且妨碍其心理功能或社会功能，但没有任何可证实的器质性病理基础。

（15）精神分裂症。精神分裂症是一种严重的心理病理形式，常有感知、思维、情感、行为、语言和交流等方面的障碍和精神活动的不协调，其特征包括思维和情感的分裂、明显的妄想或幻觉、显著的社会功能障碍。精神分裂症是以基本个性改变，思维、情感、行为的分裂，精神活动与环境的不协调为主要特征的一类最常见的精神病。本病一般无意识障碍和智能障碍。

（16）考试综合征。某些儿童在考试前或考试时极度紧张，表现为全身出汗、心悸胸闷、头晕头胀、注意力涣散，以致思维迟钝，原来熟记的内容一时无法"回忆"，致使考试失败。

二、儿童心理障碍产生的原因

之所以有这么多儿童有心理障碍，与儿童的出生经历及早期教育有关。从目前情况看，造成儿童心理障碍的原因主要有以下几个方面：

（1）胎教的影响。现在很多母亲给胎儿听胎教音乐，但已发现有些幼儿由于胎教时听觉刺激不适当，反而造成失聪。

（2）没有经过爬行训练的影响。现在2/3的城市儿童因过早地使用学步车等器具导致缺乏爬行训练。婴幼儿在爬行的时候，会努力抬头，四肢、手眼的协调能力得到训练，而没有经过爬行训练的孩子，长大以后可能会出现四肢、手眼协调性不高，注意力不集中，学习效率低等。

（3）缺少正规教育的影响。在幼儿园受过正规教育的幼儿，活泼、开朗、易合群、守纪律、讲礼貌，而家居幼儿因没有参加过幼儿园的正规教育，就会出现过分害羞、怕见人，在陌生环境中难以适应的情况。

（4）强制性学习的影响。现在有些家长有意识地让几岁的儿童背诗词、字典、地图等，有专家认为，儿童3岁之前，不应该进行这些机械记忆训练。儿童的大脑容量是有限的，3岁之前，应该着重发展儿童的适应能力、语言能力、想象力等，而不是机械记忆。

（5）不良教育方式的影响。一种方式是溺爱式，如家长对孩子溺爱迁就、百依百顺，使儿童形成骄傲、自私、任性等不良性格；另一种方式是专制式，家长采用打、骂、吓、关等教育手段，尤其是家长的教养态度对立，更会使儿童发生心理问题。

（6）家庭气氛的影响。家庭和睦程度越差，儿童心理健康状况越差。不和睦的家庭或父母离异，使儿童失去应有的爱抚，不知所措，容易使儿童形成自卑、抑郁、逆反、急躁等反常心理。

（7）独生子女生活空间狭小。独生子女由于家长过度保护，接触到同龄人的机会较少，身心得到锻炼的机会也较少，加上家长缺乏相关的儿童心理卫生知识，对儿童的心理问题视而不见，或不知如何正确引导儿童。

（8）科技快速发展带来的消极影响。儿童每天花在电脑、电视、影碟机、iPad（平板电脑）、智能手机上的时间越来越多。如果儿童过度沉溺于恐怖片、武侠片、电脑游戏甚至色情片，可导致其注意力不集中、不切实际地妄想，还可导致一些明显的个性缺陷，如暴躁、嫉妒、任性和狭隘等，情况严重的儿童可能产生幻觉，精神异常等。

（9）家长对儿童的期望值高。许多家长往往不考虑儿童的个体差异，让儿童不停地学习琴棋书画等各种技艺，过高的期望值往往使儿童身心负担过重，产生厌烦、逆反心理，对任何事情都失去兴趣。

（10）家长工作与收入变动。家长工作变动（特别是下岗）与收入降低，在许多儿童眼里认为是不光彩的事，他们不愿意让同学知道，内心惴惴不安，严重自卑。另外，家庭经济状况的突变，由家庭生活的变化波及儿童心理，会给儿童带来不稳定和不安全的情绪。

三、心理障碍儿童的家庭教育辅导

（1）准确诊断和及早治疗。特别强调"从0岁开始防治"，不仅观察心理障碍儿童本人，而且要调查心理障碍儿童的"全面环境"，找到发病原因，及早治疗。

（2）心理疗法和药物治疗相结合。研究表明，心理疗法和药物治疗同样重要。心理疗法与药物治疗各有所长，也有紧密的关系，二者相互促进，相互补充，如果能够相互配合，就能取得显著的治疗效果。

（3）采取各种辅助治疗手段。在对心理障碍儿童的诊疗中，如果医生与心理障碍儿童沟通不起来，可以让小动物来"帮忙"。在与小动物的接触中有助于降低血压，使心理障碍儿童达到一种放松状态。另外，还可以通过体育锻炼进行治疗。研究证明，体育锻炼能有效缓解儿童的心理障碍。

（4）对心理障碍儿童要有爱心和耐心。针对心理障碍儿童的具体问题要做具体分析，引导儿童多做有意义的事情，做对了要强化鼓励，使儿童得到快乐和满足，这样问题行为就会相对减少。另外，家长还要培养儿童的爱心和耐心，可采取陪伴儿童种植花草、蔬菜等方式，种植成功后可叫儿童拿去给同伴看，满足儿童的成就感，或者是采用儿童喂养小动物的方式，培养儿童的爱心。

（5）调动儿童的主观能动性。人和动物的区别就是人有主观能动性，即使是儿童有一些不能控制的行为，在和他说理、让他明白利害的情况下，他也会积极与自己的异常行为作斗争，关键是父母要让儿童行动起来，至少是互动，而不是自己瞎着急。

（6）忌过分宠爱儿童。不要认为宠爱就可以帮助患有心理障碍的儿童克服心理障碍，其实如果家长过分宠爱儿童，只会让儿童更加胆怯、粗暴、自私自利、无责任心，更不与其他人进行交流。

（7）要随时关注儿童的情绪。家长要针对儿童的具体问题，做出具体分析，有时候如果儿童过于顽皮或者安静，看是不是当时发生了令他不开心的事情，帮他找出原因，引导他走出消极情绪。如果儿童长期都是处于一种消极的状态，那就要留意他是否出现心理障碍了，要针对儿童出现的具体状况，经过分析后再进行调整。

（8）父母要营造温馨有爱的气氛。创造良好的家庭气氛不仅是矫正儿童异常行为的良药，也是培养儿童良好行为的温床。儿童只要在充分的爱和关怀的环境下成长，他的性格情操方面也会变得积极乐观，家长不能看到儿童做错什么事情就责怪他，父母之间吵架了也不能把脾气发泄到儿童身上。

（9）多带儿童去旅游。旅游可以扩展一个人的视野与知识面，而大自然美丽的环境也会让儿童的情绪变得平静，多出去旅游还可以让儿童多接触陌生人，儿童性格会更加开朗与热情。

（10）家长要善于引导。帮助儿童克服心理障碍，家长如何引导是关键。首先引导要有针对性，特别是针对病因和发病机制来进行；其次要有可行性，要考虑在儿童的发育进程和生活环境中所涉及的各方面影响因素、可利用的资源以及干预措施对儿童发育所带来的长期影响和后果。由于儿童的心理行为发育具有明显的阶段性和可塑性，早期发现儿童心理行为障碍，积极进行干预治疗，可最大限度地改善预后，从而提高儿童乃至成年后的生活质量。

第三节　独生子女家庭教育

独生子女，是指没有兄弟姐妹的孩子。独生子女的家庭教育问题，在我国当代的家庭教育工作中已成为一个十分突出的问题。总体来看，我国独生子女家庭教育的基本状况是好的，但是也存在着许多令人担忧的问题：一是期望值偏高；二是教育方法不当；三是相当一部分独生子女家庭陷入溺爱的误区；四是部分家庭采用专制型教养方式；五是有的家庭对孩子放任自流。

━━ 咨 询 ━━

孙老师咨询：图图是一位男孩，独生子，家庭条件比较优越。自孩子出生就成为家里的焦点，家里人都希望他长大后能有一番成就，能够扬名立万，为家族争光。这个孩子自一年级入学的第一天，就暴露了一些问题。首先孩子是爷爷奶奶送到学校，再送到班级，爷爷背书包，奶奶拿着早餐，到了教室后，图图还是要爷爷奶奶在门口陪护，他不和其他孩子说话和玩耍，就是孩子的作业本，也要奶奶帮他收拾好。一个星期了，每天奶奶都在教室门口守候，否则孩子中午回家后，下午便不再来上课。老师发现这个情况后，及时与图图的爷爷奶奶沟通，并单独找图图谈心，鼓励图图自立。虽然图图不用奶奶天天在教室门口守候了，但别的方面变化不大。

　　图图的情况引发的思考：应该如何教育独生子女呢？

　　图图为什么有着这么多的问题呢？首先，家长没有从小培养孩子的自理能力、独立意识，认为孩子还小，总是想着帮着孩子做事。殊不知，这样容易让孩子养成依赖心理和生活惰性。其次，过分溺爱，随意在生活中满足孩子的无理要求，不论孩子做事对错与否都给予满足，从而使孩子自我意识过强，长此以往，会形成自私自利的性格特征，孩子当然会缺少明辨事理的能力。

一、独生子女的成长优势

1. 充分的爱抚和关怀

　　独生子女在家中常常感到自己是被人热爱和欢迎的，有着强烈的归属感和安全感，这是独生子女心理健康良好的基础。因此多数独生子女情绪愉快，性格活泼，朝气蓬勃，容易树立积极向上的心理。

2. 较优裕的物质生活条件

　　现代独生子女的家长们认为自己只要舍得投资，就会有收获，于是家长们不惜耗费重金和精力，可以说，独生子女在经济、物质上往往得到优先的、可靠的保证，在食品、服装、图书、玩具和学习用品等各方面，一般比非独生子女优裕。就是经济条件较差的家庭，也因为只有一个孩子，总是尽量满足孩子各方面的需要，这为孩子的发展提供了可靠的物质保证。

3. 重视对孩子的家庭教育

　　在少子化时代，家长们"望子成龙，望女成凤"的愿望比之多子女时代更为强烈，对独生子女的教育特别重视，再加之年轻的父母文化程度都较高，对教育有很好的认识和把握，家长们都愿意花较多的时间和精力对孩子进行早期教育，开发孩子的智力。即使家长的工作再忙，也要安排时间开阔孩子的视野，培养孩子多种多样的艺术兴趣，带领孩子参观游览，解答孩子的各种问题，陪孩子游戏，教孩子背诵诗歌，学习计算机，等等。因此，多数独生子女的知识面比较广，记忆力比较强，思维也比较活跃。

二、独生子女家庭教育的误区

1. 溺爱孩子

＝＝＝　案　例　＝＝＝

　　一个三口之家有一个正读初三的独生女，家长对这孩子从小娇生惯养，从不让她做一点家务事，唯一的希望就是让孩子有一个好的前程。临近中考的日子，父母更是关怀备至，端饭、沏茶、削苹果，全由家人包办。久而久之，女儿认为一切理所当然，天遂人愿，女儿最终总算考上了理想的高中。某天早晨，母亲由于身体不适，便叫女儿把放在床前的尿盆端去倒掉。面对母亲对女儿的第一次要求，女儿先是感到惊讶，又犹豫了许久，最后才很不情愿地端起尿盆往外走去。一会儿，女儿端着尿盆回来了，母亲一看，还剩下半盆尿未倒，便问是怎么回事。谁知女儿振振有词地回答："这些尿不是我尿的。"

这个故事听起来似乎有些荒唐，但确实是有些独生子女现实生活的写照。它告诫人们：如果父母娇宠子女，就会自酿苦酒。事情的危害性还远不止于此，更可怕的是，如果孩子从小只会躺在家庭的温床上享受爱的温暖，就不懂得自己也应该将爱献给父母、家庭，更不用说社会了。家长可以想一想，如果父母的爱换来的是这样一种可怕的结果，那是多么可悲地违背了我们养育子女的初衷？孩子长大走向社会，又将如何对待他人，奉献社会？

时代在改变，由于计划生育政策，大多数家庭只有一个孩子，孩子一直处于整个家庭的呵护和疼爱之中。哪怕有些家长并不娇惯孩子，但生活条件的改善和环境的优越无形地让孩子们产生了自我优越感。溺爱是一种低本能的爱，真正的爱是教会孩子做人的道理，教给孩子生活的本领，而不是包揽一切生活琐事，甘当孩子的"奴才"。那些饭来张口、衣来伸手的孩子，总以为今天拥有的一切都是理所当然的，不知他的幸福生活是建立在父母长辈辛苦劳动的基础上的。有的家长溺爱孩子甚至达到极端的地步，从接送孩子上下学、帮孩子背书包、每天送中饭、中学陪读，直到大学陪读，到孩子结婚的时候，家长都恨不得把自己也陪嫁出去。

溺爱，往往是以爱为出发点，以溺——沉没为终点。为了避免溺爱造成的恶果，家长要在孩子成长中教育孩子学会感恩，最终使孩子成为一个有道德、能自立的人。

2. 期望过高

在少子化的当代，家长特别重视子女未来的发展，因而对子女的期望普遍较高，而独生子女的父母对子女的期望相对更高，由于"独生"，家长把所有的希望都寄托在独生子女身上，往往对孩子提出一些不切实际的要求，给孩子造成很大的压力。

3. 重视分数

许多家长把分数当成智力发展水平的唯一尺度，也当成衡量孩子学习能力强弱的标准。孩子考试成绩好了，家长心情自然好，孩子考试成绩不好，家长的心情就一落千丈。所以，一些家长为了孩子从小拿高分，采取了许多办法，"学而优则奖"已成为许多家长鼓励孩子学习的常用手段，而"学习至上，成绩至上"也成了孩子追求的唯一目标。

4. 忽视心理问题

许多家长对孩子心理健康不敏感、不重视，对心理知识知之甚少，无法了解孩子的心理需要，对孩子的心理隐患也不知如何预防、消除。心理障碍是影响孩子健康成长的绊脚石，如厌学、焦虑、恐惧、抑郁、自卑、妒忌、多疑、逆反、孤独、上网成瘾等，这些心理问题应引起家长的高度重视。

5. 忽视做人的教育

只用专业知识教育人是不够的，缺乏品德教育这一课，将是孩子一生中无法弥补的重大失误。无论家庭状况如何，也无论孩子先天禀赋如何，每一位家长都一定要把品德教育贯穿在家庭教育的始终。学做人是孩子未来是否成才的第一课，道德水平是决定孩子未来人生成败的关键。教会孩子如何做人，是家长在教育孩子成长过程中的首要任务。

6. 不根据孩子的特点因材施教

孩子的发展有各自独特之处，存在个体间的差异：有发展速度的差异，思维类型的差异，兴趣爱好的差异等。有的家长不研究自己孩子的特点与长处，不对孩子因材施教，而把家庭变成学校的"分校"，家长本身则充当了老师的"助教"，结果孩子的潜能和智力强项不但没有得到发挥，还逐渐丧失了学习的主动性与积极性。

7. 忽视精神需求

养育孩子分为物质和精神两个方面，作为家长，虽然在物质上保证孩子生存的基本条件是其基本职责，但丰富孩子的精神生活也是家长应尽的义务。许多家长都在努力提高孩子的物质生活质量，怕孩子没钱花，怕孩子吃不好、穿不暖，怕孩子吃苦，拼命为孩子积累财富，导致家长过多地关注孩子的物质生活，而忽略了孩子的精神生活。在实际生活中，家长运用金钱或实物奖励孩子的比较多，重视精神鼓励的比较少，这是很不可取的。

8. 批评多于表扬

许多家长对孩子优点的表扬往往轻描淡写，甚至视而不见，对孩子的缺点却揪住不放，导致对孩子的批评多于表扬。家长只盯住孩子的缺点，专门挑毛病，他们以为，如果孩子把缺点都改正了，剩下的就都是优点了，这样做，结果往往适得其反。

三、独生子女存在的问题

1. 不懂感恩

家长把所有的爱和关注都放在孩子身上，容易让孩子变得自私、蛮横，不懂得感恩。孩子对于其他人的付出、给予有可能会认为理所当然，对家长的辛劳习以为常，漠不关心。其实，不懂得珍惜幸福，不懂得感恩，并不是孩子的错，而是家长没有对孩子进行感恩教育造成的。

2. 独立性差

由于家长，尤其是隔代老人的过度保护，除学习活动之外，孩子在家中几乎没有什么动手机会，过着"衣来伸手，饭来张口"的生活，这样一来，将严重打击孩子的自信心：孩子觉得自己离开了大人的照顾，就什么都不会做，无法生活，他们从心里觉得自己能力低下。

3. 耐挫折性差

耐受挫折，就是对挫折的忍受能力。现在我们常常看到媒体报道，有些人因为对挫折的忍受能力差而灰心、抑郁甚至去自杀。这个特征在独生子女这一代身上已经显现，尤其在"独二代"身上更加明显。

4. 娇气和任性

由于家里只有一个孩子，家长也有精力去疼爱孩子，即使年轻的父母为了工作无暇顾及孩子的生活起居，但还有孩子的爷爷、奶奶、外公、外婆等，常见的是一家人围着孩子转，千依百顺，要啥给啥，有求必应，家长心甘情愿受孩子支配，孩子的一切事情都由大人包办代替，这样孩子便不知不觉地变得娇气和任性了。

5. 唯我独尊的心态

由于独生子女受众人的疼爱和呵护，很容易产生唯我独尊的心理。家长过分关心孩子的吃、穿、住、玩，想尽办法让自己的孩子在物质上不比别的孩子差，家长的虚荣心助长了独生子女的优越感，使孩子觉得自己与众不同，产生了高人一等的思想，凡事必须以"我"为中心，这样对孩子来说，从小在他的脑海中就缺乏"谦让"的意识。

6. 自私行为

在独生子女的家庭中，任何东西没有其他兄弟姐妹和他共同来分享，如玩具一个人玩，吃的一个人吃，所以，独生子女缺少和同龄人共同生活的经历，也缺少友爱互助的精神，这就会养成孩子自私自利的行为。一旦他加入集体生活，就必须学会与人分享，突如其来的变化，会使孩子一时难以适应。

7. 依赖心强

由于独生子女受到家长过度的呵护，摔倒了会有家长来扶，肚子饿了会有家长帮忙准备食物，一切事情都由家长来包办与代替。这样孩子必然产生很强的依赖心理，遇到事情首先想到的是求助于他人，而不主动去思考自己该如何想办法来解决，这对孩子今后适应社会形成了无形的障碍。

8. 逆反心理

由于家长对孩子百依百顺，所以娇宠惯了的孩子难以接受家长说"不"字，一旦家长满足不了孩子的要求，或者不顺从他的意愿，他就很容易形成有意违反家长意愿的逆反心理。

9. 社会缺失

对于只有一个孩子的家庭来说，一方面孩子从小缺少同伴，孤单长大，容易以自我为中心；另一方面，等将来孩子长大了，就要面对一个人养两个老人，夫妻两个人养四个老人的情况，给孩子的事业、生活带来很大的压力与困难。

10. 人际关系能力差

独生子女没有兄弟姐妹共同生活，使得许多孩子不善于团结，不善于同情，不善于竞争，不善解人意，不尊重他人，缺少助人为乐的品质。不少独生子女在人际交往上存在孤独、任性、不合群等特点。事实上，绝大多数独生子女都渴望和同龄人建立友谊，可惜的是，孩子们不能常凑在一起，因为几乎每个孩子都有家长给报名的兴趣班，想一起游戏而时间上常常不能一致；好不容易凑在一起，时间又太短了，没玩儿一会儿就被叫回家了。在孩子与同伴的交往中，常被家长所控制，如刚与同伴有了争执，不等孩子自己解决，家长就会参与到孩子们的矛盾中；刚与同伴分开，家长就一个劲儿地询问刚才和同伴发生了什么，介入孩子与同伴的交往之中。由于缺少足够的时间和空间让孩子们自己去磨合，去摸索自己与他人的相处之道，独生子女在与同龄人交往时往往会表现出不适应或交往能力较差的特点。

━━━　心得分享　━━━

收集一个关于独生子女教育的案例，分析独生子女在教育过程中存在问题的原因，并提出指导意见或建议。可将案例分析发送到课程邮箱。

四、独生子女家庭教育建议

1. 更新家庭教育观念

观念是行为的先导。家长的教育观念影响其教育态度、教育期望和教育方式，进而决定其教育行为和教育效果，对孩子的发展产生长期的效应。家长要树立"天生我材必有用"的思想，尊重孩子的兴趣与天赋，不以分数论英雄，教育重在理解与包容等科学的教育理念，在教育子女的过程中构建适合社会发展的亲子观、教育观和成才观。

2. 对孩子进行感恩教育

感恩教育的起点是让孩子学会分享。家长要把分享教育贯穿在生活的细节中，没有必要等到特定的时刻，或有长辈在场，才想到让孩子去分享，而是应该告诉孩子，无论是家里的饭菜，还是社会上的公共设施，都不能独占。感恩教育的关键是家长要让孩子学会孝顺，从小就让孩子知道要回报家长的爱，家长还要接受孩子的回报，让孩子从小事做起。比如，给家长倒杯水、为家长做次饭等。孩子入学后，家长不妨试着让孩子写感恩日记，记录自己所感恩的人和事物，让孩子从日常生活中学习感谢他人的帮助与付出，从中学会感恩。

3. 加强孩子与同伴之间的友好往来

鼓励孩子到同伴中去，儿童社会性的发展是要通过他们之间相互的交往而实现的。大多数孩子是喜欢集体生活的，特别是游戏，通过集体生活教育他们尊重他人，不执拗任性，与同伴友好相处，互相商量，学会交往、友爱、礼让、关心等，这些是孩子独自一人在家里所学不到的。因此，家长要放心地让孩子到同伴中去锻炼，培养他们强烈的自主精神，这种能力将会随着他们的成长迁移到他们未来的生活和学习中去。

4. 适当进行吃苦教育

独生子女身上大多存在着娇气，克服这种"娇气"的办法，是在实际生活中让孩子吃一些苦。因此，在物质方面，家长不要提供太优越的条件，除了让孩子做一些家务之外，家长也可以有意识地设置一些障碍和困难让孩子去锻炼，如在冬天的早晨，与孩子一起去菜市场排队买菜，使孩子体会到家长的辛苦。这种有意识地让孩子吃一些苦的做法，对教育好独生子女是非常必要的。从小让孩子吃一些苦，正是为了使孩子将来不怕吃苦，能够经得起各种艰苦环境的磨炼。这样，孩子就容易形成自立、自强、坚定的信念，坚忍不拔的毅力和良好的心理素质。

5. 不要让孩子特殊化

独生子女只是家庭的一名普通成员，虽然很多家庭以孩子为中心，但是实践证明，这样对孩子成长是极为不利的。对孩子百依百顺、迁就娇纵，会使孩子个性心理扭曲发展，成为家庭中的"小皇帝""小公主"，甚至变成一个"小霸王"。家长要教育孩子树立平等意识，找准自己的位置，学会与人分享，学会尊重人、关心人、帮助人。

6. 要从小培养孩子热爱劳动的习惯

很多家庭不重视孩子的劳动教育，不注意培养孩子的劳动习惯，这对孩子良好品格的形成会带来许多不良的后果。有些独生子女存在着好吃懒做、好逸恶劳的现象，生活上图虚荣、贪享受、互相攀比、追求高消费，劳动上斤斤计较、拈轻怕重、生怕自己吃亏。为了孩子的健康成长，独生子女的家长们要创造各种机会，让孩子在劳动实践中去体验劳动创造幸福的喜悦心情，在劳动中培养优秀的品质和坚强的意志。

7. 培养孩子的责任心

责任心缺乏是当前儿童特别是独生子女发展中存在的一个严重问题。责任心是一个人日后能够立足于社会、获得事业成功与家庭幸福至关重要的人格品质。要培养孩子的责任心，一是让孩子做好分内的事。孩子自己的事，只要力所能及，就让孩子自己完成，让孩子知道自己的事情应该自己做，从具体的小事做起，学会自己照顾自己，不要因为心疼孩子而事事包办代替，要让孩子知道，有些事必须由他自己做。二是有意识地交给孩子一些任务。让孩子在家庭中担任起一定的角色，分担一定的家务，锻炼孩子独立做事的能力，鼓励孩子做事要有始有终。三是要求孩子为自己的行为负责。要鼓励孩子勇敢地承担责任，一旦孩子承担了，即使失败，也不要埋怨，否则孩子下次就会因为害怕而裹足不前。四是让孩子学会爱护身边的人和事物。要让孩子在力所能及的范围内照顾和帮助他人，尤其是当孩子和同伴一起玩时，创造一些机会让孩子承担一些责任，比如照顾比他更小的孩子等。五是让孩子参与家政。家里有什么难处或问题的时候，可适当让孩子也参与讨论，让他觉得既然作为家庭中的一员，他就有责任和家长一起解决这些问题。

8. 纠正孩子任性的毛病

不少家长说自己的独生子女有任性、固执的缺点。孩子这些不良的品质主要是由于在家庭中的特殊地位与家长经常满足孩子不合理的要求造成的。有的独生子女因某种不合理的需要得不到满足，就大哭大闹。家长为此心软，于是就迁就孩子，满足孩子的不合理要求，这样就会使孩子逐渐养成任性、好发脾气等不良心理品质。所以，只要家长教育得当，不断加强训练，就能避免和克服孩子任性等不良品质。

━━━ 案 例 ━━━

有一位母亲谈她对独生子女的教育体会时说，有一次，她的孩子拿了粉笔要在镜子上画画，她对孩子说镜子上不能画画，话还没有说完，孩子就哭起来，对此她早有心理准备，于是就对孩子说，在镜子上画画会弄脏镜子的，好孩子要爱惜镜子，不能画，再哭也没用。说完就去做别的事情，不去理会他。以前孩子从未听见妈妈说过"不可以"，也从未见过妈妈不理他，于是便大哭大闹，跑到妈妈面前，又打又踢，甚至躺倒在地上打滚。妈妈见到这种情景，有些心软，想顺从他，但一想到溺爱孩子可能产生的可怕后果，就说："你不讲道理就哭个够吧，爸爸妈妈都不喜欢你"。孩子继续哭闹，妈妈仍不理睬。孩子的哭声逐渐小了，一会儿就停止了。他第一次体会到妈妈不理他的痛苦，第一次体会到无理哭闹得不到同情，不合理要求得不到满足，于是他自己站起来，去找妈妈。妈妈看孩子不再闹了，就让孩子和她一起做事，孩子很高兴地和妈妈一起干起来。晚上，妈妈又给孩子讲如何做个好孩子，并且给孩子以鼓励，孩子从鼓励中体验到了做好孩子的快乐。

这个例子说明，只要加强训练，方法得当，孩子的任性、固执、好发脾气等不良心理品质是完全可以克服的。

9. 对孩子的教育要坚持一致性原则

家庭教育的一致性，指的是家庭中每个成员对孩子教育的一致性，也就是说对于同一件事，家庭中的每个成员对孩子要有同样的要求，以达到同样的教育目的。如果家庭成员对孩子的教育坚持一致性，孩子感到教育的合理性、坚决性，就能得到事半功倍的效果。首先，家庭成员对孩子的要求、态度要一致。不能高兴时就无原则，一味宽容，不高兴时就一概禁止、斥责。其次，家庭成员对孩子的评价要一致。父母包括祖辈家长要统一口径，不要互相矛盾，在处理问题上互相谅解，求同存异，取得一致，但绝不能把分歧暴露在孩子面前。再次，家长对孩子的要求要前后一贯。不能朝令夕改，反复无常，更不能忽宽忽严，以自己的情绪为转移。最后，家长的言行要一致。家长如果言行不一、口是心非，会失去孩子的信任，除了降低自己的威信外，还会给孩子带来不良影响。

10. 培养独立性

对独生子女独立性和自立精神的培养，家长应从孩子生活自理能力的培养开始。生活自理是一个人自立的起点，孩子总要离开父母走向社会自立的，从依赖性向独立性的转变是一个飞跃。当孩子会走时，就要开始让孩子多自由活动，引导与训练孩子做自己能做的事情，这是从小培养孩子独立性的开端。在开始训练孩子自由活动时，家长可以与孩子共同做某件事，给孩子必要的帮助，逐渐使孩子能够独立完成。心理学研究证明，儿童只有凭借自己的活动去亲自尝试，独立思考，直接地接触世界，才有益于发展儿童的创造性与独立性。当孩子入园、入学后，就要让孩子自己收拾玩具、整理床铺、穿脱衣服、整理书包等，做到自己的事情能够自己完成。

第四节　离异与重组家庭的儿童教育

离异即人们平常所说的离婚，是指从法律意义上解除夫妻之间的婚姻关系。因离婚而形成的不完整的家庭叫离异家庭。随着人们婚姻、家庭观念的变化，我国的离婚率呈逐年上升趋势，随着离婚率的上升，带来了离异家庭子女教育的社会问题，夫妻离异、家庭解体不仅给夫妻双方带来严重的身心伤害，也会给其子女带来一系列严重的消极影响。

━━━ 案　例 ━━━

在小文读中学时，父母就离婚了。有很长一段时间，他自觉多余，在校在家都得"伪装"自己，感觉活得很累。

已经记不清从什么时候开始，因为父母闹离婚，家里充满了战争，先是"热战"，后是"冷战"。"家"对他来说，只是四堵墙支起一个顶盖，虽然可以遮风避雨，可仍让小文感到寒冷，冷到了心灵的最深处。

"父母离婚，对我是个噩梦"小文说。父母离婚之后，原本外向活泼的小文，变得沉默了。在学校，为了不让同学察觉自己的异样，小文故意表现出很开朗、乐观的样子。一个人安静下来时，他却常常抹眼泪，他心里很孤独，一个能谈知心话的朋友也没有。

父亲重组家庭后，小文在"家"里始终扮演着一个乖小孩的角色，很安静，很少说话，别人问一句，小文答一句。爸爸很忙，很少和小文说话，可能他觉得只要让小文吃饱穿暖就足够了。可是，这真的不够，因为在"家"里，能和自己说说知心话的就是爸爸了。

来自离婚家庭的许多研究表明：儿童的短期障碍、情绪低落、社会适应不良和问题行为等都与父母离婚有关。美国一位心理学家说过："父母离婚带来的创伤仅次于死亡。"不论何种形式的离异，都会给孩子留下不同程度的创伤。可以说，所有单亲家庭中尤以离异单亲家庭给子女造成的危害最大。

一、离异家庭的特点与子女心理特征

（一）离异家庭的特点

我们这里所说的离异家庭是指有子女的单亲家庭，不是无子女离异的单身家庭。单亲家庭是指至少有一个未成年子女与单亲家长（父亲或母亲）居住在一起的家庭。一般来说，离异家庭具有以下一些特点。

1. 隐瞒离异事实

一些父母为减轻离异对孩子的伤害，选择向孩子隐瞒离异的实情。"隐瞒式"的做法，孩子一旦从其他途径获悉，往往没有心理准备，会出现怀疑、焦虑、痛苦等诸多负面情绪，变得不知所措。

2. 不顾及孩子的感受

离婚，意味着一个家庭的解体，意味着孩子将失去爸爸或妈妈，因而孩子往往是父母离婚过程中最大的受害者。离婚是孩子的悲剧，有的父母为获得潜在的经济利益而争夺孩子的户口；有的父母为争夺子女抚养权问题而互不相让，不顾及子女感受，逼迫子女表态，给孩子造成巨大心理压力；有的父母将两个人之间未能解决的积怨转嫁到孩子身上，把孩子作为刺激、报复对方的武器，结果对孩子的心理造成难以弥补的伤害。

3. 对孩子特别溺爱

溺爱是很多家庭的通病，单亲家长表现往往更明显。一些离婚夫妻在良心上感到自己对不起孩子，怀着深深的内疚心理，在对孩子的态度上，表现为一味地迁就与溺爱，拼命地娇惯，孩子想怎样就怎样，很怕亏了孩子。而对孩子的缺点，也因怕伤害孩子本来就在父母离婚中变得脆弱的心，而睁一只眼闭一只眼，放任不管。

4. 视孩子为累赘

一些离婚夫妻或因为经济上的原因，或考虑到再婚问题，在离婚时把孩子当成了累赘，把孩子相互推诿，使孩子成了"多余人"，让孩子在小小年纪就体验到了世态的炎凉和父母的冷漠。

5. 把孩子当成出气筒

有些单亲家长往往因为生活中一些不如意的小事而大发脾气，这时孩子极易成为家长不良情绪的发泄对象，父亲或母亲把孩子当成了出气筒，不问青红皂白地打骂孩子。

6. 失去生活的信心

有些夫妻离异后由于婚姻的失败，对个人的前途也失去信心，于是，单亲家长变的悲观失望、怨天尤人、自暴自弃、不思进取，让孩子也受到了单亲家长悲观情绪的影响。

7. 对子女期望过高

许多单亲家长往往把孩子视为"我的唯一"，看作自己精神的寄托和将来生活的依靠，把自己的人生希望全部寄托在孩子身上，渴盼孩子长大成人，有所作为，他们一般对子女学习上的期望都比较高，要求比较严格，甚至苛刻，殊不知，这样做会造成不良后果，使子女压力过大，学习更加困难。

8. 一味排斥对方

很多夫妻离异后，一方带着孩子，不愿意让对方与孩子接触，有的甚至干脆搬迁到对方找不到的地方，让孩子看不到父亲或母亲；有的单亲家长有意识地把对方贬得一无是处，向孩子灌输敌对情绪，最常见的就是"都是你爸（妈）不好"类似的话，孩子听得多了就会形成对另一方的排斥心理；更有甚者是有的离异者对另一方深恶痛绝，仇深似海，当孩子询问父亲（母亲）的去向时，父亲（母亲）会恶狠狠地说："你爸（妈）早死了！"这些不当的做法是许多离异家庭孩子性格偏离正常轨道的一个重要原因。

（二）离异家庭子女的心理特征

研究发现，与正常家庭同龄儿童相比，离异家庭的孩子在学习情况、神经功能、情绪控制、问题行为、社会交往和习惯养成等六个方面都比较差。虽然离异家庭子女并不一定都会出现这些问题，但如果处理不当则更容易形成不良的心理与行为。离异家庭子女的心理特征主要表现在以下几个方面：

1. 自闭

家庭的破裂仿佛是"天降横祸"，对年幼的孩子来说，他们缺乏必要的心理准备，因而他们遭受的打击比父母更大，而且孩子比大人敏感、脆弱，他们还不具备自我调整心理的能力，一时还难以面对家庭破损的严酷现实，因而会感到无所适从、闷闷不乐。孩子也懂得比较，他们会拿自己的现在与过去对比，感到自己的处境已大不如前；拿自己与健全家庭的孩子对比，自感不如别人家的孩子幸福，因而害怕见人，喜欢独处，变得沉默寡言，离群索居。

2. 自卑

虽然现在人们并不将夫妻离婚看成是什么难事或不光彩的事，但父母离异后，离异家庭的孩子还是或多或少地感觉自己不如健全家庭的孩子幸福，在心灵深处产生自卑感，并且逐渐变得孤独、胆怯，缺乏自信，缺乏进取和积极向上的精神，不合群，造成交往障碍。有专项研究表明，父母离异对年幼孩子的不良影响较年长孩子更大一些。

3. 孤僻

不和睦的家庭环境使孩子对人际关系感到紧张，"父母离婚不光彩，不愿意让别人知道，在同学中抬不起头来"等想法使孩子不愿意和其他人多来往，很容易形成独来独往、不合群的孤僻性格。

4. 怯懦

有的父母离异后，往往把感情和希望寄托在孩子身上，特别盼望孩子成才，显示自己教子有方，因而对孩子束缚过紧，管教过严。久而久之使孩子心理负担过重，害怕自己使父母伤心、失望，因而对父母敬而远之，变得胆小怕事，怯懦退缩。

5. 人格易扭曲

由于父母离婚后，孩子由一方照顾，孩子易形成人格的单性化：母亲往往会溺爱孩子，对孩子过度保护，在这种情况下孩子往往缺乏独立性，任性、偏执、被动而胆怯；父亲往往对孩子态度冷淡，对孩子的教育机械、强制，易使孩子冷酷好斗。

6. 怀旧心理

父母再婚以后，孩子往往会对以前的爸爸或妈妈产生强烈的怀念和依恋。通常，孩子会难以忘怀旧家庭成员相处的时光、友谊和亲情，特别是对眼前的家庭生活不满意时，孩子的怀旧心理会更加强烈。

7. 缺乏安全感

家庭是孩子的避风港、安乐窝，父母是孩子最亲密的人，最坚强的精神、情感支柱。因父母离异导致家庭破碎，孩子深爱着的父母将有一方会离他而去，生活环境和生活习惯的改变，感觉同伴将对他"另眼相看"，这一切会让多数孩子陷入从未有过的心理混乱与矛盾中，缺乏安全感。

8. 易产生抱怨心理

孩子幼小的心灵难以理解成人间感情冲突的事实，他们或认为自己表现不好，父母不爱自己了，或者怨恨父母吵架，把安稳环境破坏了。如果遇到比较极端的父母，拉着孩子和自己一起指责对方，更让孩子处于两难境地，使这种怨恨情绪与日俱增。严重的可能使孩子的怨恨情绪转换为攻击性，对同学、对亲友、对社会进行攻击，以泄愤恨，一旦被社会坏人利用，易走上邪路。也有的孩子因怨恨而自暴自弃，失去前进动力，做事没有兴趣，凡事都无所谓，小小年纪就消极对待人生。

9. 情绪波动大

离异家庭的孩子在情绪上表现为不稳定，意志力弱，自控力差，行为上常常表现为懒惰、放任，高兴时听话乖巧，愿意做事，不高兴时随意乱发脾气，该做的事也不愿意做。

10. 易产生厌学情绪

许多离异家庭的孩子因家庭环境的变化，无心向学，上课注意力不集中，不主动参与学习，回避老师，不主动向老师请教，严重的还会干扰课堂纪律，甚至逃课、逃学，厌学情绪严重。

二、重组家庭的夫妻关系与亲子关系

━━━ 咨　询 ━━━

　　一位女士咨询：我和前夫离婚后，又组建了新家庭，我带来一个孩子，丈夫也有一个孩子。刚结婚时，感觉很好，后来和丈夫、孩子渐渐有了矛盾。我该怎样处理夫妻关系和亲子关系呢？

重组家庭指夫妻一方再婚或者双方再婚组成的家庭。家庭的重新组合，容易使夫妻之间产生新的矛盾。很多人再婚前觉得对方很好，甜言蜜语、海誓山盟，当走进婚姻以后彼此开始发现对方的缺点，时间长了相处不了甚至产生了离婚的念头，这种情况比较普遍。一个重组家庭面临的最大问题是双方的磨合，在磨合中应该相互尊重、相互了解、相互关心、相互忍让，这样才能避免走进婚姻的阴霾。

一般而言，重组家庭的幸福感比初婚家庭低，而重组家庭中的夫妻关系也更复杂。在夫妻关系中（尤其在重组家庭中），如果彼此感到对方并不是把自己作为第一重要的人，会造成彼此间的愤怒和积怨，从而影响彼此的亲密关系。

（一）重组家庭的夫妻关系及调适

1. 不要和前夫或前妻藕断丝连

有的夫妻虽然离婚了，但还会因为某些事情纠缠不清，给再婚家庭带来不稳定因素。

2. 对再婚抱有信心

有的人离婚以后，对婚姻悲观失望，但迫于现实的需要和压力，抱着能过就过、过不好就散的心态再次走进婚姻，因而在情感等方面有所保留，对重组家庭而言，这是很危险的想法和做法。

3. 要增强家庭责任感

家庭重组不单是形式上一个新家庭的诞生，也不仅是两个个体走到一起，更涉及夫妻关系的调适、财产的处理、老人的赡养和孩子的抚育等一系列复杂问题。只有实实在在地理解并接受对方，承担家庭责任和义务，相互间多换位思考，才能处理好与双方及亲人间的关系。不论男方女方，都要在家庭的家务中承担责任，这是夫妻双发最好的沟通方法，也是密切夫妻关系的秘诀。

4. 要互相适应和支持

重组家庭要想幸福，首先双方要在生活习惯、人生价值观、文化学识、为人处世等方面寻找更多的相同或互补之处。虽然彼此都带有以前婚姻的影子，但如果双方都能理解对方以前的感情，珍惜现在的感情与生活，这样的婚姻会更牢固。

5. 尽快消除防范心理

重组家庭前期夫妻双方或许都会有很多心理防御，会存在彼此的不信任，担心再受到伤害重蹈婚姻失败覆辙，这是可以理解的，关键的问题是双方要以心换心，赢得彼此间的信任。

6. 不要作比较

再婚夫妻不要一遇到问题或者看不惯对方的生活方式及为人处世的做法就跟原来的配偶作比较，或者同相恋过而没有成亲的男（女）友作比较，这样很容易造成矛盾。重组家庭中的两个人都不要用原来的标准去要求对方，忘掉过去的婚恋生活，努力适应对方，这样才能过好新生活。

7. 处理好家庭重大事情

重组家庭最重大的事情是双方的父母、孩子和经济的管理，这是重中之重。双方的父母一定要孝敬和赡养，双方的孩子也要平等对待，家庭的财权要民主，重大问题要协商，这样，夫妻关系才会和谐。

8. 要相互尊重

夫妻之间发生矛盾，不要互相揭短，不要使用过激的语言，不要轻易提离婚二字，一方发火，另一方应避免在此时发生激烈冲突，不要以暴制暴，以吼对吼。如果双方年龄和收入都有距离，一定不要抱怨。双方都有各自的爱好、隐私、交际圈，不要去刨根问底，要多包容，多理解，多给对方一定的空间。

9. 利用好节假日

充分利用节假日时间带上孩子去看望双方的父母，这样能给孩子良好的教育，培养他们尊老爱幼的传统美德。长假的时间，也可以带上一家去旅游，美好的自然环境，能让孩子们相互交心，增进感情，消除隔阂。

（二）重组家庭的亲子关系及调适

父母重新组织了家庭，最值得关注的是孩子的心理变化。因为在孩子幼小的心灵中对分开的亲生父亲或母亲的怀念深入骨髓，面对继父或继母则抱有不信任感，甚至有的还产生敌意。那么，怎样才能调适好继父母与继子女之间的关系呢？

1. 融洽孩子与亲生父母的关系

父母应诚恳地告诉孩子，你们虽然不再是夫妻，但还是他的父母，只不过有一方将住在别的地方。要让孩子切实感受到，虽然父母分开了，但依然爱他，都是他心灵的港湾和坚强的后盾。非抚养孩子的一方，要经常看望孩子，不能不管不问，要尽可能愉快地和孩子相处，可以考虑去动物园、博物馆等场所，通过划船、郊游、陪伴孩子等方式增加与孩子的相处时间；而抚养的一方要积极配合，不要因为仇视你的前配偶而阻止孩子和他（她）见面，不能要求孩子只爱你而不爱他（她），更不能教孩子去恨他（她），孩子需要父母双方的关心与爱护。

2. 融洽亲生父母与继父母之间的关系

孩子的亲生父亲（母亲）与继父母要互相尊重，要恰当处理彼此之间的关系，尤其是失落的一方（比如曾经自己的另一半背叛过自己），不要动不动就对继父母说长道短。有养育方面的问题，可以和继父母私下沟通，而不是在孩子面前数落他（她）。唯有亲生父亲（母亲）对继父母保持尊重，孩子才能尊重继父母，并与其和谐相处，继而感受到家庭的幸福。

3. 抚养孩子的父亲或母亲要充当新配偶和孩子的桥梁

一方面，要教育孩子尊重继父母，向孩子介绍继父母的优点；另一方面，要让新配偶善待孩子，多看孩子的长处，这样一来，孩子就会丢掉原来的偏见，逐渐摆脱父母离异的阴影，继父母也不会觉得孩子是累赘，全家才能融合到一起，建立一个和谐的新家庭。

4. 继父母要对继子女有一颗包容的心

避免对继子女的伤害是建立良好关系的开始。不伤害孩子最为关键的是不论孩子多么不听话，双方间多么不信任、多么敌对、多么不合作，继父母都不要计较，不要针锋相对，要大度，要有一颗包容的心，用自己的诚意和真心感化孩子，让他享受到新家庭的温暖。

5. 继父母要寻找与继子女的共同点

继父母和继子女建立感情、和谐相处，说起来很难，不过总有些办法可用，比如和继子女培养共同爱好，和继子女一起旅行等。当继父母寻找到了和继子女的共同点，继子女的心扉就向你开了一个口。这些其实也是亲生父母和孩子稳固亲子感情屡试不爽的方法，只不过一开始，继父母可能需要更多的细心和耐心。

6. 继父母要摆正自己的位置

继父母和继子女不是天然的亲子关系，这个是没办法改变的，所以不要总是想着取代继子女的亲生父母。如果抱着这种心态，继子女只会对继父母产生敌意，因为亲生父母在孩子心中有着不可替代的地位，很多人因为不懂得这一点而引发家庭矛盾。比如，最常见的情况就是，再婚后，要继子女立刻改口叫继父母为爸爸（妈妈）。有的继子女会躲避、不肯改口；有的继子女即使改口了，也是迫不得已的一种自我保护，内心却跟继父母产生了感情鸿沟。这个时候，与继子女拉近距离最好的办法，就是认可并赞赏继子女的亲生父母，不取代，也不要求改口，而是以一种朋友的角色进入继子女的生活中。

7. 继父母不能太在乎自己的付出

生活中，有的继父母与继子女关系紧张，除了继子女因为年龄小不懂事外，这些继父母也有心态不平和、做事不妥当的地方。比如，他们太在乎自己的付出，渴望立马得到某种回报，当自己的美好愿望不能实现时，他们就会显得不安、暴躁、发牢骚，甚至改变对继子女的态度。

8. 把握亲生孩子与继子女之间的平衡

在重组家庭中，要在亲生孩子与继子女之间找到一个平衡点，不要顾此失彼或厚此薄彼，让孩子之间、亲子之间及夫妻之间，都能融洽相处。

三、离异与重组家庭的家庭教育辅导

（一）离异家庭的家庭教育辅导

儿童教育是从家庭开始的，是一个漫长的教育过程。完整良好的家庭教育能促进儿童健康成长，而父母离异使家庭破碎，破坏了良好和谐的家庭教育环境。离婚造成的家庭残缺，必将使儿童由于得不到家庭的温暖与父母的爱护而出现亲子关系危机和心理危机，也必将带来家庭教育的危机。因此，做好离异家庭的家庭教育不容小觑。离异家庭中作为抚养孩子的一方家庭教育的主要策略是：

第一，作为抚养孩子的一方，应该尽快调整好自己的心态，承担起孩子的教育义务。

第二，要学习家庭教育方面的知识，特别是有关离异家庭子女的心理及教育方面的知识，树立科学的教育观念。

第三，不做溺爱型家长，不把孩子当成唯一的精神支柱。

第四，尽量挤出时间多与孩子交流、沟通。

第五，处理好自己与非监护人的关系，不要因为探视、抚养费等问题给孩子造成不必要的痛苦，不要让孩子成为父母离异的牺牲品。

第六，及时与学校沟通，配合老师对孩子进行教育。

第七，要鼓励孩子多与非监护人以及与监护人不同性别的人接触，以避免家庭中教育角色的缺失，造成孩子不是缺少阳刚之气，就是缺乏温柔之美。换句话说，没有父亲或者母亲，孩子未必发展不良，但是，如果孩子的生活始终接触不到男性的榜样或者女性的榜样，那就会影响孩子的发展。

第八，要培养孩子自信、自强、自立的心理品质，勇敢地面对现实，理智地从家庭变化中寻找方向，培养健康的身心。要让孩子懂得：世界上没有绝对完满的生活，每个人活在这个世界上都要忍受各种各样的缺失，如果我们能够接受它，并且忍受它，才说明我们是勇敢的强者。

（二）重组家庭的家庭教育辅导

▬　咨　询　▬

　　一位男士咨询：我是重组家庭，妻子带来一个儿子，我同妻子相处和谐，就是同孩子处不好，他不叫我爸爸也就算了，还经常和我顶嘴，我不管他不对，可我管他，他还不听。我该怎样教育这个孩子呢？

随着我国离婚率逐年上升，重组家庭越来越多。一般来说，重组家庭存在的突出教育问题有以下几方面：一是为回避和减少家庭矛盾，双方或一方把孩子交给祖辈抚养、监护；二是放纵与溺爱替代虐待，这是重组家庭教育的主要倾向；三是孩子与继父母争夺感情，严重地影响正常的家庭教育；四是继父母填补孩子心灵创伤的意识普遍淡薄，行为消极，家庭教育不上心。对重组家庭子女的教育问题是一个社会共同关心的话题，纵观重组家庭的种种问题，继父母教育孩子应该从以下几方面入手：

1. 继父母与孩子要先成为朋友再教育

作为继父母要多站在孩子的立场想问题，如果自己是孩子，对父母离婚是一种什么样的心态。只有经常换位思考，才能理解孩子，而只有理解孩子，才能走进他的内心世界，和孩子做朋友；只有将孩子真正当作"朋友"，有了这种平等融洽的关系，才会从孩子的视角去看待他们眼中的家庭和社会，才最容易与孩子沟通，也最容易被孩子接纳。

2. 增加家庭聚会的机会

孩子之所以对继父母抱有某种偏见和误解，往往是因为彼此缺乏了解，更难得有沟通的机会。通过家庭聚会，大家在一起聚餐、游戏、旅游等，让孩子享受到家庭的温暖，进而对新家产生归属感。

3. 再婚夫妻要坦然面对自己的婚姻

虽然经历过一次失败的婚姻，但不要让过去不愉快的经历影响再婚夫妻的相处，更不能让自己只沉浸在对过去爱人（旧爱）和前次婚姻生活的回忆之中，而是要及时地调整自己，最好在再婚之前，就调整出一个良好的心态和状态。对于再婚之后所组建的婚姻家庭，一定要讲求实际而不要太过理想化，不能对再婚伴侣（新爱）要求过高，而要调整一下自己的生活品位，改良一下生活习惯，以顺应全新婚姻爱情生活的要求。

4. 要处理好相关几个家庭及其成员之间的关系

夫妻离异，如果都重新组建家庭，而且是与另一位离异者再婚，对孩子的教育就会涉及三个或三个以上的家庭，处理好这些家庭之间的关系和这些家庭所有成员之间的关系尤其是孩子和亲生父母的关系，对提高家庭教育效果非常重要。

5. 要明确责任感和使命感

无论是婚生子女，还是非婚生子女，父母都有抚养教育子女的权利与义务，这是我国法律规定的。每一位重组家庭的父母，都应该对他们的子女负起抚养、教育的责任，并有高度的使命感，这才是合格的家长。

6. 对孩子要加大感情投入

很多再婚夫妻十分珍惜婚姻破碎后又重新建立起来的新的夫妻感情，唯恐其再度破裂，因而很少关心子女。珍惜重新获得的爱情，本无可非议，不过，不关心子女，会使孩子受伤的心灵雪上加霜。所以，再婚夫妻不要忽略孩子，一定要以深厚的情感爱孩子，特别是非亲生的孩子。

7. 继父母要理直气壮地对继子女进行正确的教育

许多继父母在教育继子女的时候，感到教育继子女的问题非常棘手，由于孩子不是自己亲生的，觉得管理过于宽泛不是，过于严格也不是；管也不好，不管更不好。不仅自己心里有芥蒂，而且还害怕其他人说三道四，这种心态可以理解，但是，必须克服这种错误的心态。作为继父母，对继子女既不要溺爱，更不要虐待；既要接受他，更要教育他，绝不可放纵他。要研究孩子心理，讲究家教方法，对孩子给予正确恰当的教育。

8. 保持家庭教育的一致性

对孩子的教育，亲生父母要一致，再婚夫妻要一致，亲生父母与继父母要一致，有祖辈生活的大家庭成员也要一致。

第五节　流动儿童的家庭教育

══ 术　语 ══

流动儿童是指随父母进城务工的 0～18 周岁的学前及学龄儿童，亦即在这一年龄范围的进城就业农民子女。作为一个日益庞大而不可忽视的社会群体，其成长亦备受社会各界关注。

══ 咨询 ══

　　一位教师咨询：我的学生是打工子女，也就是"流动儿童"，我对他们的成长很是担忧。比如，他们有时作业完不成，我问他们怎么不在家做完？学生答，爸爸收工后，经常喝酒聊天，把桌子占了，我没有地方写作业。像这样的流动儿童不在少数，我们应该怎样改变这些孩子的成长环境，怎样使他们接受良好的家庭教育呢？

　　随着我国城市化的进一步推进，农民举家迁移进城的现象日益增多，流动儿童成为一个引人关注的特殊群体。流动儿童家庭多数住房面积狭小，一家三四口挤住在一间十几平方米的小房子里是普遍现象。有的流动儿童连学习的书桌都没有。拥挤简陋的住房，不但无法满足孩子安心学习的基本需求，还难以回避父母的矛盾与冲突。父母常常当着孩子的面争吵或打架，严重影响和伤害孩子人格的健康发展，大大削弱了家庭的育人功能。流动儿童的父母多数打零工或从事小买卖，许多父母每天工作 10 个小时以上，无暇顾及子女，也很少有时间和孩子相处与交流。

一、流动儿童的特征与问题

（一）流动儿童的特征

1. 流动儿童的心理特征

在流动儿童面临的问题中，心理健康状况成为重中之重。大量研究结果表明，处于义务教育阶段的流动儿童心理健康状况令人担忧，其心理健康水平远远低于同龄的非流动儿童。同时，心理健康问题也成为影响流动儿童学习成绩的重要因素。

（1）自卑心理。流动儿童进入城市之后，他们的生活和学习环境都发生了剧烈变化，特别是生活环境与城镇孩子的差距巨大。随着流动儿童自我意识的逐渐增强，这种反差体验更是越来越强烈。他们的心理往往不能适应骤然变化的环境而产生自卑心理。流动儿童与城市群体之间本身固有的隔阂是他们自卑心理产生的重要诱因。

（2）不公平感。流动儿童要进入城市的公立学校就读不是要这个证、那个证，就是要多交费，这显然是不公平的，很容易在孩子幼小的心灵上埋下农村的孩子比城里的孩子低人一等的阴影。部分农民工子弟学校办学条件差、师资水平参差不齐、管理不善以及安全卫生隐患严重等问题，使流动儿童难以享受与城市儿童同等的优质教育资源，也易使他们产生强烈的不平等感、对立感。

（3）被歧视造成心理压抑。这些歧视主要表现在：①城市同学的排斥。有的是明显有意地谩骂、羞辱、孤立，有的表现为较为含蓄的疏远、冷淡。②老师不公正的态度。很多学校和老师不愿意或是迫于压力接受流动儿童，常流露出厌烦和不耐烦的态度。③城市学生家长的偏见。有的学生家长对流动儿童存有偏见，对自己孩子和他们一起共同学习表现出不满。所有这些都给流动儿童造成了精神压抑。

（4）没有归属感。北京市流动儿童就学及心态状况调查课题组发现，78%的流动儿童喜欢和北京小朋友一起玩，但不愿暴露身份。他们没有城市户籍，被城市居民视作外来人口、乡下人而难以融入城市社会。这种复杂的心态足以说明，外来人口的身份已对他们的心理健康造成了一定的困扰。

（5）退缩性与攻击性。流动儿童退缩性表现为自我评价消极，存在着社交焦虑和孤独体验；攻击性表现为对社会、他人等外界因素抱有敌对态度。

2. 流动儿童的性格与行为特征

流动儿童在任性、呆板、不合群、没礼貌、无主见各方面的行为表现上比例都高于城市儿童。

3. 流动儿童的学习特征

大多数流动儿童具有美好的理想和愿望，渴望改善生活。所以他们对学习的态度很积极，希望能享受和城市孩子一样平等的教育，希望将来能接受高等教育，甚至出国留学，做一个对社会有意义的人。

有些流动儿童缺乏学习动机，其中最主要的原因是家庭的流动对儿童学习的连续性有很大影响。此外，父母文化程度普遍较低、教养方式较为简单粗暴、教育态度不一致、对子女期望值不当等也会影响流动儿童学习的积极性。

（二）流动儿童存在的主要问题

1. 流动儿童家务负担繁重

大多数流动儿童在课余时间都要帮父母做家务。调查发现，流动儿童已成为家中的重要劳动力，他们承担了许多家务活，以便父母能全身心地去外面挣钱。

2. 流动儿童课余生活单一

因父母工作时间比较长，与城市儿童放学后可参加兴趣小组或各种学习班、上网等活动相比，流动儿童较少参与这些活动，生活的社区也很少有公共休息场地，他们每天放学之后只能写作业或者做家务。数据显示，只有32.08%的流动儿童参加过特长班的学习。

3. 流动儿童学习情况堪忧

流动儿童在学习方面两极分化较为严重，部分流动儿童能正确认识自己所处的学习和生活环境，学习态度端正，学习习惯良好，能独立自主地解决学习问题，遇到困难能虚心向老师和同学求助，学习成绩优良。但许多流动儿童学习不刻苦，上进心不强，学习主动性和自觉性较差，自信心不足，缺乏良好的学习习惯，学习成绩欠佳，厌学、逃学、辍学等现象较为普遍。而且，流动儿童因随父母工作的变动经常转学，受各地课程设置、教学质量及升学制度制约，存在学习间断现象，部分流动儿童难以适应城市教育，跟不上所在城市教育的学习进度，对新环境缺乏安全感，自卑心理严重，这些都会影响他们的学习成绩。

4. 流动儿童卫生状况较差

良好的卫生状况和习惯是保证儿童身体正常发育和成长的关键因素，但是，流动儿童在这方面的情况并不是很乐观，存在着不同程度的卫生状况下降、卫生习惯变差的问题。

5. 流动儿童健康状况隐忧颇多

由于受经济困难和观念落后等因素的影响，目前生活在城市中的流动儿童营养健康、卫生保健问题日益突出。这一问题在严重威胁着流动人口健康的同时，也开始影响流入地的经济发展和社会稳定。由于家庭经济条件较差，许多流动儿童只能满足温饱，根本谈不上全面、均衡的营养，流动儿童的父母也缺乏合理搭配营养的意识和知识。

6. 流动儿童自我评价消极

自我评价是个体对自己的思想、愿望、行为和个性特点的判断和评价。流动儿童介于城市和农村这两个群体之间，长期在失落与憧憬中挣扎、徘徊，加之受到一些歧视，自卑感作祟而感到伤心、孤独，处处谨慎保守，易慌张、胆怯、害羞。从与同伴之间的言语交流与交往的效果评价方面可以看出，在幸福、躯体外貌等方面存在着程度不同的消极的自我评价。

7. 流动儿童适应不良

适应不良是流动儿童较为突出的问题。流动儿童能从不同程度地认同城市生活，认为城市具有更多的学习和发展机会，也愿意继续留在城市，但其不能完全被城市接纳的边缘地位加剧了他们心理的不适应。这里的适应不良主要表现为对学校生活的不适应，因经济原因，多数流动儿童就读于办学条件简陋的农民工子弟学校，教育环境的转变，因父母工作变动而不得不时常辍学，或在各农民工子弟学校间转学的经历，城市与农村的差异，城市人对流动人口的态度等，都会不同程度地影响流动儿童学校生活的适应性。

8. 流动儿童的人际关系紧张与敏感

人际关系紧张与敏感是流动儿童心理问题的重要表现。流动儿童与人交往合作能力较差，被歧视、受压抑是许多刚来城市生活的流动儿童共同的感受，在他们眼里虽然身处城市，却很难融入其中。

二、流动儿童家庭的现状

1. 流动儿童家庭经济普遍困难

调查发现，流动儿童家庭收入较少，大多住在城中村或其他租赁的房屋中，面积狭小。数据显示，流动儿童家庭住房面积多为 30～60 平方米，其中 71.8% 的住房来源是租借，有 19.26% 的流动儿童家庭住房面积只有 10～30 平方米，55.59% 的流动儿童在家没有自己的学习房间。家庭生活水平、孩子的学习用品、服饰等不如同龄的城市儿童。

2. 家庭教育意识淡薄

流动儿童的父母大多是工人或小商贩，因忙于生计，与孩子的沟通少、交流少，疏于对孩子的关爱，无法关心到子女各方面的发展情况。重养轻教，平时只能给予孩子生存所需物质上的满足，精神上关注得很少，也缺乏科学的家庭教育知识。流动儿童父母身上存在的主要问题是：有的因为学历低难以教孩子，有的虽然重视教育但不会教孩子，有的因为生活环境差无法教孩子，有的因为工作太忙没时间教孩子。

3. 学习环境简陋

因居住空间狭小，多数流动儿童写作业时，用的是矮小的饭桌和窄小的椅子，或是把一块木板放在床上临时当成桌子用。家里做饭时，孩子只能搬到屋外写作业，有的甚至只能一直蹲着学习。调查数据显示，有 26.94% 的流动儿童在家没有自己的学习书桌，只能趴在小椅子上学习，或在床上写作业。在如此狭小的空间中，家里一旦来了客人，流动儿童就根本找不到可以写作业的地方，有的连睡觉的地方也无法保证。

4. 流动儿童常常被父母当成出气筒任意打骂

流动儿童的父母在城市打工，常常会面临雇主的无理要求，还要承担家庭经济负担、城市人歧视等巨大压力。回到家中，只要孩子稍有不听话或者表现不好，就会遭到打骂，父母往往会把在外面受到的委屈发泄到孩子身上。

三、流动儿童的家庭教育辅导

相比一般的同龄儿童，流动儿童处于相对不利的处境中，更需要父母在各方面的关怀和引导。因此，在城市辛苦打拼的农民工，在为子女创造更好物质条件的同时，绝不能忽视对子女的家庭教育。

1. 加强流动儿童父母的自身修养

流动儿童的父母对提高自身素质的重视程度远远低于对孩子的关注，尤其是缺少在思想、文化方面的"充电"。这就使得体现家庭教育特点的"潜移默化""言传身教"的积极作用大打折扣，也不可避免地在家庭教育观念和方式上产生偏颇，并成为孩子成长中的障碍。因此，流动儿童的父母应加强自身修养，注重自身素质提高，与孩子共同学习、共同成长，是取得流动儿童家庭教育成功的最明智选择。

2. 强化流动儿童父母的教育意识

流动儿童的父母在家庭教育中扮演着各自的角色，双方都应担负起教育责任，要增强教育意识，加强学习，经常琢磨教子方法，共同商讨教育孩子的策略，发挥完整的家庭功能，不要以忙为借口，只抓"票子"，忽视孩子，只管生活，不管学习。

3. 鼓励流动儿童父母积极参加各种培训

由于文化水平等限制，流动儿童的父母在家庭教育中可能显得力不从心、缺乏自信。为了弥补不足，流动儿童的父母可以有针对性地参加一些培训活动，比如：亲子教育类培训，掌握更有效地教育子女的知识；心理知识培训，帮助流动儿童父母了解孩子的身心发展特点；等等。

4. 营造良好的家庭环境

作为流动儿童的父母首先要为孩子营造一个良好的家庭环境，提供必要的生活和学习条件，尽量给孩子安排一个能够独立活动的小天地，至少安排一个肃静的学习角。

5. 改善亲子沟通方式

流动儿童的父母要尽量多抽时间陪陪孩子，多与孩子交流和沟通，如果见面少可想办法采取书面留言或电话等方式保持经常联系。父母在家时应尽量增加与子女的沟通频率，了解孩子的生活、教育以及身心发展状况，同时也加深孩子对父母工作现状以及家庭现状的理解。亲子沟通内容除了生活和学习，更要注意孩子的心理发展和情感需求。

6. 帮助流动儿童尽快融入城市生活

社会融入是流动儿童进入城市后所必须面临的适应性与发展性问题。短期来讲，是对城市生活的适应，长远来看，是从农村人角色到城市人角色的转变。这个融入过程是极其漫长的，这是一个不同价值观念、思想文化、生活方式、经济背景、社会地位人群不断互动的过程。父母要与孩子一起了解城市，开阔视野，感受城市生活的美好与发达；要加强人格教育和道德素质教育，加强社会适应能力的培养；要帮助孩子建立自信心，扬长避短，改善不良行为。

7. 加强流动儿童家庭与学校的交流合作

孩子的大部分成长时光是在学校度过的，然而大部分流动儿童父母却缺乏和学校的沟通，除了孩子的学习成绩外，对其他情况则很少过问，这显然对孩子的成长不利。父母应多和学校沟通，形成教育合力，多方面了解孩子的情况，对孩子成长过程中出现的问题及时发现，及时解决，共同关注流动儿童的成长。

8. 提升流动儿童父母自尊心水平

鼓励流动儿童父母多和城市人交往，同时淡化身份上的不平等，让流动儿童的父母意识到农村人并不比城市人差，为孩子融入城市作表率。在这方面，可以通过知识讲座、社区宣传、家长会等方式进行，帮助流动儿童父母对自身身份形成积极的认识。

9. 促进流动儿童群体交流互动

流动儿童的同辈群体对于孩子的成长起着至关重要的作用，孩子的言行容易受到同辈群体的影响。流动儿童在城市社会的交往中呈现"内卷化"的趋势，即他们只愿意和自己身份地位对等的来自农村的孩子交往，而很少同城市的孩子进行交往，这种单调的交往是不利于流动儿童融入城市社会的。因为没有沟通与交流，就不会有了解彼此的机会，相互之间的误解与隔阂就难以消除，彼此之间也不会建立相互信任的关系。因此必须加强流动儿童同城市孩子之间的交流，通过频繁的接触、沟通去互相了解，拉近彼此之间的距离。在这方面，学校、社区要积极有为，农民工子弟学校可通过与公立学校举行联谊、知识竞赛、体育竞赛、暑期夏令营等活动，为流动儿童和城市孩子的交流创造机会，鼓励流动儿童大胆地走出去，扩大交际圈；社区则可经常举办一些社区活动，为农民工家庭和城市家庭的接触创造机会，以加深相互之间的了解，促使流动儿童对城市社区产生积极的认同。

10. 全社会都要高度重视流动儿童的城市融入问题

流动儿童是一个特殊的社会群体，漠视他们的境遇和由此形成的边缘化心态，只会引发更严重的抗拒，破坏社会稳定。因此，必须在全社会构建重视、尊重流动儿童，关心、支持流动儿童生存和发展的社会氛围，发动各种社会力量，为流动儿童提供全方位的社会支持，使流动儿童受到更多的监督、照顾与关爱，避免或减少流动儿童受教育的断层与真空。

第六节　隔代家庭教育

随着时代的发展，目前一些年轻父母或者因为自己的工作繁忙，或者因为离异而把孩子的教育、生活等责任全部推给了爷爷奶奶、外公外婆，这些祖父母们成为了全面照顾第三代的"现代父母"。这种由祖辈对孙辈的抚养和教育称之为"隔代家庭教育"。

━━ 咨　询 ━━

　　年轻的何女士咨询：我刚刚有了一个宝宝，我和爱人工作都很忙，没有时间带孩子，只好把孩子托付给公公婆婆，应该说，公婆在生活上对孩子的照顾我很放心，可我担心的是：他们能教育好孩子吗？

何女士的担心可能代表了许许多多年轻父母的心声，也引发了一个热门的话题：隔代家庭教育。中国是世界上为数不多的普遍存在隔代家庭教育的国家。在国外，孩子很小就进了托儿所、幼儿园，18 岁独立成人，所以基本上没有隔代家庭教育。一项调查结果显示：中国近一半孩子是跟着爷爷奶奶、外公外婆长大的。在北京，接受隔代家庭教育的孩子多达70%，而且孩子的年龄越小，与祖父母生活在一起的比例就越高。

一、当前社会隔代家庭结构分析

（一）人口年龄结构变化与隔代家庭教育

在我国，一方面，由于计划生育政策的有效实施，使人口高速发展的势头得到强有力的遏制，人口自然增长率明显下降，低生育水平已经持续了 30 多年；另一方面，由于经济发展加快，卫生医疗条件明显改善，人口平均寿命在延长，老年人的数量急剧增加。人口的年龄结构变化不仅对社会、经济的发展提出挑战，而且迫使家庭教育必须应对新的问题，隔代家庭教育成为普遍现象。

中国不仅是人口大国，也是老龄化大国。我国现有的老龄工作或老年人工作可以大致分为两大类：一类是保障性工作，包括老有所养、老有所医、老有所乐等，这些工作被认为是老龄工作的基础性、常规性工作，过去关注研究得比较多；另一类是开发性工作，即开发老年人才资源，实现老年人的社会参与，包括老有所学、老有所教、老有所为等，这些工作被认为是发展性、创新性工作，过去关注研究的比较少，现在比较重视。在这两大类老龄工作中，家庭中祖辈对孙辈的隔代家庭教育能够横贯两头，既能满足老有所乐的需要，又能实现老有所为的意愿。鼓励、支持和引导祖辈对孙辈的隔代家庭教育应该成为我国老龄工作的重要内容。

（二）隔代家庭结构类型

伴随着中国社会已经或正在发生的深刻变革，中国的家庭结构也在发生变动。隔代家庭结构可以分为以下几类：

（1）三代直系家庭。指年轻夫妇与父母及其子女组成的家庭。

（2）四代直系家庭。从普查数据的户主关系上看，户主夫妇与父母、儿子儿媳及孙子女组成的家庭是四代直系家庭；户主夫妇与父母、祖父母、曾祖父母也是四代直系家庭。

（3）隔代直系家庭。从形式上看，三代以上直系家庭缺中间一代可称为隔代直系家庭。从户主关系角度看可表述为户主或户主夫妇同孙子女组成的家庭以及户主或户主夫妇同祖父母或祖父母一方组成的家庭。

二、隔代家庭教育的利与弊

（一）隔代家庭教育的好处

══ 案　例 ══

有两个孙子一个孙女的霍爷爷，他的教育心得是：老人并不是累赘，隔代家庭教育应该成为孩子教育的一种正面力量。老人们在上班的时候没有能力帮着带孩子，退休后，时间充裕了，有条件帮助孩子，就应该发挥这种能力。

霍爷爷认为，在鼓励认可孩子优点的同时，作为老人，应该看到孩子的缺点，并严肃地指出来，因为包庇孩子的缺点并不是爱孩子，而是在害他们。批评孩子的时候，要有一个原则：不要当着其他人的面批评孩子。

他给每个孙子孙女都建立了一个"功过簿"，将孩子的优点一条一条地记录下来，受到表扬了，记录下来，做了好事了，记录下来，有什么缺点，同样也记录下来，做错事情了，也不能豁免，统统记录下来。

通过这样的方法，孩子们慢慢改掉了缺点，在自己的"功过簿"上用实际行动写下更多更好的内容。

上述案例说明，隔代家庭教育大有裨益。俗话说：家有一老，如有一宝。由于祖孙的血缘关系，老人会本能地对孙辈产生慈爱之心，这就有了隔代家庭教育获得成功的心理基础。老人有较多的育儿经验，有足够的耐心，老人丰富的生活知识和人生阅历为教育孩子提供了资本和权威性。隔代家庭教育的好处主要是：

1. 老人有充裕的时间和精力

不少祖辈家长有充裕的时间和精力，而且愿意花时间与孩子在一起生活。他们不仅照顾孩子的生活，提供学习的条件，进行适当的指导，而且能够耐心地倾听孩子的倾诉。

2. 老人有着更加平和的心态

祖辈们已经脱离激烈竞争的社会环境，他们的心态相对比较平和，加上老人具有儿童似的心理，这就使得他们特别喜欢孩子。他们不像年轻父母那样冲动，能对人、对事抱有一颗平常心。

3. 老人有童心

老人拥有一颗童心，因此极易与孙子女建立融洽的感情，为教育孙子女创造了良好的感情基础。在中国民间俗语中称老年人为"老小孩儿"，称孙子女为"小小孩儿"，说明人越老越像个孩子；而在中国传统文化中还经常用"返老还童""鹤发童颜"等词语来形容老人。在现实生活中，的确有许多老人时常像个孩子一样与自己的孙辈们玩得不亦乐乎，在我们的身边也不乏这样的例子。

4. 老人拥有丰富的生活经验

祖辈已经成功地带大了一代人了，所以他们在抚养和教育孩子方面可谓经验十足。丰富的实践经验，让他们对孩子各阶段的发展特点也了解得更准确，这为他们教育孙子女的健康成长提供了保障。

5. 老人为年轻父母解决了后顾之忧

祖辈们对孙辈的爱是任何育儿机构或者保姆无法替代的，他们可以为孙子女提供最好的心理支持，给孙子女带来足够的安全感，他们的加入使得年轻父母可以免除后顾之忧而全心全意工作。

6. 传承优秀的文化传统

老一辈无疑是怀旧的一群人，他们更多地保留着传统的中华文化和美德，有他们参与教育孙辈，孙子女不仅可以接受先进文化的熏陶，也有机会更好地传承这些优秀的传统文化和美德。

7. 填补家庭缺陷

现在单亲家庭越来越普遍，老人教育孙子女，还可以为那些单亲家庭的孙子女弥补家庭中父亲或者母亲缺失的问题，为孙子女提供了性别模仿的对象，也为孙子女学习与异性相处提供了锻炼的机会。

8. 隔代家庭教育可以缓解老人的孤寂感

老人对孙辈的疼爱，大大超过父母对子女的疼爱，仅用血缘关系解释还不够，其中还有心理上的原因。首先，孙辈犹如旭日之东升，祖辈恰似夕阳的余晖，他们之间有相同性，更有互补性。祖孙在一起，幼者受到爱抚，长者得到欢乐，幼者把长者当靠山，长者把抚养幼者当乐趣。他们之间互相补充了中间一代人由于工作和家务繁忙而留下的时间、空间的空白及遗缺，这就是形成隔代亲的一个重要特征。其次，孙子女行动活跃，爱思考问题，老人与孙子女相处时，会因跟随着他们的活动而使身体得到锻炼，也会因跟随着他们的思考而运作头脑，以致忘却了心中的烦恼和忧愁，这样可以延缓身心的衰老。处在衰退期的老人，更愿接近这些充满想象力、创造力和生命力的孙子女们。再者，老人的儿女在外打工，没有多少时间陪伴老人，而孙子女可以拥有比他们的父母更多的时间，去到老人身边做伴。这样最能解除老人的寂寞和孤独，使老人在精神上得到极大的宽慰，甚至还会焕发起老人尚未泯灭的"童心"。

（二）隔代家庭教育的弊端

═══ 咨　询 ═══

一位家长很苦恼，在家庭教育当中，他总感觉自己是个敌人，他说："对孩子来讲，我是敌人；对于老人来讲，我还是敌人。孩子在防范我，因为他做得不对的地方我就纠正。当我纠正的时候，他就跟我发生抗衡。在这种情况下，孩子肯定要回避你；在你教育孩子的时候，老人肯定要保护孩子，说我怎么这么唠叨，说我对孩子太严厉，他接受不了。有时我也很无助，不知道应该怎么办。"

凡事有利就有弊，隔代家庭教育虽然有许多好处，但也有许多弊端。由于祖辈教育的局限性，使目前隔代家庭教育的质量不尽如人意。隔代家庭教育的弊端主要是：

1. 教养方式不当

（1）喂养方式不科学。把饭嚼碎喂给孩子，是一些中国家长尤其是老一辈习惯的喂养方式，可是，这一喂养方式不仅剥夺了孩子锻炼嚼肌的能力，影响孩子的卫生健康，有时还可能导致更严重的疾病。

═══ 案　例 ═══

青岛郊区一名一岁多的女婴，由于奶奶生口疮时仍像往常一样，把饭嚼烂了再喂给孩子吃，结果把口中的单疱病毒传给了孩子，导致孩子免疫系统"全面瘫痪"，全身就如同严重烫伤一般，皮肤大面积脱落，浑身渗着血水。经过医院7天7夜的生死大营救后，孩子最终才被推出重症监护室。在查出病因后，老人对自己的喂养方式后悔不已。

临床发现，由祖父母喂养的幼儿，更易出现挑食、偏食等不良习惯。老人的心都比较慈善，特别在吃饭问题上很迁就孩子，想吃什么吃什么，不想吃什么就不吃什么。长期娇惯性的喂养在一定程度上易导致孩子偏食，而孩子偏食是一种极为不良的饮食习惯，长久偏食会给孩子的健康发育带来危害。

（2）管教方式欠妥。不少老人管教孩子都倾向于两种极端，过严或者过松。过严者喜欢什么事情都要督促孩子，经常检查孩子的行为。老人依据传统的管教方式，希望孩子按照大人所计划好的路线去成长，一切行动听指挥。过松者是溺爱孩子，放任孩子的行为。祖辈在年轻的时候，因为生活和工作条件的限制，对子女没有能够很好地照顾，他们很容易产生一种补偿心理，把爱集中到孙子女的身上，对孙子女疼爱有加，过分关注，以至于事事代劳，处处迁就，导致孙子女出现任性、自私、孤僻、依赖性强和生活自理能力低下等问题。

2. 教育观念落后

调查显示：许多祖父母的文化程度普遍较低，教育观念落后，知识老化，思想僵化，在他们的头脑里，仍然存在着"读书上学只要多识几个字就行了，大不了外出打工"的观念，加之家里的主要劳动力外出，繁重的体力劳动压在他们肩上，更是无暇顾及孙子女的学习，导致孙子女的学习成绩下降。

3. 容易引发家庭矛盾

（1）隔代家庭教育容易引发亲子矛盾。孩子出生的前几年，父母对他的影响至关重要，毕竟，对孩子来说，父母是他最重要的亲人。如果父母不能陪伴在他的身边，他就很容易产生一种被抛弃的感觉，在他内心深处留下阴影。再者，孩子如果从小就跟爷爷奶奶或者外公外婆生活在一起，习惯了接受他们的祖护与迁就，也可能养成一些父母看不惯的行为习惯，当父母在某个时间段内接管孩子，或者从祖辈手里完全将孩子接管过来时，他们可能就会急于去扭转孩子的这些所谓的问题行为，父母和孩子之间就极容易出现对立情绪。这种对立情绪会让孩子更加疏远父母，退缩到祖辈的身边。

另外，孩子与祖辈长期生活，必然会减少了与父母的相处。这种长期与父母不在一起的生活状况会使父母与子女的关系逐渐淡化、生疏，使得父母在子女逐渐长大后仍无法与子女真心地进行思想与感情的交流。

（2）容易引发父祖辈之间的矛盾。有时候，因为孩子的事情，老人在孩子面前批评其父母，孩子的父母觉得没面子，与老人争吵，埋怨老人惯孩子，老人觉得委屈，费力不讨好。这样，祖辈和父辈之间就很容易因为孩子的教育问题引发矛盾。有时候，父母批评孩子，如果祖辈出面祖护，阻挠父辈教训孙辈，那么，父祖辈之间矛盾很容易激化。

4. 隔代教育往往不一致

（1）祖辈之间的教育不一致。一是两亲家之间的不一致。孩子的爷爷奶奶与外公外婆之间，两种教育观念，两种教育方法，虽然从不发生正面的冲突和碰撞，但投射到孩子身上，却是背道而驰的，这也许是一种隐性的冲突，带给孩子的是一种迷茫和无所适从。来自不同文化背景的"两亲家"对第三代的教养在教育观念和方法上的分歧与碰撞是不可避免的。因此，亲家之间要相互尊重，取长补短，寻求教育的合力。作为孩子的父母要为他们搭建交流沟通的平台，以求得在科学理念的前提下，对共同的下一代在教育目标上求得一致，在方法上走向趋同，而不是我行我素，各行其是，相互抵消。沟通的关键是尊重和理解。二是祖辈夫妻之间的不一致。老两口虽然在一起生活了几十年，但是，在教育孙辈的问题上难免发生分歧。祖辈夫妻在教育孩子过程中一旦发生分歧，千万别当着儿女特别是孙子女的面争执，先以一人的意见为主，让孙子女有一个可遵守的行为准则，然后在孙子女不在场的时候两人再好好沟通，还可听听儿女的意见，以便达成共识。

（2）父辈与祖辈不一致。一般来说，父辈与祖辈在教育孩子问题上很容易发生分歧。父辈与祖辈教育孩子出现的不一致，有的反映在教育思想上，有的反映在教育内容上，有的反映在教育途径和方法上。有了矛盾并不可怕，可怕的是不协调。父辈与祖辈要背着孩子去沟通、去磨合，协调好了再教育孩子。

5. 容易使孙子女形成老龄化心理

首先，孩子有着好动的天性，加上幼儿天生喜欢模仿身边的任何事物，老人的言行举止必定会给孙子女造成一定的影响。孙子女长时间与老人相处在一起，学习老人的言行举止容易让孙子女失去活泼好动的天性，心理上过早走向老龄化。其次，老人的喜静特点使老人通常喜欢带着孙子女待在家中，这样孙子女便失去了与同伴交往的机会和动作发展的机会，容易使孙子女的身心与身体动作得不到良好的发展。

6. 干扰父辈对孩子的教育

不少隔辈人看不得孩子被批评、训斥，更别说挨打了。我们不提倡打孩子，但是适度的批评和约束不可少，然而在老人的干涉下，父母往往难以管束孩子。很多孩子从小跟随祖父母长大，当他们回到父母身边或上幼儿园开始接受新的教育之后，身上的许多坏习惯很难改变。受到过分宽容和保护的孩子，更容易因此养成顽劣、冷漠的性格，缺乏爱心，不懂体贴，任意胡为，不守规则。

7. 阻碍创新精神的培养

老人的养育和教育观念相对传统，不善于运用创造性的方式引导孩子，对于孩子因好奇心而表现出的"破坏""冒险"等行为，总是急着制止，缺乏引导。所以，隔代家庭教育容易造成孩子接受新知识慢，反应不灵敏，不利于发展孩子的想象力，不利于培养孩子的创新精神等。

三、隔代家庭教育的策略与辅导

隔代家庭教育有利有弊，尽管隔代家庭教育存在一定问题，但我们不要轻易下结论否定。平心而论，父母教育子女就没有问题了吗？恐怕问题也不少。这其中最关键的因素不在于谁教育孩子，而是在于教育者自身的素质如何。隔代家庭教育效果如何，很大程度上取决于老人的教育观念和方式方法。由于种种原因，孩子在成长过程中有这样那样的毛病十分正常，及时引导其改正就是了，没必要大惊小怪，更不能将过错完全归罪于隔代家庭教育，糊里糊涂地把这笔账全算在祖辈们的头上。这样，不仅有失公允，还会挫伤老人的教育积极性。

现状表明，我国完全脱离隔代家庭教育还不可能，最关键的问题不是摆脱隔代家庭教育，而是想方设法提高祖辈家长的素质，使隔代家庭教育走出误区，成为中国有特色的教育形式。现在，不到正式退休年龄就退养在家的老人非常多，这些人已成为或正在成为家庭教育的主力军。他们有阅历、有经验、有精力，只要再学习一些家教理论，并运用于教育孙子女的实践中，多与孩子的父母沟通，与孩子的父母在教育后代问题上达成一致，老人肯定会成为家教高手。

（一）发挥老人带孩子的优势

隔代家庭教育要尽量发挥本身优势，老人要从孙辈的成长中获得生命力，要以理智控制感情，分清爱和溺爱的界限，要爱得适度，正确的爱有利于孙子女的健康成长。老人要教育孙子女孝敬其父母，要多讲一些孩子父母的事情，让孩子了解父母的艰辛，理解父母的爱心，要积极创造机会让孩子和其父母多接触，疏通感情，两代人共同努力营造一个有利于家庭教育的和谐温馨的家庭氛围。

（二）两代人要统一思想认识

祖辈家长和孩子的父母对孩子教育的思想认识应统一。当父辈与祖辈之间在教育孩子的问题上发生分歧时，最好不要当着孩子的面发生冲突，家庭成员之间发生冲突，不和谐的家庭氛围会带给孩子更多的不安全感，对他的心理发展产生不利影响。

由于出生与成长的环境和时代的显著差异，两代人在教育孩子的问题上自然也会存在相当大的差距。例如，年轻的父母可能更注重孩子智力培养、个性发展，他们往往会更多地向孩子传递知识，给他更多自由，让他自由探索；而祖辈们则更看重道德和艰苦奋斗精神的教育，可能就会给孩子更多的约束。

两代人统一思想认识的关键是沟通，从祖辈角度讲，一方面，不妨放下架子与孩子的父母多进行交流，征求他们对抚养孩子的意见；另一方面，最好利用各种渠道多接受新思想，学习新知识，用科学先进的教育理念来武装自己。从孩子父母的角度来说，一定要多向祖辈请教，当观点不一致时，不要顶撞，要多一些温和的劝说，讲究沟通策略。

（三）祖辈与父辈协作最重要

隔代抚养和教育与父母亲自抚养和教育各有利弊。要解决这些问题，需要祖辈和父辈的共同努力。祖辈与父辈在教育孩子的问题上应当相互学习，取长补短。比如，在吃的方面，由于祖辈有更多的时间去料理孩子的饮食，餐桌上常会出现一两道孩子的"专利菜"，孩子也就想当然地认为这是"我"的东西，不允许别人"染指"，一旦被侵犯就会大哭大闹、不依不饶。此时，孩子的父母就要提醒老人，无论多么小的孩子，都要学会在与他人分享中获得快乐，这比什么都重要，千万不能让孩子养成吃"独食"的坏习惯。

孩子的生活自理能力应当尽早培养，让孩子承担力所能及的家务劳动，尤其学会自觉为他人服务，对于锻炼孩子的动手能力至关重要。而当父母对孩子进行教育时，祖辈千万不要出面干涉，应努力维护孩子父母的权威，这样孩子就不至于唯我独尊，就会懂得尊重父母。

要充分利用隔代抚养与父母抚育各自的优势，两代人要经常探讨孩子的培养方法，为孩子创造一个和谐开放的家庭环境。年轻的父母要端正态度，不管多么忙，都要抽时间与孩子在一起，不要把对孩子的教育权、抚养权完全交给祖辈家长——这是对孩子不负责任的做法。做儿女的要把老人放在心上，不要给他们增加负担，须知，养育孩子是自己的责任，不是老人的责任。

父母是孩子的法定监护人，负有直接的抚养和教育责任，而隔代家庭教育只能是亲子教育的补充而不是替代。祖辈家长要到位不越位，慈爱不溺爱，应做好称职的配角，而不要越俎代庖。在对待孩子的教育问题上，要尊重孩子父母的价值观和权威性。

（四）让孩子感受批评

有些祖辈怕孩子受委屈，不愿意说孩子的不是，造成孩子受不得一点批评。其实，孩子错了，受点批评也是正常的。虽然当时孩子的心里难受，但这种心理承受能力是必要的。孩子通常是能够主动认识到自己的错误的，他们需要成人的正确引导。如果作为孩子引导者的祖父母因为过分的疼爱孩子从而一味祖护他们的过错，从来都不进行批评，这种状况如果一直持续下去将会使孩子认为自己的一切行为或者习惯都是正确的，接受不了任何批评，那么，这样的孩子在成人后是无法在社会上立足的。毕竟，其他人不会像长辈那样终日宠爱他。

（五）不要溺爱孩子

为了孩子的健康成长，我们应该给予孩子充分的爱，但凡事都要有个"度"，爱过了头就变成了溺爱，溺爱和放任一样，对孩子的健康成长是有害的。不溺爱孩子要做到以下几点：

（1）不搞特殊待遇。如果时时处处给孩子特殊照顾，有好东西给孩子留着，会让孩子感到自己在家地位高人一等，这样的孩子自感特殊，习惯于高高在上，必然变得自私、没有同情心，不关心他人。

（2）不轻易满足。对孩子的要求要慎重考虑，不能孩子要什么就给什么。有的祖辈总是害怕孩子哭闹，对孩子百依百顺。须知，容易被满足的孩子必然养成不珍惜物品、讲究物质享受、浪费金钱和不体贴他人的不良性格，并且毫无忍耐和吃苦精神。

（3）不包办代替。很多祖辈担心孩子做不好，于是任何事情都代替孩子做，结果导致孩子三四岁了还要长辈喂饭、穿衣，五六岁了还不会做简单的家务。这样养育的孩子就不会变得勤劳、善良，也缺少同情心和上进心。

（4）不过分担惊受怕。孩子天生是什么都不怕的，不怕水，不怕黑，不怕摔跤，不怕病痛，往往是祖辈对孩子过分担忧而千叮万嘱，导致孩子越来越胆小。如果祖辈在确保孩子安全的情况下，少一点担忧，多一些鼓励，在摔跤后不大惊小怪，而是让孩子自己爬起来，孩子就不会变得懦弱胆怯。

（5）不剥夺独立。没有祖辈的陪伴就不让孩子走出家门和别的同伴玩，孩子一脱离自己的视线就变得十分紧张，孩子自己能做的事也不让做，这些被家长剥夺了独立性的孩子往往会变得胆小无能，缺乏自信。

（6）不当面袒护。很多时候，孩子在外面和别的同伴有了争执，有的祖辈常偏向、保护自己的孩子，而不管孩子是否有错误，有的家庭里，孩子受到惩罚时也总有祖辈出来替孩子说好话，时间长了，孩子会把祖辈当成"保护伞"和"避难所"，其后果是不仅孩子是非观念混淆，容易形成两面性人格，而且还可能影响家庭的和睦。

（六）要加强学习

人总是要老的，这是自然规律。人老了是否只能在家养老？搓搓麻将、侃侃大山、做做家务、跑跑医院、睡睡懒觉、逛逛公园……应该说，不能完全这样，应该老有所学，老有所为，老有所乐。

━━ **案 例** ━━

老年大学70岁高龄的学员潘先生，每天除了做必要的家务、照顾第三代之外，老年大学成了他主要的学习活动场所。他先后选学了自己感兴趣的家庭按摩、医疗保健、英语、摄影、太极拳等八门学科，还经常听国内外形势、教育改革报告和文学诗词讲座。他沉浸在知识的海洋里，享受着艺术的熏陶，重新燃起了青春的火焰。他深情地说："我的生活内容丰富、充实，从不感觉有什么空虚和寂寞。我不崇拜金钱，也不羡慕'大款'，真是'丹青不知老将至，富贵于我如浮云'。尤其是我用'充电'得来的知识，与我孙子共享，我们能用英语来对话，经常谈诗论画，一起外出游览拍照，增添了无穷的乐趣……"

在这样有修养的爷爷的教育下，孙辈自然会健康成长。老人要当好"白发家长"，就必须不断接触和学习新知识、新事物，更新旧观念，掌握现代教育的"孙子兵法"，努力提高自身素质，做一个新型的"白发家长"。

第七节 农村留守儿童的家庭教育

━━ 术 语 ━━

农村留守儿童是指父母双方或一方外出打工，而自己留在农村生活的孩子们。农村留守儿童是我国社会发展转型时期出现的一个新的社会群体，是中国长期的城乡二元体系松动的一群"制度性孤儿。"

一方面，农村留守儿童的父母外出打工挣钱，获得了另一种生存方式；另一方面，农村留守儿童的父母又因为在城市里，或自身难保，或无立锥之地，无法将他们的子女带进城里，留在自己的身边。同时为了生活或生存，他们不能够轻易地离开自己的工作，不能轻易地离开工作所在的城市，于是，他们长期处于这种"带不出"与"回不去"的双重矛盾中。农村留守儿童虽然有父母，但是他们依然不得不接受"骨肉分离"的现实。

━━ 案 例 ━━

两年前，高美刚刚考入丰宁满族自治县黄旗中学。在同学的印象中，高美沉默寡言，总是低着头，从不愿与人交往，经常一个人偷偷地哭。经了解得知，高美的父亲在她3岁时去世，母亲常年在外打工，从小到大一直和姥爷、姥姥生活。但因老人的溺爱和教育方式的不当，高美时常闹情绪，一遇到不愉快的事情，高美就会怨恨自己的母亲。

还有更为恐怖的事件：华西都市报前些年曾报道，13岁留守儿童杀死两位亲人，因怨恨父母而故意杀人。某日晚，自贡市富顺县彭庙镇一七旬老太被人杀死在家中，凶手竟是被害人年仅13岁的姨孙小淘。更让人毛骨悚然的是，去年小淘还掐死了自己的亲奶奶。小淘说："我最恨妈妈，她经常打我，还不拿零用钱给我用，我就故意给她反着干，我想进监狱。"

农村留守儿童是一群"情感饥饿"的孩子，人格发展上出现很大的扭曲和变形，极易产生认识、价值上的偏差和个性、心理发展的异常，一些人甚至会因此而走上犯罪道路。这些孩子由于缺乏家庭温暖，对父母产生怨恨，成年后容易滋生怨恨社会甚至报复社会的不良心态。由于这些影响是潜在的，平时一般不易察觉，在不觉中埋下了很多无法预知的"雷区"。

农村留守儿童生活的家庭类型主要有：单亲监护型，由父亲或母亲一人在家抚养；祖辈监护型，父母均外出打工，子女由爷爷奶奶或外公外婆抚养；亲友监护型，把孩子托付给亲戚朋友如叔婶、姑舅或朋友监管。

一、社会变迁中的农村留守儿童

最新调查数据显示，中国农村留守儿童数量超过了 6 100 万人，占全国儿童 20% 左右。全国 5 个孩子当中就有一个是农村留守儿童。农村留守儿童中，57.2% 是父母一方外出，42.8% 是父母同时外出；由爷爷奶奶或者外公外婆抚养的占到 80%，被托付给亲戚或者朋友的占到 13%，还有剩下 7% 的农村留守儿童，监护人不确定或者无监护人。

二、农村留守儿童抚养与教育问题

━━ 咨 询 ━━

一位农村教师咨询：我们班学生有一半左右是农村留守儿童，这些孩子与非农村留守儿童比起来，学习普遍不好，而且问题发生率比较高。对农村留守儿童的照顾和教育只靠学校的力量远远不够，靠家庭也不行，因为孩子的父母不在身边。请问：究竟应该怎样对农村留守儿童实施有效的关爱和教育呢？

"父母在远方，身边无爹娘，读书无人管，心里闷得慌，安全无保障，生活没希望"，这个顺口溜形象地勾勒出农村留守儿童的群像。如何教育好农村留守儿童，使他们健康成长，已成为一个不容忽视的社会问题。

农村留守儿童的问题主要集中在情感、学习、生活、心理、思想品德以及安全等问题上。

（一）亲情问题

父母在外打工对农村留守儿童生活影响较为复杂，其中情感缺乏是最严重的问题，父母关爱缺失引起农村留守儿童严重的"情感饥饿"。一篇农村留守儿童的作文《我不喜欢月亮》，让人感受到一股从字里行间扑面而来的亲情思念。在很多人眼里浪漫而美好的月亮，却成为令他们痛苦的物体。作文中写道："我不喜欢看月亮，因为月亮每个月的十五都会圆，而我的家人却没有团圆。我是多么的希望父母能够和我一起吃团圆饭，一起看月亮。"

（二）监护问题

隔代监护，即由爷爷奶奶或外公外婆，对农村留守儿童进行监护。对于这种监护的方式，外出的父母比较放心。但这种监护方式在儿童成长过程中，却有着难以克服的问题。

━━ 案　例 ━━

四川省富顺县某镇发生了一件令人震惊的事：一个 13 岁的女孩小英，在无人事先知情的情况下生下了一个孩子，尚未成年的女娃娃竟然当上了母亲！调查发现，由于父母双双务工在外，作为农村留守儿童，这个 13 岁女孩的监护权无人顾及，才最终导致了这个悲剧。案件发生后，人们除了对性侵者表示极大的愤慨，更多地开始反思这样一个问题：小英为什么没有得到应有的呵护？小英的悲剧到底是谁之错？

事实上，类似小英这样的农村留守儿童在农村中小学生中普遍存在。仅小英所在的镇中学 2 700 名学生中，就有 1 600 名学生的父母常年在外务工，长期由老人或亲戚代为照顾。正是由于孩子缺乏父母的直接监护，这些农村留守儿童即使受到了伤害，也往往不易被及时发现。但是，一个正在上学的女孩怀孕临产，中间八九个月漫长的时间，学校和家庭为何没有觉察出任何异常呢？这其中最重要的一个原因就是孩子监护权的缺失：亲戚认为有老师管，老师以为有亲戚看，结果两头都没管。

(三) 教育问题

调查发现，农村留守儿童的家庭教育尤为欠缺。一是监护人和代养人大多数是老年人，他们精力不济，健康状况欠佳，文化程度不高，家庭教育意识模糊，大多偏于溺爱，以生活照顾为主，且知识、能力上难以承担对孩子的道德培养和学习辅导的任务。二是父母与农村留守儿童沟通少，缺乏亲情上的交流，对孩子的教育漠不关心，放任自流，顺其自然发展。三是父母对农村留守儿童只是给予物质上的满足，孩子吃得饱、穿得暖就行了，缺乏对农村留守儿童精神上的鼓励、鞭策与开导。四是对农村留守儿童的教育方法不对，家庭教育不一致。五是家庭和学校配合不好，父母认为教育是学校的事、老师的事，孩子能否健康成长直接取决于学校和老师，父母成为孩子学习、身心发展的旁观者，导致相当数量的农村留守儿童产生厌学、逃学、辍学现象，农村留守儿童学习成绩及初中教育的在学率都低于正常家庭儿童。

(四) 学习问题

学生邹某，父亲早亡，母亲外出打工，邹某由爷爷奶奶照顾，而其爷爷奶奶年老多病，无力监管，致使邹某常常看电视到深夜或去玩电子游戏彻夜不归，老师布置的作业不做，上课睡觉，还经常逃学，对学习毫无兴趣，每次考试分数都在 10 分以下。

据调查统计，监管人中不关心孩子学习的占 31.6%；农村留守儿童中成绩中等或偏下的占 74.9%，成绩很差的占 19.9%。

由于父母监护的缺失，家庭教育这一在儿童成长过程中至关重要的环节便被极大地削弱了。委托监护人不能提供较好的家庭教育和引导，不愿管理或者不善于教育，致使部分农村留守儿童长期缺少亲情和家庭教育，对孩子人生观、价值观的形成产生了消极的影响。无论是祖辈知识水平低下，存在沟通障碍，无法辅导孩子的学习，还是委托监护人忽视对孩子学业上的监督，都导致了农村留守儿童学习成绩的大幅下滑，对不良诱惑缺乏有效的抵制力，使他们极易迷恋电子游戏以及其他文化垃圾的影响。

（五）交往问题

大多数农村留守儿童表现得偏激、易怒，不愿与人交往，或者与人交往没有礼貌，因而在与其他孩子相处时，不受欢迎和重视。处在情感孤岛上的这些孩子们，逆反和自卑心理会日益加重。

（六）生活问题

留守状态对农村留守儿童生活的影响，主要表现在六个方面：一是大部分农村留守儿童的饮食和衣着情况较差，委托监护人对农村留守儿童的照料相对欠佳；二是农村留守儿童生病会增加委托监护人的心理压力，对部分农村留守儿童的疾病照料也有影响；三是农村留守儿童的劳动负担普遍增加，休闲、娱乐受到了限制；四是少数农村留守儿童在上下学路上得不到接送，安全没有保障；五是农村留守儿童的经济上相对较紧张，他们更懂得金钱来之不易；六是农村留守儿童与外出父母相对疏远。

父母外出打工赚钱，试图改善家庭生活状况，然而却不能尽如所愿。农村留守儿童的生活一般会出现两种情况：一种因为年龄关系缺乏一定的理财和自控能力，过于追求物质享受，花钱大手大脚，懒惰贪玩；另一种则基本相反，农村留守儿童的生活水平并没有随父母打工相应提高，反而有进一步下降的趋势，主要表现为饭菜花样单一，只求填饱肚子，不讲营养搭配，这多与委托监护人的生活观念有关。

（七）性格问题

=== **案　例** ===

有一个农村留守儿童，她学习认真，成绩优异，但就是不合群，老师、同学如果不主动跟她谈话，那就别想听到她说一句话了，背地里同学都说她"金口难开"，说她的话是"金言玉语"。有一次，她的堂弟欺负她，撕了她的作业，还把她的书藏了起来，她不告诉家里的其他亲人，却只在日记里哭诉，还一度想到了自杀，后来幸亏老师在改日记时发现了这件事，及时疏导，并与家长联系，才避免了一个悲剧。

农村留守儿童年龄幼小就离开父母，父母关爱严重缺失，尽管有些是爷爷奶奶或外公外婆监管，但毕竟与父母亲疏不同，一遇到麻烦就会感觉柔弱无助，久而久之变得性格内向，不开朗，影响其健康成长。

（八）心理问题

据资料显示，农村留守儿童心理问题的检出率高达57.14%，且父母打工年限越长，孩子的心理问题越严重。农村留守儿童由于父母不在身边，自己没有依靠和坚强的保护，因此，与父母都在身边的儿童相比，容易产生心理障碍。农村留守儿童患心理疾病的概率明显高于其他儿童，年龄越小的孩子心理问题表现越突出，小学生表现明显，女生比男生更突出。几乎所有的农村留守儿童都羡慕生活在爸爸妈妈身边的小伙伴，在精神方面被抛弃感强烈。农村留守儿童心理问题主要有：

1. 自卑心理障碍

儿童大都具有攀比心理，具有强烈的自豪感，而父母不在身边，农村留守儿童就像失去了坚强的依靠和保护，因此和有些父母在身边的孩子相比容易产生自卑的心理障碍，有的甚至自暴自弃，丧失信心，学习不求上进。

2. 孤独抑郁心理

一位初三女生在日记中这样写道："妈妈，你知道吗？自从你和爸爸还有弟弟走后，我一个人在家里有多么的寂寞，有多么的伤心。自从你们走了以后，我几乎没有笑过，多么怀念以前我们在一起的时光。"父母外出使孩子在家里感到空虚、孤独、无聊，进而产生抑郁心理，往往导致行为上的出格。

3. 逆反心理

农村留守儿童因为缺乏保护而总觉得其他人会欺负他，一点小事就会计较当真，与人交流时充满警惕甚至是敌意。对老师、委托监护人的管教有比较强的逆反心理。调查显示，54%的农村留守儿童和他们的委托监护人有矛盾，有些青少年甚至出现爱挑衅、易冲动和反社会行为。

4. 委屈心理

由于父母不在身边，许多农村留守儿童遇到突发事件的时候，往往感到无助，心理比较脆弱，承受能力比较差，当他们受到他人欺负，与同学之间产生纠纷，受到老师的批评，或者与看管自己的爷爷奶奶、外公外婆及其他亲友产生矛盾时，就会非常敏感，非常委屈，甚至做出过激的反应。

5. 焦虑心理

农村留守儿童的焦虑心理主要表现为：一是精神运动性焦虑。坐立不安、心神不定、搓手顿足、踱来走去、小动作增多、注意力无法集中，自己也不知道为什么如此惶恐不安。二是自主神经系统反应性过强。焦虑症患者的交感和附交感神经系统常常超负荷工作。患者出汗、晕眩、呼吸急促、心跳过速、身体发冷发热、手脚冰凉或发热、胃部难受、大小便过频、喉头有阻塞感。

农村留守儿童个体焦虑水平之间存在差异。①父母双方都外出打工者状态焦虑水平要明显高于父母一方外出打工者；②农村留守儿童中，初中生比小学生有更多的焦虑；③小学农村留守儿童中，女生比男生有更多的状态焦虑；初中农村留守儿童中，男生则比女生有更多的状态焦虑。结论是：农村留守儿童状态焦虑水平普遍比非农村留守儿童高。

6. 怨恨父母的心理

少数农村留守儿童不理解父母，有的认为父母没有能耐，才外出打工；有的认为父母不喜欢自己，才不带自己走，由此产生怨恨心理。有的农村留守儿童在父母回家后就疏远父母，和父母产生情感隔阂，甚至埋怨父母无情。

（九）行为问题

调查发现，有46%的农村留守儿童行为习惯良好，40.5%的农村留守儿童行为习惯一般，13.5%的农村留守儿童行为习惯较差。在农村留守儿童群体中，有的经常说谎，不服管教；有的在家里好吃懒做，生活自理能力差，许多事情都由祖辈老人们一手包办；有的迟到、早退、旷课、逃学、不做作业；有的小偷小摸，如小学四年级学生钟某，几次进入老师房间偷窃钱物，盗走现金近1 000元，全部用于打游戏和大吃大喝，有一次他一人吃一餐饭就花掉50多元；有的沉迷于武侠小说或网络游戏中；有的具有攻击行为，打架斗殴，参与校园暴力；有的与社会上有不良习气的青年混在一起。另外，农村留守儿童普遍具有不良行为习惯，如饮食无规律，饭前不洗手，饭后不漱口，作息时间随意，生活用品摆放杂乱，不勤剪指甲，不勤洗澡换衣，等等。由于父母不在身边，农村留守儿童与委托监护人之间关系特殊，只要不犯大错，委托监护人对孩子的行为一般采取认可态度。这给家庭和学校教育带来了极大的困难，也严重影响了农村留守儿童的人身安全和健康成长。

━━━ 提 示 ━━━

美国的一项调查显示：在每周由他人（除父母外）看管超过30个小时的儿童中，有17%的孩子出现了诸如好打架、欺负人等行为问题，而那些每星期由其他人照看少于10个小时的孩子中，只有6%发生了类似情况。

（十）思想品德问题

农村留守儿童在思想品德方面容易出现的一些问题：一是农村留守儿童道德情感的缺失；二是委托监护人对农村留守儿童的放任自流，缺乏道德约束；三是农村留守儿童缺乏必要的自觉性和纪律性，道德意识薄弱。有的教养缺乏，目无尊长，言行无礼；有的不明事理，不辨是非，行为鲁莽，缺少自控力，不计后果；有的吸烟、酗酒、赌博、迷恋网络，甚至走上违法犯罪的道路。

（十一）安全问题

农村留守儿童的人身、生命安全是打工在外的父母最担心的问题，而现实状况并不令人乐观。一方面委托监护人年老体弱或无暇顾及；另一方面这个年龄段的孩子自律性较差，好奇心强，活泼好动，对事物的分析判断能力尚未成熟，使得农村留守儿童安全问题颇多。缺乏安全保障的农村留守儿童很可能会成为不法分子的侵害对象。在农村留守儿童中，男性儿童容易成为人贩子注意的目标，而女性儿童容易受到人身侵害。还有的农村留守儿童因父母不在身边，而经常受到同学、邻居的欺负。

（十二）守法问题

公安部的调查显示两个"大多数"：全国未成年人受侵害及自身犯罪的案例大多数在农村，其中大多数又是农村留守儿童。有的孩子学会打麻将、赌博，有的拉帮结派、吸烟喝酒、逃学打架，与社会上不三不四的人交往，这些都成为社会的不安定因素。据调查，历年的刑事犯罪中，有20%以上的青少年为这类孩子。

三、农村留守儿童的家庭教育辅导

农村留守儿童也是我们祖国未来的建设者，如果对这些孩子的监控处于真空或半真空状态，使他们失去有效的教育，其后果将不堪设想。农村留守儿童的教育问题已成了教育的难题，并引起了社会的广泛关注。农村留守儿童教育问题涉及面广，影响深远，解决好农村留守儿童的教育问题，也是解决农民工后顾之忧，保证他们安心在外务工的爱民措施，因此不能只停留在呼吁层面上，应从教育管理体制、政策法规等方面进行解决。社会、学校、家庭三方面要共同努力促进农村留守儿童的健康成长。

1. 建立健全农村留守儿童工作机制

关爱农村留守儿童工作是全社会的一项系统工程，需要全社会的参与和努力。建立以市、县（市、区）、乡（镇）政府为主，相关部门共同参与的工作责任制，县（市、区）、乡（镇）政府成立"关爱留守儿童工作"领导小组，制订"关爱留守儿童工作"行动计划和具体措施，实行属地管理为主的原则，将农村留守儿童工作纳入对县（市、区）、乡（镇）政府全年工作考核目标，形成政府、学校、社区、家庭、邻里多方协同推进的工作格局。

2. 完善和落实相关法律政策

各级政府要进一步完善进城务工农民工子弟在父母工作地接受教育的制度和机制，使农民工子弟在其父母工作地真正享有同当地儿童同等的受教育权利。要取消各种名目的借读费、建校费、捐资助学费，最大限度地降低进城农民工子弟在其父母工作地入学的门槛，保障其享有与当地儿童接受同等教育的权益，使长期在外务工的父母能把孩子带在身边上学，从源头上减少或消除农村留守儿童群体。

3. 培养和扶持以民间组织为依托的农村留守儿童服务机构

在农村留守儿童问题无法从根本上得到解决之前，各级政府应该通过政策引导，鼓励民间资金和社会力量兴办农村留守儿童服务站等多种形式的托管服务机构，利用社会优质资源

（如优秀退休教师等），切实为农村留守儿童健康成长提供高质量的服务。

4. 下大力气优化农村留守儿童成长的社会环境

各级各部门必须下大力气从小事抓起，严肃治理不断恶化的社会环境，严厉打击破坏儿童成长环境的人和事。报刊、广播、电视、互联网等大众媒体要围绕关爱儿童尤其是农村留守儿童成长的主题，一方面宣传"以人为本""儿童优先""为国教子""以德育人"等新观念、新风尚；另一方面，用积极健康的题材武装青少年一代的头脑，教育他们正确辨别是非，引导他们积极向上的生活、学习和做人。

5. 努力营造一个良好的家庭教育氛围

外出务工的父母及农村留守儿童的委托监护人，应尽量为农村留守儿童营造一个温馨、和谐的学习和生活环境，促使农村留守儿童健康成长。外出务工的父母也应加强与子女的联系和沟通，尽可能做到多关心孩子。还要加强与委托监护人、学校的联系。外出的父母要经常回家或打电话与孩子沟通，交流感情，还要和学校沟通，掌握孩子的情况，发现问题及时解决。

6. 对父母进行履行监护职责的教育

我国法律规定未成年人的父母是其监护人，父母应当履行对孩子的抚养教育义务，即使孩子不在身边也不能推卸自身的责任。要帮助他们懂得对孩子的教育影响和亲情是任何人也替代不了的。一是利用父母爱子心切的心理提高他们对家庭教育重要性的认识，更新教育观念；二是帮助父母全面了解孩子的身心特点，理性地去开展家庭教育；三是帮助父母掌握科学的教育方法，指导父母如何与孩子沟通，加强情感交融，扭转农村留守儿童父母在家庭教育中的劣势。

7. 对委托照护农村留守儿童的成年人进行培训

父母双双离乡一般将子女委托祖辈或其他亲属照料，这些人临时履行对孩子的监护职责，应对这些人给予相应的培训，增强其责任感，保障孩子的生活需求和适龄孩子接受义务教育的权利，保护孩子的合法权益不受侵害，并及时将孩子的情况反馈给其父母。

8. 学校可以建立"留守儿童之家"

在中小学校普及实行教职工结对帮扶或学生结对帮扶农村留守儿童制度，建立健全教师家访和与农村留守儿童谈心制度。定期召开帮扶教师、农村留守儿童、委托监护人座谈会。开设亲情电话，让农村留守儿童的父母知道校长、班主任等老师的电话，加强学校、家长和孩子之间的联系和交流。

9. 要选择合适的教育管理方式

一是代理家长制；二是学校寄宿制；三是借鉴 SOS 村的方式，就是复合式的家庭管理系统，可以找一个适合做代理家长的人，将几个孩子集中到这个家里，由他来管理。

10. 引导同辈群体的交往和活动

同辈群体虽是孩子自发的组织，但只要引导得当，它会成为不可忽视的教育力量。要鼓励农村留守儿童多与同伴交往，通过交谈、游戏、讨论等形式引导孩子们妥善处理群体内的矛盾，通过开展各种内容丰富、形式多样的活动，进行闲暇教育，吸引群体成员投身于集体生活，充实孩子的课余活动，弥补孩子的亲情缺憾，创建健康向上、积极进取的群体文化。

11. 构建农村留守儿童与非农村留守儿童"手拉手"体验教育互动模式

"手拉手"模式是少先队组织的经典项目，已有众多少年儿童从中受惠。农村留守儿童的思想道德建设同样可以利用这种平台，构建起两种"手拉手"的少年儿童体验教育互动模式。一是在农村学校内部，构建农村留守儿童与非农村留守儿童"手拉手"活动。利用同辈群体在少年儿童社会化中的重要功能，班主任或少先队辅导员带领和倡导非农村留守儿童与农村留守儿童交朋友，尽量打破原来农村留守儿童一般只和农村留守儿童交朋友的现象，让农村留守儿童积极融入班级、少先队或校团委这样的大集体。二是构建城市少年儿童与农村留守儿童的"手拉手"活动模式。把深刻的教育内容融入生动有趣的"手拉手"活动之中，用祖国大好风光、民族悠久历史、优良革命传统和现代化建设的成就，教育城乡不同生活环境中成长的未成年人，培养他们相互理解、相互认同的亲密情感。

12. 加强农村精神文明建设，优化社区育人环境

要优化农村社区育人环境，首先是要转变人们的思想观念，强化大教育观。要提高社区领导（在农村一般是村级领导）对教育的关心程度和参与意识。由学校、村委、家长代表组成联合教育委员会，校长定期或不定期召集开会，关心农村留守儿童出现的问题，在教育力量的整合中起协调作用。通过有线广播、文艺宣传等形式，向广大农村家长宣传科学的教育知识，争取人人都成为教育的有生力量。其次是要把农村精神文明建设作为抓手，形成科学文明的育人氛围。要建好村级图书室、文化室，用丰富的书籍和科教影片、娱乐活动吸引农民，为农村留守儿童开辟活动园地。

13. 大力发展农村经济，提高农村生活水平

将农村劳动力就业作为社会主义新农村建设的重要内容，大力发展县域经济，改善小城镇的投资环境，千方百计增加农村就业机会，使部分农民能在本乡或本县打工，缩短务工农民回家周期。加强农村吸引外资力度，鼓励外出务工人员回乡创业，尽量减少农村留守儿童群体数量。

🗂 思考与讨论

在目前社会条件下，由于自然死亡或事故死亡导致的不完全家庭的情况占极少数，而由于父母离异、再婚所形成的自然结构遭到破坏的家庭，在特殊家庭中占绝大多数。有些家庭虽然不算特殊，但儿童相对比较特殊，如学习障碍儿童、心理障碍儿童、独生子女儿童、流动儿童、隔代抚养的儿童、农村留守儿童等，如何搞好特殊家庭子女及特殊儿童的教育，已成为当前教育工作的难题。

学习完本章，请思考并讨论以下问题：

1. 学习障碍儿童有哪些表现？

2. 学习障碍产生的原因是什么？

3. 怎样诊断儿童是否存在学习障碍？

4. 治疗学习障碍儿童的措施有哪些？

5. 儿童心理障碍的特征和表现有哪些？

6. 儿童心理障碍产生的原因是什么？

7. 家庭如何辅导心理障碍儿童？

8. 独生子女成长的优势是什么？

9. 独生子女家庭教育存在哪些误区？

10. 独生子女身上存在哪些问题？

11. 如何进行独生子女的自立教育？

12. 离异家庭儿童的心理特征是什么？

13. 重组家庭如何处理好夫妻关系和亲子关系？

14. 怎样做好离异与重组家庭教育的辅导？

15. 流动儿童有哪些特征与问题？

16. 怎样做好流动儿童家庭教育的辅导？

17. 隔代家庭教育有哪些利弊？

18. 怎样做好隔代家庭教育的辅导？

19. 农村留守儿童存在哪些问题？

20. 怎样做好农村留守儿童家庭教育的辅导？

可与小组同学开展讨论，分享思考与心得，可将讨论结果和思考心得发送到课程邮箱。

视窗拓展

1. 推荐阅读书目

［1］赵刚．家长教育学［M］．北京：教育科学出版社，2010.

［2］国家基础教育实验中心．中国家庭子女教育：特殊儿童家长读本［M］．北京：中国法制出版社，2000.

［3］江琴娣．特殊儿童家庭教育［M］．上海：华东师范大学出版社，2015.

［4］万莹．隔代教育书［M］．合肥：安徽人民出版社，2013.

［5］肖庆华．农村留守与流动儿童的教育［M］．北京：中国社会科学出版社，2012.

2. 影视剧

［1］公益互动心理剧：《小艺的故事》。

［2］国产影视剧：《我的爸爸会盖楼》《大山里的孩子》《留守的天空》《小小擦鞋匠》《城市候鸟》《隔代亲》。

第六章　亲子关系咨询与辅导

学习导入

　　父母与孩子之间的关系，称为"亲子关系"，亲子关系是人际关系中最为亲密、真实的一种关系，要有足够的智慧才能维系它的存在和发展。好的亲子关系本身就是好的教育，如果亲子关系不好，父母会发现很难教育孩子，父母的话，孩子不爱听、不想听；如果亲子关系好，双方和谐相处，孩子就会听从父母的教导，孩子也容易建立自信。本章将在亲子关系的内涵、特点、分类、作用等方面进行探讨。

学习目标

　　了解亲子关系的基本概念；
　　说明亲子关系对家庭生活的意义；
　　理解亲子关系是家庭教育的逻辑起点；
　　理解良好的亲子关系是其他教育形式难以取代的；
　　阐述亲子关系的特点；
　　指出亲子沟通的误区；
　　掌握亲职能力提升的必要知识；
　　掌握亲子良好沟通的原则和技巧。

第一节　亲子关系概述

一、何为亲子关系

=== 术　语 ===

　　亲子关系即父母子女关系。在法律上是指父母和子女之间的权利、义务关系。父母和子女是血缘最近的直系血亲，是家庭关系的重要组成部分。

══ 咨 询 ══

　　一位公司老板咨询：厂里几百号人我都能搞定，唯独一个儿子搞不定！我想不明白的是：公司比家大，员工比家里人多，大事小情也比家里多，但管理公司有成就感，而教育孩子却有挫败感。为什么治家比治厂还难？教育孩子比管理员工还难？

　　这位老板反映的问题具有一定的代表性。应该说，许多老板都不缺少"领导才能"，而或多或少缺少"家长素质"。所以，他们能够搞定员工，搞不定孩子；能搞好同事关系，搞不好亲子关系。

　　良好的亲子关系是亲子教育的基础，只有在关系和谐的状态下，孩子才会尊重父母，接受父母的教育，如果亲子关系不和谐，孩子逆反、不听话，父母再多的知识、经验、智慧都无法传递给孩子，可以说，没有良好的亲子关系，就没有教育。

（一）亲子关系的类型

根据我国《婚姻法》的规定，父母子女关系可分为两大类：

1. 自然血亲的父母子女关系

这是基于子女出生的法律事实而发生的，其中包括生父母和婚生子女的关系、生父母和非婚生子女的关系。其特点为：自然血亲的父母子女关系，只能因依法送养子女或父母子女一方死亡的原因而终止。在通常情况下，他们之间的相互关系是不允许解除的。

2. 拟制血亲的父母子女关系

这是基于收养或再婚的法律行为以及事实上抚养关系的形成，由法律认可而人为设定的。包括养父母和养子女的关系，继父母和受其抚养教育的继子女的关系。其特点为：拟制血亲的父母子女关系，可因收养的解除或继父（母）与生父（母）离婚及相互抚养关系的变化而终止。

（二）亲子关系的法律规定

我国《婚姻法》第 21 条至第 27 条，对父母子女关系作了以下明确的规定：

1. 父母对子女有抚养教育的义务

我国《婚姻法》第 21 条规定："父母对子女有抚养教育的义务；父母不履行抚养义务时，未成年的或不能独立生活的子女，有要求父母付给抚养费的权利。"这一法规说明，抚养教育子女既是父母应尽的义务，又是子女应享的权利。

2. 父母对未成年子女有保护和教育的权利义务

我国《婚姻法》第 23 条规定："父母有保护和教育未成年子女的权利和义务。在未成年子女对国家、集体或他人造成损害时，父母有承担民事责任的义务。"这一法条秉承了

1980 年《婚姻法》的立法宗旨，仅作了个别词语的修改，即将原文中"父母有赔偿经济损失的义务"改为"父母有承担民事责任的义务"。修改这一条款的目的是：加重了父母教育未成年子女的责任，拓宽了他们为未成年子女承担民事责任的范围，兼有亲权和监护的含义。

3. 子女对父母有赡养扶助的义务

我国《婚姻法》第 21 条规定："子女对父母有赡养扶助的义务。子女不履行赡养义务时，无劳动能力的或生活困难的父母，有要求子女付给赡养费的权利。"这一条款说明，父母子女间的权利义务是对等的。父母抚养了子女，对社会和家庭尽到了责任。当父母年老体衰时，子女也应尽赡养扶助父母的义务。

4. 父母子女有相互继承遗产的权利

我国《婚姻法》第 24 条规定："父母和子女有相互继承遗产的权利。"这一权利是基于双方的特定身份而产生的。依照我国继承法，子女和父母互为第一顺序的法定继承人。父母死亡时，子女有继承他们遗产的权利；子女死亡时，父母有继承他们遗产的权利。父母子女均为独立的继承主体。子女，包括婚生子女、非婚生子女、养子女和有抚养关系的继子女；父母，包括生父母、养父母和有抚养关系的继父母。形成抚养关系的继子女和继父母，为拟制直系血亲，继子女继承了继父母遗产的，仍可以继承生父母的遗产。但是，继子女如果已依收养法被继父或继母收养，则不得继承不与其共同生活的生父或生母的遗产了。在具体分配遗产时，遵循继承法的遗产分配原则、方法，使父母或子女的继承权得以实现。如果子女先于父母死亡的，分割父母遗产时，先死亡子女的晚辈直系血亲享有代位继承权。被继承人死亡时尚未出生的胎儿，依法应为其保留继承份额。

二、亲子关系的特点

1. 亲子关系的不可替代性

亲子关系是以血缘为基础的关系，这种关系是与生俱来的，具有不可替代性，是其他关系，如师生关系、朋友关系、同学关系、夫妻关系等不可比拟的。通俗地说，人可以选择朋友、老师，却无法自由选择自己的父母，这是无法随自己的意愿而改变的关系。这种关系在一个人出生之前就确定了，而且一旦这种关系确定下来就不可变更。任何一方都不能选择这种关系，任何父母都无法选择自己孩子的特征，包括心理特点。无论你是否同意，都必须接受这种现实的关系。

2. 亲子关系的永久性

亲子关系的永久性是最突出的，这种永久性是其他人际关系所不能比拟的。一个人从呱呱落地起，他与父母的亲子关系就开始了，并将伴随他的一生。孩子一生中可以有许多位老师，然而，亲生的爸爸、妈妈只能有两位，是不能更换的。

3. 血缘伦理的亲密性

父母与子女之间不仅仅是一种社会关系，还存在着血缘上的联系，存在着直接的伦理关系、生活与经济上的依赖关系。这些关系不仅受着法律的确认和保护，存在着一定程度的不可离异性，而且产生着一种本能的依恋感情，天然地带有亲情色彩。世上最真挚无私的感情，莫过于父母对子女的爱，亲子关系具有天然的亲和力。但是，亲子之间的亲密性应该是有度的，最理想状态的亲子关系应该是既相互依恋、牵挂、陪伴，彼此关爱、照顾、支持、促进，又保持各自的独立性；关注而不过多介入，尊重而不干涉和操控，和谐而不强求一致，共处而不侵占彼此的空间和时间……就像两个交叉的圆，有部分重叠，但不重合，也不分离。实际上，亲子关系的亲密性是相对的，如果经营不好，也会发生冲突。

4. 情感的无私性

父母对子女的爱源于人的本性，是奉献，是给予，这种爱是不求任何回报的，所以它是无私的、崇高的。子女依恋父母，父母爱护子女，这是人之常情。这种长幼亲情既是本能的、自然的，又是持久的、深切的。父母这种本能的慈爱之心和天然的责任感不仅是家长教育孩子的强大内在动力，更是一切家庭教育活动的良好基础和先决条件。

5. 亲子关系具有不平等性

因为无论多少年、多少代，我们传承的内容是什么，总是由长辈向下一代传递，家庭中父母总是扮演教化者的角色，子代大多扮演着被教化者的角色，亲子两代在生物繁衍链条上的前后相继性，决定了双方在社会教化上的不平等性。在亲子关系中，父母永远处于主导地位，亲子关系的出现对父母的影响相对较小，但对子女而言，这个关系对他们以后的个性、情感和人际关系有非常重要的影响。

6. 亲子教育的全面性

子女成长每一方面的责任、义务等都属于家长的职责范围，都是父母分内的事，而其他人员（如教师）则是在特定的范围内有一定的限度。亲子关系与其他关系不同，亲子关系不仅直接涉及生活、养育等方面，而且，父母养育子女没有固定工作时间，尤其是学龄前和学龄初期儿童是全天候的。同时父母的角色功能是长久的，甚至是终生的，而其他关系，如师生关系是特定的，较多地局限于教育、教学范围，老师对学生的职责是有特定的时期与阶段的。

7. 教育中的长期性与渗透性

父母是孩子的首任教育者，也是终身教育者。家庭教育是相伴人一生的，与学校教育相比，更具有连续性和持久性。家庭教育与家庭生活的统一性，使得家庭教育的进行，并不仅仅局限于父母对子女直接的道德谈话或行为指导及评价上。家庭生活的多方面因素，都会对孩子起着潜移默化的影响，诸如家庭的自然结构、经济结构、家庭成员间的关系、家庭的气氛、生活习惯等，都会在耳濡目染的作用下，渗透到孩子的思想意识中去，特别是父母的言行以及家风（门风）对孩子的影响更为深刻。

8. 网络时代子女挑战父母的权威性

随着社会的发展，儿童社会化环境的变化，亲子关系出现了一些新的特点，父母在家庭中的权威地位在一定程度上受到冲击。改革开放和信息化社会的发展，使得现代的少年儿童已经不再是封闭、保守的社会状态下顺从听话的孩子，他们通过各种媒介了解了许多社会现象，也了解了自身的权益。在家庭中"父母说了算"的传统已经不被现代的孩子所接受，他们渴求与父辈之间平等相处、平等交流，同时孩子在社会化过程中，对成年人的影响日益增大。尽管在家庭中父辈依然对子辈扮演着施化者的角色，孩子依然要向父母学习如何做人，但是孩子也在一定程度上将自己的兴趣、爱好、知识、经验、观念等"反哺"给成年人。也就是说，两代人间的影响绝不是单向的，双向影响的趋势越发突出，这是历史的必然。

三、亲子关系的分类

如果把家庭看成一个三角形，那么父亲、母亲、孩子便是三角形的三个角，在这个三角形中，每条边都代表着两个家庭成员间的关系。那么，一个健康幸福而利于孩子成长的家庭，应该是一个什么样的三角形？

1. 第一种为夫妻关系较近，都给孩子均等的爱

对孩子影响：有利于孩子性格形成，同时学习男性形象和女性形象。

第一种模式的夫妻关系很紧密，都给孩子比较均等的爱。

在一个健康的家庭关系中，夫妻之间的感情是最重要的，夫妻关系是亲子关系和谐与否的基础。在这种模式中，一方面，夫妻关系很和睦，能给孩子充分和谐的家庭环境，由于父母关系很好，孩子也会对婚姻产生美好的感觉和向往，感受到婚姻就是像父母那样相处；另一方面，父母双方能给孩子比较均衡的爱，这样，孩子便能从父母那里同时学习到男性形象和女性形象，这对孩子的成长也是很有益的。

在生活中，常常会出现"异性相吸"的情形，家庭中也不例外。有时，男孩更倾向于母亲，女孩更倾向于父亲。在夫妻关系较近的家庭模式中，"异性相吸"也是家庭关系达到平衡的"功臣"，如男孩喜欢母亲，就会在潜意识中"嫉妒"父亲，"为什么母亲会喜欢父亲呢？"他就会在观察的过程中以父亲为榜样，学习父亲的很多优点。所以，夫妻关系融洽，对孩子的性格形成是很关键的。

2. 第二种为夫妻关系较远，离孩子更近

对孩子影响：可能会导致孩子以自我为中心，任性、自私。

第二种模式与第一种模式比较，相对来说，父母关系较远，两个人离孩子更近，就是人们常说的"以孩子为中心"。这种模式常发生在夫妻关系一般，虽然没有太大冲突，但时常处于"冷战"状态的家庭中。由于夫妻之间的关系比较淡薄，常常到孩子那里寻求补偿，因此孩子常常处于被溺爱、过度保护、过度干涉的状态下。这种模式会导致孩子以自我为中心，比较任性和自私等，不利于孩子各方面的发展，这样的家庭表面上看起来尚能平稳，但却潜藏着危机。

3. 第三种为夫妻关系完全依靠孩子维系

对孩子影响：孩子更可能以自我为中心，自私自利。

第三种模式是第二种模式的极端化，夫妻间距离更远，问题更突出，两人的关系完全依靠孩子来维系，孩子甚至成了婚姻的阻隔与障碍，也就是人们常说的"婚内第三者"。在这种家庭中成长的孩子，常常被极端地溺爱。现在很多家庭都是这种模式，夫妻之间几乎没有感情，婚姻成了"将错就错"，他们宁可和对方没感情，但为了孩子，还是忍着，以维系家庭的完整。

4. 第四种为女孩与母亲关系较近，或男孩与父亲关系较近

对孩子影响：孩子长大后，不知如何与异性相处。

这种模式常常发生在以下这些情况下：第一，母亲从小带女儿，如果在 2 岁半～3 岁时父亲没有介入，常常会出现女儿对母亲过度依赖，与父亲关系越来越远；第二，由于很多人都有这样的想法，因为母亲要给女孩做好榜样，父亲要给男孩做好榜样，所以女孩长大了，应该与母亲更近一些，男孩长大了，应该与父亲更近一些，因此导致同性的亲子关系越来越近；第三，在夫妻关系不和的家庭中，由于父亲和母亲常常相互敌视，总希望把孩子拉入自己的"同盟"中，结果常常是孩子与父母中的一方关系越来越紧密，而与另一方的关系越来越疏远。这种模式可能会导致在女儿（儿子）的心中，父亲（母亲）的形象离他很遥远，那么当她（他）长大后就会不知如何与异性相处，或不敢接触异性。

5. 第五种为女孩与父亲关系较近，或男孩与母亲关系较近

对孩子影响：影响孩子择偶。

男孩与母亲关系较近是比较常见的现象。第五种模式如果处理不好，可能问题更大。在现实生活中常常会碰到这样的现象：儿子从生下来就由母亲带，到 2 岁半～3 岁时，由于父亲没有介入，孩子在第一个性格形成的关键期，开始爱上自己的母亲，和母亲"热恋"，形成恋母情结。当孩子成长到 4 岁半～5 岁时，开始排斥父亲，讨厌父亲和母亲那么要好，孩子主要排斥父亲跟他争他的母亲。年龄小的时候，孩子是看到父亲讨厌，影响父子关系，长大后就会影响孩子择偶观。孩子在 3 岁以前，家庭的主要抚养人是母亲，这时母亲怎么给他爱都没问题，但随着男孩慢慢长大，母亲就要和他距离远一点，让父亲与他的距离近一些。如果男孩与母亲关系更亲近，他会从母亲身上习得很多女性的东西，性别角色就会出现问题，甚至会因过度依赖母亲而"恋母"，那么孩子的心理其实是没有真正的成长的，所以孩子成长到 3 岁左右时，父亲角色应该介入，让一家人的关系相对均衡一些。目前，很多家庭把教育孩子的责任压在母亲身上，但专家认为，健康的家庭关系应该是：夫妻关系较近，都给孩子均等的爱。

四、亲子关系中依恋的作用

1. 亲子依恋是亲子关系建立的基础

依恋类型直接影响婴幼儿性格的形成、个性品质的发展及亲子关系的好坏。毋庸置疑，良好依恋行为的建立是十分必要的。孩子对父母的态度与情感需要父母的培养，只有在孩子

拥有认同感、归属感的前提下对亲子关系的建立才更为有利。亲子关系的建立是一个互动的过程，作为父母应善于运用各种方法和技巧来融洽与子女的关系，努力培养孩子的信任感与家庭归属感。父母应引导和利用孩子有效的依恋模式，加强与孩子的亲子交流。

═══ 案 例 ═══

丹丹妈妈现在非常后悔，如今被保姆带大的女儿怎么会和自己这么疏远。4年前，丹丹妈妈生下了丹丹，那时自己和丈夫的工作都非常忙，她是一家外企的人事主管，丈夫自己经营一家公司，他们都把事业看成是第一位的。刚生完丹丹不到半年，夫妻两人商量后决定请一位有经验的保姆来带孩子。保姆是朋友介绍的，乡下来的人四十多岁很老实，由于不能生育，保姆至今自己没有孩子，因此她特别喜欢小孩，经她手里带过的孩子已经不止10个了，而且她还非常勤快，每天都把家里打扫得一尘不染。丹丹6个月大的时候断了母乳，保姆开始给她喂奶粉，每次喂之前，保姆都要先将奶瓶捂到和自己体温差不多的时候再喂丹丹。虽然保姆识的字不多，但丹丹仍然非常喜欢听她讲的故事。出去买东西，其他人经常把丹丹误当成是保姆的亲孙女。有人问丹丹最大的理想是什么，她总是说要赚钱给娘娘养老，娘娘是她对保姆的称呼，这时的娘娘听了，总是笑得合不拢嘴。一转眼，丹丹快上幼儿园了，这天，丹丹妈妈和丹丹爸爸商量要把保姆辞退，她们多给了保姆3个月的工资，也感谢她把丹丹带大，保姆是含着泪离开的。早上，丹丹醒来发现娘娘不在了，她又哭又闹，谁的话也不听，给她吃东西，她把碗摔得老远，看着哭了整天的女儿，夫妻俩没办法，只好从乡下又把保姆接了回来。这件事以后，丹丹妈妈发现女儿对自己越来越疏远，如果自己想抱她，她会躲开跑到保姆的怀里。她想，可能是自己平时忙于工作，疏忽照顾女儿才会这样的，为了改善和女儿的关系，她常常抽空带女儿出去玩，给女儿买爱吃的东西，可每次买给女儿的东西，她都要留一份，说是回去给娘娘吃。看到女儿与保姆的关系比自己还亲密，她心里很不是滋味，毕竟自己才是女儿的真正母亲啊！

现代心理学表明，在儿童成长过程中，亲子关系有着极其重要的意义。一方面，在早期发展过程中，如果缺少母爱，会使儿童情感发育不良，主要表现在性情孤僻古怪、不合作、不自信、生活缺少规则和安全感等，同时也会导致儿童想象力、观察力、创造力以及言语技能等智力因素发展受限制。另一方面，儿童的感情是最真实的，谁对他（她）好，他（她）就会对谁好，丹丹的行为问题即属于此。由于在孩子成长关键期内母亲与丹丹没有建立起良好的亲子依恋关系，所以，丹丹同保姆的感情超过对妈妈的感情也就不足为奇了。母亲只有在丹丹以后的发展过程中，加强亲子间的互动，注意其自信心和内在规范的培养，弥补亲情的缺失，才能使丹丹逐渐接受妈妈的爱。

2. 亲子依恋具有生物学作用

在人类进化过程中，婴儿与父母相互作用的模式确保了婴儿的生存。某些特定的刺激

（人的面孔、声音、陌生的物体）可以引发婴儿特定的行为（微笑、警惕地环视四周、哭泣）。婴儿的行为进而会使成人产生互补的行为，例如婴儿的微笑可以让成人回馈以微笑，深深地吸引成人的注意力。

3. 亲子依恋具有帮助孩子认知的作用

与这种具有保护性功能的生物学作用同样重要的是，依恋以其特有的方式帮助孩子拥有了基本的认知方面的技巧。儿童行为与环境是协调运作的，它们组成了四种行为系统，通过检视这些互补的系统，我们可以更好地了解依恋的作用。①依恋行为系统，促使依恋关系的形成。②恐惧警惕系统，帮助孩子回避那些会危及生命的人、物或环境。这个系统也就是我们熟悉的孩子对陌生人的警惕。③参与行为系统，一旦对陌生人的恐惧被克服后，孩子就会有勇气与家庭以外的人进行交流和接触。这个系统促使孩子社会方面的发展。对于孩子进入人类这个社会性群体是极为必要的。④探索行为系统，可以使孩子去探索周围环境。如果成长中的孩子想获得生存竞争能力，探索环境是必要的步骤。对于孩子来说，存在着一个值得信任并且可靠的依恋对象可以给孩子提供情感方面的安全，可以使参与行为系统和探索行为系统有效运作。如果依恋对象失去了或不可靠，孩子就会启动恐惧警惕系统，忐忑不安的孩子将拒绝了解新的人、新的地方，这样很难使孩子具有胜任自如的感觉。

4. 亲子依恋有利于信任感的建立

在所有依恋关系中，安全型的依恋关系对孩子的身心发展起到了积极和健康的作用，其影响远远超出了家庭这个小圈子。当孩子了解到父母是可靠的以及父母的行为是可以预测的，他们就会形成最基本的信任。当信任延伸到其他人身上时，这种信任决定了孩子未来与其他人交往的质量。信任感的建立是儿童发展的极为重要的一步，它可以使儿童产生耐受沮丧的能力，能够延后享乐。延后享乐就是说个体能够克制自己的欲望，不求立即获得满足，宁肯牺牲眼前享受，持续忍耐，以期未来获得更大享受的心路历程，这是情商的一个重要组成部分。伴有安全型依恋的温情可以使父母成为对孩子更有影响的榜样，他们的赞许可以成为更有力的强化剂，能够增加孩子按父母的期望方向发展的可能性。

5. 亲子依恋有利于个人能力的获得

当孩子的技能和感觉不断开发出来后，他们发现可以从行动、探索以及了解社会中获得更多的满足。虽然孩子在父母离开时会感到很难受，但当他们主动选择离开依恋对象去探索时，在他们身上看不出一点难过的迹象。一旦孩子学会走路，他们就开始自己去探险，有的时候先来找妈妈，拉着妈妈，或者直接一个人走向另一个方向去探索外面的世界。早期的探索行为会随着年龄的增长而变得越来越大胆，这一切都是被期望变得有能力这种动机所驱动的。新奇、复杂、变化这类新鲜有趣的刺激将孩子从舒适且熟悉的依恋对象身边吸引过去，但刚刚获得的独立并不意味着依恋的终结。在个体的一生之中，探索新经验、拓展个体能力的愿望和与所熟悉、所爱的人保持亲密关系的愿望是交织在一起的。在依恋关系中获得安全感的孩子对于探索和发展出独立自我等方面也感到安全，通过探索，孩子可以从外界获得新的知识和能力，他们反过来会把这些收获运用于与他们熟悉的慈爱的人的交往上。

6. 亲子依恋有利于良好品质的形成

建立了安全依恋关系的孩子面对问题时，不仅有热情，也有毅力。当他们遇到无法解决的难题时，他们很少乱发脾气，更可能希望从他们的父母那里获得帮助。这样的孩子长大后，更可能成为领导者，成为他人愿意结交的伙伴，他们对其他人的痛苦有更强烈的同情心。他们有更强的自我决定能力，对新事物表现出更大的好奇心，更喜欢学习新技能，追求目标时更有魄力，不会轻言放弃。父母与孩子建立起安全的依恋关系后，孩子获得的是学习的能力和动力，他们会主动地去学习和探索，而不是被动地接受由成人灌输给他们的东西。这并不是说早期没有建立良好的依恋关系会对儿童的发展过程产生不可逆转的决定作用，或许个体可以在成长过程中，通过其他方式修复当初由于缺乏安全的依恋关系所造成的不良影响，但可以肯定的是为此所付出的代价一定不菲。

=== 提　示 ===

亲子关系，在青少年时期，胜过许多教育，甚至决定孩子教育的成败。据研究，如果孩子在 12 岁之前没有和父母建立很亲密的亲子依恋，那么孩子一生的安全感和幸福感很难建立，尤其是 6 岁之前，如果父母没有拿出足够的精力陪孩子，亲子之间很难再建立起足够的信任和依赖。亲子关系直接影响子女的生理健康、态度行为、价值观念及未来成就。

=== 心得分享 ===

结合自己的家庭状况，谈谈你对亲子依恋的认识，可将你的认识发送到课程邮箱。

五、当前我国亲子关系中存在的问题

1. 权威型父母普遍存在

很多父母认为孩子小，什么都不懂，加之望子成龙心切，认为孩子从小应该按照父母意愿来塑造。所以，父母不是细心观察孩子的特点，促进孩子的个性形成和人格的全面发展，而是一味地把自己的观点、愿望和想法强加给孩子，忽视了孩子的独立与成功的愿望。权威型父母教育方法简单粗暴，在这种家庭环境成长起来的孩子，从小没有主见，不能独立去应付困难，产生依赖性和自卑感，或者产生逆反心理，甚至做出一些出格之事。

2. 父母过度溺爱易造成孩子个性的扭曲

许多父母对孩子过度溺爱现象非常突出。一是过度保护。对孩子提出较多的限制，如不让孩子外出，不让孩子和他人交往，不让孩子独立从事一些力所能及的活动，等等。结果使孩子形成胆小怕事、抑郁的个性。二是完全赞赏。对孩子的约束很少，只要孩子坚持自己的看法，他们就会让步，不论孩子行为的错与对，父母一概给予鼓励和赞赏，尤其是当孩子发生行为上的偏差时，有的父母采取放任自流的态度，从来不责备孩子，从而使孩子无法形成正确的是非观和价值观。

3. 父母因工作原因顾及不上或没有能力教育孩子

现代社会的激烈竞争和工作的快节奏，使许多年轻的父母们把大量的时间和精力投入自己的事业和交往中，根本没有时间顾及自己年幼孩子的情感需求，使孩子陷入孤独、失落之中。由亲戚、朋友、保姆以及老师代养的城市寄养儿童和大量农村留守儿童就是典型的一类。城市里这些委托他人代养的儿童被称为精神上的留守儿童。城市寄养儿童，从空间上看大都和父母在一起，或者每周见一次面，实质上，由于父母没有全身心投入，致使孩子也有着和农村留守儿童相同的成长境遇，与农村留守儿童所不同的只是大量城市寄养儿童的问题还未完全凸显而已。

另外，由于家庭原因，有的家庭仅仅只能发挥养育孩子的功能，如单亲家庭，父母和子女的交往受到很大的限制。再如，很多父母之所以缺少对孩子的教育，主要是受文化水平或生理缺陷等的限制，缺乏教育孩子的能力，即使他们有这方面的愿望，因个人能力水平也无法付诸行动。由于得不到父母的关爱和教育，这些儿童极易产生情感、认识、价值观念上的偏离，出现性格和行为等方面的偏差，为日后健康成长留下不可忽视的隐患。

4. 家庭暴力对孩子心灵的摧残

打骂孩子在中国父母中普遍存在。中央电视台曾经举办过一次关于父母是否应该打孩子的公开讨论，邀请了一些孩子和家长，并且特别邀请了几位社会名人作为嘉宾。整个会场上，几乎所有的父母都坦率地承认自己在家打小孩，其中包括许多受过高等教育的父母和邀请的嘉宾。父母通过暴力手段教育孩子，对孩子心灵的消极影响是巨大的。心理学研究者曾对经常被父母打骂的 2～5 岁孩子进行观察，发现从小在家遭受打骂的孩子都表现得缺乏同情心，他们经常对同伴吼叫、攻击和辱骂。当看到同伴受伤时，那些经常遭受父母打骂的孩子与没有遭受父母打骂的另一组孩子相比，行为方式有着显著的不同。没有遭受父母打骂的一组孩子大多表示出关心、难过或同情，而经常遭受父母打骂的一组孩子却没有一个人哪怕一次表示出对受伤同伴的丝毫关心。相反，他们还对哭泣的同伴表现出恐吓、愤怒或不耐烦，乃至对其进行攻击。这类孩子长大后易成为极度缺乏同情心、性格偏激、叛逆、仇视社会的人。他们总是认为上天对自己不公平，不认同现状，如被他人伤害将采取极端的手段。

5. 忽视孩子心理问题和心理疾病的治疗

网络化时代的孩子由于接收信息的渠道很多，心理提前发育，更早地认识自我、认识荣辱。由于年龄的因素，孩子的承受能力不高，也没有成人那么多的理智，而现在的社会或父母给孩子的压力又过高，以至于超出了他们的承受能力，再加上有些父母或老师对孩子不够尊重，孩子采取极端方法可能是对这些问题的回避，也可能是对父母或老师的报复。

有些父母不了解孩子的心理特点。细心观察会发现，大部分孩子上学前对父母特别崇拜依赖，上小学以后，就开始崇拜老师了，到了高年级后，就既不崇拜父母，也不崇拜老师，却跟朋友无比亲近。面对这样的变化，父母会感到困惑和失落，其实，父母对此不要焦急，这是孩子心理成长发育过程中的正常现象。孩子到了 12~13 岁，就进入青春期，青春期被称为家长与子女最艰苦、最难相处的阶段。这时，孩子自信甚至自负，有很强的独立意识，根本不把父母的意见放在心上。许多情况下，做父母的不了解这些，认为是孩子不听话，便想多管教，结果常常导致父母和孩子之间的矛盾升级。

大量事实表明，忽视孩子心理问题和心理疾病的父母是相当普遍的。孩子上课不注意听讲，经常有一些小动作，做任何事情都不能坚持长久，做父母的不能只认为孩子缺少管教，更应考虑孩子是否有"注意"障碍（儿童多动症）；孩子经常反复洗手，同时表现出痛苦，不能认为孩子爱干净，应考虑孩子是否有强迫症；孩子总是骂人，且无法矫正，不能认为孩子没有教养，应考虑孩子是否有品行障碍（如污言秽语综合征）的存在。孩子或许还有口吃、异食、抽动、神经性贪食（厌食）等症状，这些疾病的危害都不是暂时的而是长期的，不经治疗极少有自愈的情况，而且时间越长，治疗越困难。

现实中往往有这种现象，很多父母知道自己的孩子心理上可能存在问题，但不愿为其治疗。原因是这些疾病的治疗机构大多是在精神病专科医院，他们不想让自己的孩子有精神病的名声，甚至有些父母认为这些疾病本身就不是病；有些父母认为服用治疗此类病的药物会影响孩子的智力，以至于疾病发展得越来越重，影响了孩子正常的生活和学习，而此时再进行治疗也极为困难。

六、亲子关系对儿童成长的影响

1. 对儿童发育的影响

＝＝＝ 咨　询 ＝＝＝

保育员咨询：福利院有众多企业资助，软硬件条件都很不错。孩子吃好、穿好，也没有感染什么慢性病，福利院的营养、卫生也都符合标准，但孩子却总是发育不良，有的两三岁才会坐或刚会走，而且表情呆板，动作迟钝，心理发展水平低于正常的儿童，这是为什么？

福利院的孩子产生这种现象是皮肤饥饿所致。婴幼儿在其成长的过程中不仅需要吃、喝、睡，而且需要成人的触摸、爱抚，这种触摸和爱抚能刺激婴幼儿体内某种化学物质的分泌，促进其生理、心理的正常发育；如果失去，就不可能建立安全型依恋关系，不仅会影响（阻抑）婴幼儿身心的发育进程，严重地还会危及生命。

没有母亲或她的代理人的喂养和照料，新生儿便无法生存下去，这就促使婴儿对母亲产生依恋。一般来说，婴幼儿可以从父母对他们的亲吻、拥抱和喂奶、换尿布等的照料中得到触摸和爱抚，形成密切的亲子关系，然而，在福利院，几个保育员面对如此众多的孤儿，要满足每个孤儿触摸与爱抚的需求是有困难的，甚至办不到。这就是福利院孤儿普遍存在

"皮肤饥饿" ——发育不良的原因所在。

在现实生活中，不光是福利院的孤儿"皮肤饥饿"，在父母整天忙于工作的家庭中，儿童亦存在着不同程度的"皮肤饥饿"。其实，触摸与爱抚，不仅婴幼儿需要，各年龄段的孩子，甚至成年人，也很需要。研究表明，孩子的年龄越小，对皮肤触摸的需求越大；随着年龄的增长，赞赏的作用逐渐增强。为密切亲子关系，实现早期教育，父母对孩子应采用触摸与赞赏并举，年龄小的孩子以触摸为主，年龄大的孩子以赞赏为主。成人对孩子的赞赏也是一种爱抚的形式，如点头、微笑等。为了防止"皮肤饥饿"，让孩子健康成长，父母或家里的其他人，即使再忙也要腾出时间来抱抱孩子，亲亲他们。要加强与孩子之间的亲密性及信赖感的培养，父母为了子女可以舍弃一切，关键时刻连生命都可以付出，难道平时还不能舍弃一些时间吗？

2. 对儿童安全感建立的影响

对儿童来说，父母的态度和行为应具有亲密性和前后一贯性，这样，他们才能有把握地预测未来，也才会有安全感。儿童基于昨天什么行为被允许或得到赞许，他们便能推断今天的什么行为也会得到允许或赞许，他们对自己和未来便有了信心，有了安全感。安全感是儿童心理健康发展的基础，是儿童人格完善的基础，父母与孩子之间的和谐相处，能够让孩子构建足够的安全感。一般来说，生长在和睦家庭的孩子，都会有较好的安全感。

3. 对儿童语言发展方面的影响

语言是人与人之间情感与思想交流的工具。儿童学习语言，首先接触的通常是母亲，然后是家人，再其次是同伴。在丰富的语言环境中发展孩子的语言能力，特别是3岁前的婴幼儿是人的一生中学习语言最迅速、最关键的时期。有人将0～3岁婴幼儿早期语言发展分为发音、理解、表达三个阶段，而发音阶段又可分为四个阶段；第一阶段，婴儿出生后为啼哭阶段；第二阶段，婴儿出生一个月后为咕咕声阶段；第三阶段，婴儿出生后3～4个月为咿咿呀语阶段；第四阶段，通常在婴儿1岁左右为系统语言发展阶段。这几个阶段主要是靠父母、特别是母亲与孩子通过语言交流让孩子习得语言，如果失去正常的语言刺激和语言交流的环境，特别是父母与孩子的语言交流被剥夺，都会造成儿童出现语言与智力严重缺陷的问题。例如，在兽群中长大的"兽孩"没有一个有学会语言的个案记载。研究人员发现，婴幼儿语言能力发展有很大差别，主要是由于学习机会多少的不同，很少是由于智力差别。例如，在有众多孩子家庭中，老大因为有较多与父母互动学习语言的机会，所以比弟妹们会说话，而一些被遗弃的孤儿、生病住院时间较长的儿童，则因为练习说话的机会较少，无亲子互动沟通的可能，他们的语言发展较为迟缓。生活在条件较好家庭中的儿童，由于有良好的语言环境，不断受到父母长辈的鼓励，所以语言发展较好，使用句子也比较正确。婴幼儿通过亲子语言互动，不仅促进其语言的健康发展，而且通过语言发展，促进了婴幼儿认知能力的发展，包括其感知力、观察力、注意力、记忆力、想象力等思维能力的发展，它们之间既相互制约，又相互促进，因此父母要为婴幼儿创设良好的语言环境，多给孩子提供与父母交流的机会，要注意对孩子语言的示范与指导。

4. 对儿童智能发展的影响

民主和睦的亲子关系能促使孩子产生积极的情感体验，使其对父母更亲近，更易于接受父母，包括接受父母的期望和要求，从而激发学习动机，调动学习积极性，提高学习效率。反过来，学习成绩的好坏又会影响父母对待孩子的态度。有研究表明，优等生父母对孩子的教养态度偏向于情感温暖和理解，易使孩子产生信任和安全感，有助于孩子形成良好的学习习惯；而差等生父母倾向于惩罚，否认、拒绝孩子，易使孩子产生逆反及自卑心理，对学习厌恶、抵触，缺乏自信心，本来就没有把全部精力用于学习，还得拿出一些精力防范父母的惩罚，致使学习成绩更坏，这又将对父母的不良教养态度产生巩固、强化作用，如此恶性循环，导致孩子智力发展水平受阻，学习成绩恶化。

5. 对儿童人格形成方面的影响

人格是指人们的思考、行为、习惯、态度、特征、兴趣以及价值观、人生观等具有一定倾向性的心理特征的总和，它反映一个人的整体精神面貌。心理学家普遍认为，人类在 4 岁之前，尤其是出生到周岁这一时期，是一个人一生人格基础的建立时期，这一时期婴儿的周围环境将决定其未来人格的趋向。在人格发展过程中，影响人格形成的因素是非常复杂的，除遗传与生活因素还有环境与社会的因素，特别是家庭环境对个体人格的影响远远超过其他环境的影响，在出生后的第一年如果婴儿没有享受到正常的母爱，得不到情感上的满足就会影响将来他对周围世界，尤其对社会环境的基本态度，对周围人容易产生怀疑心理，不能形成基本的态度，而对人和环境的基本信任是形成健康个性品质的基础。早期经验表明，在婴儿时期所受到的情感上的伤害比以后任何时期所遭到的伤害对未来人格的发展影响都严重。例如，一些被遗弃的孤儿，由于没有得到父母的照顾，缺乏亲子间的感觉刺激，情绪反应不丰富，不仅表情呆板，还显示出一些特殊的癖性；如果家庭中父母喜怒无常或多愁善感，缺乏温馨喜悦的气氛，就会使孩子情绪困扰，紧张易怒，甚至口吃；如果父母失和、家庭破碎，往往孩子长大后容易产生神经官能症和少年犯罪倾向。可见，孩子在人格形成与发展过程中，亲子关系是多么重要。要培养健康的人格必须从婴儿开始，而健康人格的培养不是一日之功，需要从婴儿起一点一滴地培养积累而形成。

6. 对儿童心理健康的影响

亲子关系密切，孩子的心里就充满着爱和温暖，他会认为这个世界是一个充满着爱和温暖的世界，他也能够从家人之间的相处中学会如何去爱他人，长大后，他就是一个有爱心的人；如果夫妻之间关系不好，没有爱的流动，父母与孩子之间，也缺少关爱和支持的话，那么，孩子在爱的方面就会有缺失，容易形成孤僻、冷漠的心理。

7. 对儿童人际关系方面的影响

孩子在良好的亲子关系中感受到安全、信任、温馨，这是婴儿良好情绪发展的必备条件，奠定了孩子今后与他人交往的基础。如果亲子关系不和谐或常被家长冷酷对待，孩子会缺乏安全感，对周围环境持怀疑态度，容易胆小、自卑、孤独，不愿探索新鲜事物，不愿与其他人接触，常常以攻击行为发泄自己的情绪，不懂得爱也不会去爱他人，这样的孩子长大后不易信任他人，常产生和他人相处困难的情形，当然也不易和他人建立和谐关系。大量事实表明，缺乏母爱的孩子无论在情感上还是在社会人际关系方面都得不到较好的发展。在亲子活动中，母亲是婴儿期的重要人物。婴儿的身体健康和心理发展都是以母亲的抚育为核心，亲子互动使母婴之间建立起相互的依恋，它对以后孩子社会情感的发展起着促进作用。孩子的依恋和安全感首先是通过皮肤接触而获得的。皮肤接触包括对孩子的亲吻、抚摸以及抱或背孩子，这是自然的接触和情感的交流。在母亲的抚育下，孩子心灵得到安全感，促使孩子茁壮成长，并富有宽广的胸怀，懂得爱他人。有人把母亲与婴儿的接触比喻成重要的心灵营养液。当然母亲在与婴儿接触过程中要有良好的心境，如果以充满爱意的心情呵护孩子，就会给孩子带来愉快和安全；如果情绪不好，心烦意乱，母亲的心理压力和焦虑会有意无意传递给孩子，孩子就有不安全的感受，影响孩子与外界的早期交往。亲子关系良好，父母与孩子间相互信任、和谐，孩子会慢慢懂得人类生存的各种方式，父母的行为也会渐渐成为孩子的榜样。总之，良好的亲子关系通过互动不仅给父母提供教育孩子的机会，而且也为孩子树立了优良行为的榜样，学习与他人合作的态度，这对孩子今后建立良好的社会人际关系有很大的帮助。

8. 对儿童社会化的影响

良好的亲子关系对儿童社会化的积极影响已毋庸置疑。家庭是个体社会化最重要的成长基地，家庭的心理环境、父母的教养方式及榜样示范作用等对儿童的社会化发展产生一定的影响。有研究指出，孩子缺少父母关爱、感情温暖、支持鼓励及理解，会产生孤独、被遗弃感，于是在社交中也同样带着孤立、被冷落感，从而阻碍社交并由此产生社交恐惧感。儿童的社会化在很大程度上是在亲子相互作用之中进行的。亲子关系的质量决定着社会化过程是否顺利、是否发生障碍或缺陷，也决定着社会化所可能达到的水平。

9. 对老年生活的影响

亲子关系并非始终停滞于父母抚养子女这种"纵关系"而不变。事实上，当子女长大成人时，亲子关系逐渐变成"横关系"；而当父母年老衰退时，这种关系又变成反的"纵关系"，即由子女来照顾年老的父母。许多以农业为主的社会，父母养育子女常常有"养儿防老"的想法。如果父母从小对子女不好，亲子关系始终紧张，那么，子女长大后照顾年老父母的孝心就会大打折扣；反之，父母的老年生活就会幸福。

第二节　建立和谐亲子关系的策略

亲子关系是由夫妻关系产生的一种最基本的家庭人际关系。亲子关系直接影响孩子的身心健康、态度行为、价值观念及未来成就。亲子关系的好坏决定了孩子的性格和孩子的未来。亲子关系好，教育效果就好；亲子关系差，教育效果则差，甚至没有效果，严重的还会产生与父母愿望相反的结果。

━━━ 咨询 ━━━

　　一位母亲咨询：老师，您好，我的女儿上高二，从小学开始孩子一直很优秀，也很懂事。我们工作忙，平时没有特别多的时间关心她，孩子也从来不让我们操心。但是从这学期开始，不知怎么了，孩子开始对我们很冷漠，回家也不爱说话。昨天竟然跟我们提出要退学去打工，不想读书了。我们觉得简直是不可思议，打电话到学校去，老师说孩子在学校一直很好，读书挺努力，成绩也没有问题。我们回家跟孩子谈，她完全不理我们，还威胁我们要离家出走。老师，我该怎么做呢？

　　这位妈妈为了家庭和让孩子过上更好的生活一直努力的工作，很辛苦。女儿一直品学兼优，很懂事，让妈妈感到很欣慰。唯一美中不足的就是孩子跟家长之间的沟通比较少。当孩子突然一反常态提出退学、打工要求的时候，妈妈完全不知道孩子到底怎么了，也不知道在这种紧张的亲子关系中，该怎么帮助孩子。

　　亲子关系紧张，是很多孩子出现行为问题时一定会出现的情景。孩子出现行为问题，很大一部分的压力需要发泄出来，但是很多孩子不知道如何去合理地发泄情绪，父母可能也不知道如何去正确地引导孩子，导致了亲子关系日益紧张。

一、走出亲子沟通的误区

━━━ 咨询 ━━━

　　张女士咨询：我一直为和上五年级的儿子如何沟通而苦恼。起因是前两天老师向我反映孩子在学校频繁打架的问题。回家之后，本想和孩子好好谈一谈，谁料想孩子的话少而又少，一副敷衍了事的样子，于是，急火攻心的我动手打了孩子。没想到，我再想和孩子说话，孩子就是一言不发。我该怎么办？

　　在现实生活中，很多父母都同张女士一样渴望与孩子沟通，但往往事与愿违。父母与孩子沟通受阻，不能完全怨孩子，问题多出在父母身上。

　　沟通是人与人的交流，是心与心的对话。沟通，是一个人不可或缺的领导和管理才能，使人拥有迈向卓越成功的力量。许多成功的人士，很大程度就是具有了良好的沟通素质。作为父母，要充分认识亲子沟通的重要性。良好的家庭教育离不开沟通，有效沟通是亲子关系中最基本的也是最重要的环节。孩子通过体验父母和自己沟通的方式，学会和其他人沟通，如果父母不能和孩子有效的沟通，孩子就很难发展有效的人际沟通能力，也就难以形成良好的社会适应能力。

=== **提 示** ===

　　一个人如果在与父母交往中学会了沟通（善于理解他人，也善于让他人理解自己），将来他与同学、老师、朋友、同事、上下级等关系也很可能得到良好的发展。

　　父母要想取得亲子沟通的良好效果，必须走出误区。

　　误区一：单纯的说教和唠叨。

　　在家庭教育中，有一种常见的现象，那就是父母特别是母亲对孩子不断地叮嘱，不停地提醒，不断地督促。其实，这种唠叨在教育中起不了什么作用。孩子需要父母的指导，但不喜欢父母的唠叨。其实，爱唠叨的父母不知道怎样和孩子进行有效的沟通，他们往往沉浸于表达自我感受，却忽略了孩子的感受。在唠叨中，孩子会产生很多心理问题。要么在唠叨中沉默，变得越来越孤僻自闭；要么和唠叨的父母一样，慢慢也变得唠叨起来；要么产生反感和抵触情绪，该听的话不听，该做的事也不做。唠叨的正面效果微乎其微，而负面效果却可能呈几何倍数增长。

　　误区二：父母以权威自居。

　　很多父母过分地看重自己作为"一家之主"的面子，在孩子面前不苟言笑，以权威自居。只要孩子顺从自己的意愿，便觉得这是听话、孝顺的表现，而一旦孩子有了自己的想法，便认为这是大逆不道，不能忍受。在日常生活中也处处对孩子设立规矩，觉得国有国法、家有家规、没有规矩不成方圆，对孩子的要求也永远都是"听话"二字。这种要求孩子一定要听老子的父母，多半是没有自信的父母，而管教一个顺从听话的孩子，对他们来说是一种莫大的成就感。在对亲子关系的期望上，要想成为合格的父母，就要与孩子平等地交流、沟通，形成一种朋友关系，和孩子亲密无间，这样的父母和孩子在一起才是一种享受、一种双赢的亲子关系，也是最圆满的亲子关系。

　　误区三：不恰当的比较。

　　许多父母总习惯将自己的孩子与他人的孩子进行比较，而且喜欢拿他人孩子的优点与自己孩子的缺点进行比较，以此来激励孩子上进，结果往往适得其反，孩子在与他人的比较中，会丧失自尊心和自信心，而且还会产生嫉妒心理。

　　误区四：不吼几句孩子不听。

　　很多父母经常对着不听话的孩子大吼大叫，试图从声音上、从力量上对孩子起到震慑作用。但是这种高分贝的噪音，恰是导致孩子心情烦躁的主要根源。在亲子沟通中，父母要注意说话语调，低声和悦，不要带有抱怨情绪。孩子判断父母的情绪，除了看表情和神态以外，主要看说话的语调。当孩子听到父母悦耳的话语，先感受到的是舒服，他们就不会采取"自我保护"的方式——拒绝接受，而是愉快地接受父母的教诲。所以，父母对孩子使用亲切的语言，远比采取大声呵斥要好。

误区五：有错就要当场认错。

当父母与孩子产生矛盾时，面对内心充满着愤怒和不满，情绪已经对立的孩子，如果父母让孩子当场认错，恐怕有点难度。有时孩子脾气一上来，完全处于失控状态。孩子满脑子愤怒，还能产生内疚感吗？没有内疚感的孩子，又怎能认识到自己的过错呢？所以，请父母千万要冷静，此时最重要的工作不是急于让孩子认错，而是稳定孩子的情绪，不妨退一步，让孩子心情平息一下，再心平气和与他交流，这时交流的效果对于问题的解决会更好些。

误区六：沟通就是提要求。

父母对孩子的期望值过高，容易导致孩子的焦虑感增加，带着焦虑情绪，就很难实现顺畅沟通。父母对孩子没要求等于害了孩子，对孩子要求太高也是害孩子。父母提出太多要求，一方面容易让自己焦虑，另一方面也给孩子过多的压力，造成孩子的焦虑。在彼此焦虑的状态下，双方又如何能正常沟通？父母切记：只有符合孩子年龄特点的要求才是最适合孩子的。

■■■ 反　思 ■■■

反思自身亲子沟通的现状、成功的经验和存在的误区。可将反思材料发送到课程邮箱。

二、亲子沟通的原则与方法

良好的亲子沟通，不仅可以减少亲子双方不必要的矛盾，更可以有效增进亲子之间的感情，并且，父母还可以通过与孩子沟通，深入孩子的内心世界，对孩子的成长做出正确的引导。父母要实现与孩子之间的顺畅沟通，必须讲究一定的原则。

（一）亲子沟通的原则

1. 尊重原则

父母只有尊重孩子才能使他们感受到家长的关怀，没有尊重的情感算不上真正的情感。尊重孩子，需要父母无私的爱。尊重孩子，并不是要求父母去认同孩子的一切观点和行为，娇宠孩子，而是要求父母能够设身处地站到孩子的位置上去想，理解孩子，耐心开导。父母要尊重孩子，就要尊重孩子的人格，尊重孩子的心理，尊重孩子说话和辩解的权利，尊重孩子的隐私，尊重孩子的兴趣爱好，尊重孩子的选择……

2. 平等原则

父母和孩子在人格上是平等的，没有上下级关系和附属关系。尽管父母和子女具有天然血缘关系，但是在实际生活中他们是彼此独立的个体。在家庭教育中，父母只有平等地与孩子交流，才能了解孩子成长过程中真正需要的东西，才能使情感得以沟通，烦恼得以缓解，使孩子感到父母是自己最可信赖的人。因此，父母必须善于同孩子交朋友。

3. 关爱原则

教育孩子重在情而不在理，一定要让孩子感受到父母的爱，感受到亲情的温暖，这是非常重要的。沟通的最根本性秘诀就在于用情去打动孩子，而不是单纯地用理去教训孩子。父母先动之以情，再晓之以理，孩子才能听进去；如果父母只是给孩子讲道理，没有用情感打动孩子，即使再好的教导，孩子也不会接受。不论孩子做了什么错事，父母用"爱"与孩子沟通永远都不会错。

4. 倾听原则

沟通是从"听"开始的，忽视了倾听，难有好的交流效果，也难达到教育目的。父母认真倾听孩子说话是尊重孩子的重要标志之一。通过倾听，父母才能了解孩子；通过倾听，还能锻炼孩子的表达能力、分析能力和沟通能力，也能培养孩子豁达坦诚的品格。

5. 理解原则

理解就是换位思考，在信任和尊重的基础上，想孩子之所想，急孩子之所急。有许多问题，本来父母想不通，换位后，问题就迎刃而解，这是理解的作用。孩子与父母沟通最不想要的是否定，最需要的是同理和共情。

6. 接纳原则

接纳是沟通的前提。父母与孩子进行有效的沟通必须无条件地接纳孩子，通常孩子表现好的时候，父母很容易做到这一点；而在孩子受挫被老师、同学排斥最需要关怀的时候，父母往往茫然无措。既然孩子的发展是一个成长的过程，一个学习的过程，无论他发生什么，父母永远都要包容，就必须要学会接纳孩子发生的一切。当然，接纳不等于完全认同，接纳之后还需引导。

7. 宽容原则

许多父母对自己比较宽容，而对孩子却不能宽容。过分苛求孩子，是很多父母常犯的错误。要原谅"顶嘴"的孩子，理解犯错误的孩子，善待失败的孩子，宽待"不争气"的孩子，接受"反传统"的孩子。当然，宽容并不是纵容，而是一种教育策略。

8. 适时原则

适时，即适当的时机。就家庭教育而言，适当的时机不仅是指适当的时间，还包括父母特别是孩子适当的心理状态。适时原则是指父母要注意抓住教育时机对子女进行教育。实践证明，时机最容易错过和消失，也最难以琢磨和把握，因而也最有价值，最为宝贵。只有把握恰当的教育时机，进行恰当的教育，才能收到预期的教育效果。

9. 双向原则

亲子沟通应该是双向的，不能只有父母训孩子的"一言堂"，一言堂只能是沟而不通。双向沟通主要表现在两个方面：一是语言的双向交流。在亲子沟通过程中，父母应该起主导作用，比较可取的做法是父母少说多听，要让孩子说说他的想法和感觉，把他想说的话说完，这样才能了解孩子。二是行为的互动。亲子互动很重要，不要一家人都坐在电视机前沉默不语，也不要在闲暇时自娱自乐，而要全家人聚在一起聊聊天、讲讲故事、猜猜谜语、做做游戏等，要保持经常性的互动与良性的沟通。

10. 口头语言与肢体语言相结合的原则

在倾听的过程中，除了语言的支持外，还要重视非言语性活动的作用。在与孩子的沟通过程中，温和的语调、善意的目光、亲切的表情、点头微笑，都会向孩子传递关爱、支持和鼓励的信息，孩子感受到父母真诚的态度，就会与父母无话不谈，尽情地倾诉，达到沟通的目的。

（二）亲子沟通的方法

良好的亲子关系来自于有效的沟通，沟通不仅要用心，还需要技巧，这就需要父母学习亲子沟通的方法。

1. 从轻松的话题入手

父母与孩子沟通不要直接谈学习、论成绩，特别是对学习成绩不好的孩子，更需要注意，要选择比较轻松的话题切入。比如，先嘘寒问暖，关心一下孩子的生活；或者从别人的事谈起；或者投其所好，选择孩子感兴趣的话题。这样，孩子就不会感到紧张，就会解除防御心理，在此基础上再往学习这个主题靠近，这是亲子沟通的迂回策略。

2. 学会与孩子平行交谈

用平行交谈的方法跟孩子谈话往往能引起热烈的反应。平行交谈，即父母在与子女一起从事一些普通活动时进行交谈，但重点要放在活动上，而不是谈话的内容，双方在交谈中也不必互相看着。这种谈话方式会让父母和孩子都感到轻松自在，而对父母来说尤其如此。几乎从事任何活动都能得到这种相处的机会，例如和孩子一起看电视或进行体育活动时。

3. 把要说的话写下来

案　例

美国有一位母亲发现她14岁的女儿已经开始同男孩子约会了，她想向女儿强调性爱可能引起的危险后果，但是每次刚刚开口，女儿就不耐烦地说："这些我早就知道了。"于是这位母亲就写了封信给女儿，她在信中细说了她的忧虑，还说她知道自己不能对女儿凡事都要过问，然后她把信放在了女儿的床上。女儿一直没有表示收到过这封信，直到三年后的一天，母女俩正在厨房里忙着，女儿突然开口说道，她正在等待"那个人"的出现，因为"那封信影响了我"。

很多专家建议，做父母的可以把不想直接向子女说或可能不中听的话写下来。因为把话写下来，你的话就会显得很有分量，一般人会认为白纸黑字更加可信，而且可以一看再看。

4. 不要无所不问

孩子特别是进入青春期的孩子通常不会把自己所有的事都告诉父母，如果是这样，家长最好不要追问。有一位母亲,有一天她 15 岁的女儿回家后就抽抽搭搭地哭泣,但没有告诉她原因。于是她陪女儿坐在沙发上搂着她,过了一会儿,女儿就走出房间不哭了。那位母亲始终不知道女儿为什么哭,但她明白那一天女儿需要的不是自己的提问而是慰藉。几年后母女俩谈起这件事时,女儿已经记不起哭泣的原因,但是她说她记得当时母亲在她身边,对女儿来说,母亲在身边才是最为重要的。

5. 主动分享自己的感受

做父母的,不需要把心中的担心,全部向孩子去表明,这样只会增加孩子担忧的心理负担,而且容易让孩子产生逆反的心理,但有时,在适合的时间和场合,不妨主动地与孩子分享一下自己的心情、感受以及对事情的看法,孩子当然也就比较容易向你诉说他的心情、感受与看法了。

6. 多使用短句

和孩子说话时,如果要充分吸引孩子的注意力,就一定要让孩子能听明白。因此,使用的句子最好短一些,并且要强调自己所说的话,直到孩子理解为止。

7. 注意语调和语气

在不影响其他人的情况下,父母说话的语调可以高一些,或者有一些高低起伏、抑扬顿挫的变化,这样更能吸引孩子来注意倾听。不要老是用责备的语气,要多使用温柔、建议的语气,这样,沟通的气氛才会好,孩子也更愿意说出自己的心事。

8. 多赞美、少批评

恰到好处的赞美是父母与孩子沟通的兴奋剂、润滑剂。父母对孩子每时每刻的了解、欣赏、赞美、鼓励会增强孩子的自尊、自信。在生活和学习当中,孩子不管是有意或无意哪怕是一点微小的进步,都要及时地给予表扬,父母不妨感谢孩子的进步给自己带来快乐的享受,这样会增加孩子的自尊感和责任感,他会更加再接再厉。对于孩子的错误父母要勇于承担责任,不能一味地批评孩子。切记:赞美鼓励能使孩子进步,斥责抱怨易使孩子落后。

9. 要创造机会交谈

与孩子沟通需要有恰当的机会。孩子特别是大孩子不喜欢预约的谈话,父母想谈的时候,他们可能没有兴趣;只有孩子想谈的时候,沟通才有可能顺利进行。有些父母可能喜欢在晚饭桌上或睡前与孩子谈话,有些父母则常常利用一起散步或郊游的时间与孩子交流。不管选择什么时间,我们都要知道,最佳的沟通常常是在共同的活动中进行的。切忌总是试图在临时想起的、不固定的时间与孩子进行沟通,那样做的结果只能是失败。

10. 与孩子共同商讨问题

当父母不知道怎么给出建议,或者如何回答的时候,建议采用提问式的回答,比如"你觉得怎么做合适呢?"这样有助于启发孩子思考,调动孩子的积极性、创造性,然后,与孩子共同商讨解决问题的方法,最终获得良好的效果。

三、特殊家庭环境中的亲子沟通

（一）独生子女家庭的亲子沟通

许多独生子女的父母在与孩子进行沟通时都存在障碍，不知道如何与自己的孩子进行良好的沟通。几乎所有的独生子女父母对待自己的孩子都有种过度保护的意识，因为家里就一个孩子，很容易不自觉地陷入溺爱的误区。抱着过度保护的意识，一些独生子女父母在和自己的孩子沟通时，就会单方面地认为孩子所说所想的事情存在种种问题，告诉孩子不要去做这个也不要去做那个，这样就会使孩子成长过程中的主动性和探索性需求被压制，进而影响到孩子个人独立发展，同时会在心里产生消极情绪，进而造成沟通障碍。

与独生子女做心灵沟通的方法：①了解孩子的心思，知道他想什么；②父母要找回自己的童心；③要满足孩子的"平等"需求；④给孩子成长的空间；⑤与孩子聊天，引导他说出心里话；⑥尊重孩子的各种权利；⑦信任孩子，理解孩子；⑧积极主动地倾听孩子的心声；⑨听孩子倾诉有耐心，不打断，不提前下结论；⑩倾听是经常性的，而非一次性的；⑪陪伴要用心，不可敷衍；⑫要适时向孩子敞开心扉；⑬站在孩子的角度看问题；⑭创造一个宽松的沟通环境；⑮用商量的语气跟孩子谈事情；⑯用非语言方式与孩子沟通；⑰表扬孩子的努力与勤奋而非聪明；⑱对孩子多肯定，少否定；⑲同情孩子的委屈，感同身受；⑳谈论孩子喜欢的话题；㉑要知道如何跨越亲子间的代沟；㉒鼓励孩子自由地表达想法；㉓不拿孩子与其他孩子比较；㉔满足孩子的合理要求，不合理的坚决说"不"；㉕不在其他人面前批评孩子；㉖不对孩子唠叨个没完；㉗人无完人，不对孩子过于挑剔；㉘通过写信、电子邮件、留言条等方式与孩子沟通；㉙父亲也要经常陪陪孩子。

（二）单亲家庭中的亲子沟通

单亲家庭作为家庭教育当中的一个特殊群体，在社会上已经出现得越来越多了。但对单亲家庭教育的亲子教育指导缺少相关资料。那么单亲家庭的亲子沟通应该怎样进行呢？单亲家长可以尝试下面几种方式方法，相信亲子教育会更加得心应手。

1. 经常地表达赞美和激励

注意在生活中彼此赞美，不要互相批评。如果是独生子女的单亲家庭，家里本来只有两个人，没有第三人来调剂，如果关系处理不好就会出现冷战，导致沟通出现沟壑。

2. 要和孩子共同娱乐

孩子的成长，不仅需要父母指导学习，也需要父母陪伴娱乐，父母同孩子共同娱乐的项目很多，比如，游戏、唱歌、猜谜、下棋、比赛、看电影、看演出等。父母通过互动体验式的教育方式，和孩子一起在娱乐中进行基本的交流和能力培养，体现了寓教于乐的原则，比单纯的说教效果要好得多。

3. 掌握倾听的技巧

和孩子交流的时候，让他将事情讲完，无论对错，不要批评他，让孩子确信父母在倾听。然后，父母可以闭上眼睛回想一遍，再和孩子交流。对于不一致的看法，让孩子说出他自己的理由，如果交流没有效果，就不妨搁置几天再尝试。不要回避外界的帮助，无论是父母的朋友，还是心理咨询师，都能够提供给单亲家长克服家庭障碍的方法。

4. 平静地告诉孩子关于父母离异的事实

鼓励孩子勇敢地面对现实，要做到这一点，首先需要和孩子生活在一起的一方平心静气地接受离异的现实。这样，才能坦然地告诉孩子，你们将要开始一种新的生活。

5. 给孩子安全感

父母离婚对孩子最大的打击就是失去安全感。所以，要让孩子知道，虽然父母离婚了，但他永远不会失去父母对他的爱，这一点至关重要。要让孩子感受到虽然他只和父母中的一方生活在一起，但他的生活和以前一样安全、稳定，他不必担心什么。做到这一点，需要父母双方的合作，这对大多数离异的夫妻来说很难。和一个也许带给你很多创痛的人合作，你可能极不情愿，但你不能把你们之间的恩恩怨怨迁移到孩子身上，更不要把孩子作为报复对方的武器。

6. 亲子要在相依中各自独立

单亲家庭中的两代人之间往往在情感上过于亲密，这是一种自然的情感联盟，但过分的情感依赖容易产生负面效应。所以，让孩子和与他生活在一起的一方父母都有独立生活的心理意识和能力是单亲家庭最明智的选择。

（三）重组家庭的亲子沟通

═══ 案 例 ═══

有一对夫妻，因为丈夫出轨而离婚，孩子由爸爸抚养，后来，爸爸和第三者结婚了，妈妈也再婚了。如果事情就这么简单就好了，可问题是，父母离婚前每天都在当着孩子的面吵架，妈妈说了很多辱骂后妈的话，这些话已经让继母在孩子心中留下了很坏的印象。而每次去外公外婆那里，他们也会经常跟孩子讲继母的坏话。所以，孩子完全不能接受继母，经常和继母对着干，甚至指着继母的鼻子骂她是"小三"，而爸爸每次看到，处理方式就是打孩子。就这样，孩子一直生活在仇恨和隐忍中，他既恨继母，也恨爸爸。后果是什么呢？他的童年生活一直过得不快乐。直到成年了，也不知道怎么跟女孩子建立亲密关系。

父母失落的一方在对继父母抱怨和指责的时候，也许只是想让孩子和自己保持在一条战线上，去讨伐"获胜的一方"。然而，这种抱怨是自私的，只顾自己发泄情绪，却忽略了会给孩子带去负面影响，严重的将会影响孩子一生的幸福。

在中国当代社会中，离婚已不再是稀奇之事。据统计，北京离婚率已达39%。很多夫妻离婚后会重组家庭，但是孩子们如何应对家庭新的成员？他们如何面对继父继母？如何处理父母离婚和再婚对自己的情绪影响？这是一个非常棘手的难题。

有调查表明，生活在有继父母家庭中的孩子，有很多常常感觉到愤怒、沮丧和焦虑；也有的几乎不主动和继父母搭话，认为继父母对自己再好，也透着一股"假惺惺"；还有的会认为继父母的到来，剥夺了亲生父母对自己的关爱……而与此同时，继父母们也在抱怨融入再婚家庭很困难，抱怨孩子对他们有一种天然的敌视，不管怎么付出都是竹篮打水一场空。

为了融合继父母与继子女之间的关系，瑞典"再婚之家同盟"开展了一项"重新认识你的继父母"活动，会员家庭的继子女在夏季假期与继父母共同完成"五个一工程"：与继父母共同完成一项体育运动；与继父母通一次信；跟继父母上一天班；继子女与继父母单独度假一次，至少3天；继子女与继父母互相帮助对方完成一个心愿。

在大多数有继父母的再婚家庭中，孩子和继父母缺少单独在一起的时间，缺少充分沟通和无拘无束的交流，而这些也成为继子女无法获得安全感与幸福感的关键。瑞典"再婚之家同盟"的"五个一工程"，就是制造各种机会，让孩子们重新认识继父母，继父母不是童话里狡诈、阴险的反派角色，而是同样有着喜怒哀乐的家庭一员。通过参加这个活动，继子女与继父母基本上都消解了敌意，达成了和平。比如，一个女孩，纯粹是为了"完成作业"才跟继母一起去打沙滩排球，可是出门前忘了涂防晒霜，结果在洗澡时发现自己晒蜕了皮。这时，继母把自己的防晒修复霜借给她用，还教她敷冰牛奶以消除红肿现象。这一举动改变了女孩与继母的关系，她开始认为"爸爸娶了年轻女子也挺好的，我们在时尚方面很谈得来，我所知道的歌手和影星，她都津津乐道。还有，她居然懂得在冰牛奶里泡薄荷能做晒伤修复，这一点，又十分接近我的妈妈。"瑞典的"重新认识你的继父母"活动的经验值得借鉴。

（四）流动儿童家庭的亲子沟通

━━ 案 例 ━━

初二学生李梅在北京市昌平区天通苑附近的智泉学校读书。智泉学校是一所农民工子弟学校，被一片低矮的平房包围着，旁边一处农贸市场，天天人声嘈杂。学校中间的一片地就是操场，刮点风校园里就尘土飞扬。几排简易平房就是教室，体育设施、教学设备少得可怜。3年前，李梅随父母从老家河南来到天通苑附近的一个村庄。虽说人在北京，但李梅从来没进过北五环以内，对天安门广场十分向往。她说，不清楚自己住在北京的什么位置，也不知道北京有多大。李梅的父亲李加华说，孩子在老家上小学期间，父母都没在身边，女儿同他们有点隔阂。"原以为孩子过来后，隔阂就全部消除了，现在看来不是这样。"李加华担忧地说，"主要还是我们忙于生计，孩子在身边也没空多交流；另外，女孩子进入青春期了，很多事情不愿意多说。"

父母的角色任何人都无法替代。必须正视和解决农民工子女的"情感荒芜"问题，创造各种条件，让流动儿童的父母有时间、有精力、有能力与孩子交流。

调查了解到：流动儿童父母的学历普遍较低，居住和卫生条件较差，流动儿童生活学习环境不尽如人意，孩子甚至连做作业必需的桌椅也没有。大部分流动儿童课余时间在家里，没有参加各类兴趣培训班，也缺少课外书籍。他们虽然身居城市，但由于与城市孩子的生活差距和不平等，使他们始终处于城市边缘。多数孩子感到受压抑、被歧视，认为城里人看不起他们。不少孩子自卑心理较重，自我保护、封闭意识过强，行为拘谨，性格内向，不愿与人交往。

研究发现，流动儿童与城市儿童相比，与父母的沟通频率低，时间短，主动性不强，有效性欠佳、沟通主题失衡（偏学习）。可能主要与流动儿童父母的工作生活状态有关。来到新的城市生活压力大，工作繁忙，导致他们没有时间和精力与孩子沟通。

建议流动儿童父母：一要多关注孩子的成长，重视对孩子的教育，想办法与孩子多交流；二要挤时间多陪陪孩子，要积极协调工作与照顾孩子之间的冲突，夫妻双方应约定好轮流抽出时间陪伴孩子，保证沟通时间；三是要主动与孩子沟通，给他们倾诉的机会；四是在孩子说出问题的过程中，与孩子共同探讨，找出应对问题的办法，这样就会大大避免流动儿童在遇到挫折后孤立无助心态的产生；五是改善亲子沟通方式，加强亲子关系联结。父母在家时应尽量增加与孩子的沟通频率，了解孩子的生活、教育以及身心发展状况，同时也让孩子了解父母工作的情况，加深孩子对父母工作现状以及家庭现状的理解。沟通内容除了生活和学习，更要注意孩子的心理发展和情感需求。

（五）隔代家庭教育环境中的亲子沟通

隔代家庭教育环境中的亲子沟通有两个方面：一是父母与老人的沟通，以应对分歧；二是父母与孩子的沟通，以应对问题。

1. 父母与老人的沟通

在隔代育儿中，作为承上启下的父母怎么跟老人沟通，才能让他们听得进意见呢？不妨试试下面几种办法：

（1）亲切地说。不论对自己的父母还是夫妻另一方的父母，年轻人都要心怀尊重与感恩。老人辛劳了一辈子，晚年还要来帮着带孩子，需要感激。想给老人提建议，晚辈不妨先甜甜地叫声"爸""妈"，或者送他们一些小礼物，再轻描淡写地谈事情。老人往往不好意思反驳，觉得这些小事儿和晚辈的孝顺比起来不算什么，很容易接受和改变。

（2）有重点地说。跟老人说话要有重点，否则老人会觉得烦琐、记不住，甚至觉得自己不被信任而生气。叮嘱老人，挑最重要的事说就可以了，比如吃药要一天三次，这样老人就不会因为事杂而混乱了。

（3）找"权威"说。老一辈人往往相信"权威"。这个"权威"可以是专家，也可以是书本或老人认为"权威"的人。比如，老人一定要把食物嚼碎了喂孩子，儿女提意见，老人往往会反驳："你小时候就是这么被我拉扯大的。"此时，如果换成一个来家做客的护士朋友说句话，就可能让老人改变观点。再如，女儿的话老妈可能听不进去，可女婿来说，丈母娘就很容易接受。有时也可以把自己的话说成是"权威"说的。究竟老人相信谁，要因人而异，还是要看老人的性格，看具体情况。

（4）在适当场合说。想对老人提意见，最好别当着孩子、家人、邻居、医生等的面。老人往往很要面子，被当众一说，会觉得很下不来台，不但不会改，还会更加固执。老人特别高兴时也不适合说，不要让老人扫兴。散步、睡前看电视时，成功说服老人的概率会比较高。

（5）让第三代说。不少老人，遇到问题时往往振振有词，不听自己孩子的话，此时不妨先顺着他的意思，等"谋划"一番后，让孙辈来说。比如，通常老人惯孩子，总带他们去吃炸鸡等油炸类食品，儿女可以给孩子多讲吃菜好的故事，如小白兔吃萝卜所以跑得快，山羊吃嫩草所以爬山高，动画片里的"大力水手"吃菠菜所以有力气……不露声色地"策反"孩子，孩子就会向祖辈讲吃"菜"的好处，老人自然就听进去了。

（6）借自己的缺点说。父母和老人在育儿观念上有冲突，不妨反着说，即告诉老人如果不这样做，孩子就会变成她不希望看到的那样。夫妻中的女方对公婆可以用自己当反面教材；对老妈可以"牺牲"老公。比如，告诉婆婆："我妈惯着我吃糖，所以现在牙齿老疼。"对老妈说："你看孩子爸懒得啥也不干，都是婆婆小时候给惯的。"注意别反过来说，否则就如同指责老人在教育自己子女上很失败。假如上面几招你都用遍了，老人还是不听。此时试着想想，老人的观念或许并不是全无道理。毕竟，在爱孩子这一点上，大家是完全一致的。

在教育孩子的问题上，父母与祖辈家长的沟通非常重要，通过沟通求同存异，不要把"异"暴露在孩子面前，不要当着孩子的面争论。家长必须保持态度一致，否则，孩子就会无所适从，甚至会形成双重人格。

2. 父母与孩子的沟通

▆▆ 案 例 ▆▆

　　李女士说，现今有不少家庭由于种种原因，年轻的父母长年把孩子交给家里的老人抚养和教育，这种"隔代家庭教育"暴露出的诸多问题，已引起社会的普遍关注，不少由爷爷奶奶、外公外婆带大的孩子，养成任性娇气、霸道蛮横的性格，在长大之后回到父母身边，要改正这些缺点十分不易。李女士之所以有这么深的体会，是因为她的孩子也曾经受过"隔代家庭教育"，出现的一些言行让她深感忧虑，现在正在努力补救。她的孩子小林今年6岁了，由于李女士工作较忙，孩子从小就寄养在姥姥家，直到去年才带回自己身边抚养。由于姥姥对小林十分疼爱，使他养成娇生惯养的习惯，吃饭不肯自己吃，拿东西从不自己动手，想要什么如果没有立刻满足就大叫大闹。为了改正孩子的不良习惯，李女士费了不少苦心，但因为孩子还太小，不能理解她的良苦用心，有一次甚至说："你老是管我，我不要做你的儿子，我要做姥姥的儿子！"让李女士哭笑不得。李女士觉得，自己的孩子还比较小，养成的不良习惯改起来都这么难，如果孩子再大些要改正不良习惯就更不容易了。她说，自己现在一有空就多和儿子谈心，对他表示关爱，同时给他讲一些道理，孩子慢慢能接受她的意见了，不良习惯也改正了很多。她认为，父母再忙也不能吝啬和孩子沟通的时间，这样才有利于孩子身心的健康成长。

"隔代家庭教育"代替不了亲子教育，即使是年轻父母不得不把孩子托付给祖父母抚养，也应尽量争取多与孩子见面的机会，每一次前往探望，都要与祖父母进行育儿交流，同时不能一味以物质去取悦孩子，而应多和孩子亲近、沟通并施以有效的教育。对于已造成心理距离的亲子关系，不能用打骂的形式让孩子改正缺点，而应在其情绪较好的时候循循善诱，让他慢慢明白过来。

（六）留守儿童家庭的亲子沟通

与父母长期分开生活后，家庭成员之间沟通的缺乏和情感支持的不足对留守儿童的内心世界产生了深刻影响，儿童与外出父母间"亲情陌生化"的现象开始显现。留守儿童普遍感觉孤独无助，心理压力增加。

调查显示，留守儿童与父母长期相隔两地，电话沟通是维系亲情、教育孩子的重要途径，但这种亲子沟通并不到位，存在四大问题：一是父母与孩子沟通信息的单向性，41.3%的孩子不了解父母在外打工情况；二是父母在亲子沟通中处于被动地位，69.2%的孩子和父母保持联系的方式是主动打电话给父母；三是父母在亲子沟通中的谈话内容过于单调，在电话里问得最多的是情绪、成绩与健康；四是留守儿童对于自己生活的选择感到迷茫和无助，留守还是流动，成为孩子们的两难选择。

1. 注意几种特别时期的亲子沟通

（1）分别时期的沟通。父母外出打工切忌在孩子全然不知情的情况下偷偷地溜走，这很容易让孩子将来有不安全感。

（2）团聚时期的沟通。孩子见到打工回来的父母有一个预热的过程（一天左右），家长一定要对孩子有耐心，想方设法吸引孩子的注意力，不要问太多的问题，更不要挑孩子的毛病，让孩子愿意放下戒备心理，主动接近自己。

（3）分开时期的沟通。可以定期打电话，通过网络和孩子视频通话，给孩子写信，将自己和孩子的合照放在家里等。

2. 留守儿童家庭亲子沟通方法

一要加强家长和委托监护人的沟通，把对孩子的教育落到实处。委托监护人是留守儿童的直接管理者，委托监护人的管理态度直接影响留守儿童的发展。父母和留守儿童的委托监护人经常交换教育孩子的意见，有助于双方在孩子的教育方面达成共识，促使监护任务的落实，促进孩子的健康成长。如果父母和留守儿童的祖辈经常交换意见，不仅能了解孩子在家的行为动向、思想意识，而且能让老人学习现代教育方法，发现问题，双方还能及时商讨出更合适的教育方法。如果和照顾孩子的亲戚朋友经常交换意见，则更能了解自己孩子的为人处世，还能让委托监护人明白父母的教育意愿，达成教育共识。

二要给家里的孩子写封信。父母多给孩子写信是向孩子传递爱的一种比较好的方式。父母在外辛苦打拼是为了孩子，但孩子却不理解家长的苦心；而孩子也很委屈，说父母不理解他们。通过书信，可以说明父母的处境和想法，孩子也可以表达自己的心情，达到相互理解的效果。文字具有不可替代性，能给人以想象力，还能保存，反复阅读。亲情需要爱的刺激，不能只靠电话，所以希望父母尽量花点时间多给留守儿童写信。

三要注意打电话的技巧。在杭州做服装生意的胡先生已离婚，小学一年级的儿子留在老家农村由爷爷奶奶照顾。胡先生唉声叹气："现在跟儿子没法交流，儿子不接我电话，就算他接到电话，也是把电话拿起来，然后找爷爷奶奶接听。"留守儿童因为长期和父母分隔两地，容易生疏，常常发生孩子不愿意接父母电话的情况，或者孩子没有什么话可以跟父母说。面对这种情况，留守儿童的父母给孩子打电话应该讲技巧，不能老是问"表现怎么样""乖不乖啊"之类的话，父母应找一些孩子能听懂、能回答出来并且感兴趣的话题，这就需要留意生活中的细节。不同年龄的孩子关注的重点不一样，6～12岁的孩子，注意建立同伴关系，这个时候，家长可以多问一些孩子周围的情况，比如跟孩子说说他（她）同学、朋友的情况。如果真的没什么可问，也可以对孩子说："你有什么话想跟爸爸妈妈说吗？"通过反问的方式把孩子的话引出来。对12岁以上的孩子，自我意识开始增强，这时候大人就可以多问一些跟孩子自身有关的话题。比如说男孩子开始注意身高，女孩子开始注意外貌。这些都是跟孩子沟通的好话题。

四要打造"系统支持"。留守儿童遇到困难怎么办？建议父母要有心为留守子女营造一个"系统支持"。参与到这个系统中的有爷爷奶奶、外公外婆、亲戚朋友，还可以是老师、托管机构、政府援助机构……在孩子遇到困难，父母又鞭长莫及的情况下，可启用"系统支持"，给孩子快速提供帮助，让系统中的人先与孩子沟通，了解情况，然后再研究解决办法。

四、建立和谐亲子关系的基本措施

1. 增加亲子互动的机会

孩子与父母关系的建立是一个互动的过程，在这一过程中父母处于较为主动的地位，作为父母应与孩子共同成长。在亲子关系构建中父母可以多组织、参加一些亲子活动，创造亲子间共同的话题和兴趣爱好，以共同游戏的形式来调节与孩子的关系。

2. 营造平等民主的家庭氛围

平等是民主的基础。要营造平等民主的家庭氛围，首先，父母要改变传统的专制作风，不要滥施家长权威，不要把自己的观点强加给孩子；其次，要尊重孩子的发言权、参与权，凡是要做出与孩子有关的决定，父母都要征求孩子的意见，对相关问题，允许孩子提出自己的看法，孩子也可以对父母的某些做法提出不同意见，家庭讨论重大事情时，也可以让孩子发表意见。总之，平等民主的家庭氛围的主要标志是：孩子愿意回家；孩子在家可以畅所欲言；孩子与父母是朋友；重大家庭问题亲子讨论决定；等等。

3. 父母要与孩子经常沟通

沟通既是父母了解孩子、教育孩子的有效途径，也是父母增强与孩子间情感的重要方式。人们心理距离的远近同人与人之间的沟通有很大的关系，沟通是心理相融的基础，心理相融又是产生密切关系的基础。一些性格健康、成就突出的人，在其童年时父母都很重视与他们的沟通，有效的沟通促使了有效行为方式的形成。父母与孩子沟通时，必须营造宽容、平等、自由的交流氛围，沟通时，父母可以阐述自己的意见让孩子参考，同时，还应多倾听孩子的意见，但在意见不统一时，不能强迫孩子接受自己的意见，可以放在下次适当时间再讨论。有必要的话，可以让孩子在一些无关紧要的问题上去尝试错误，真正让孩子自己领悟到是与非，找到解决问题的方法。

4. 微笑面对孩子

微笑是人内心情感世界的自然流露，它体现着快乐、自信、友好、积极、关爱、支持、信任和尊重。微笑在处理人际关系中，无论是对于成人，还是孩子都具有积极作用。特别是在父母同孩子的沟通方面，所起的作用就非同一般。在一个快乐的家庭里，处处充满着微笑。当孩子的成绩不十分如意或考试失败、偶然犯错误，或遇到挫折的时候，微笑就如同镇静剂一样，能安抚孩子的心灵，缓解孩子的压力。不少家庭都有这样的感受：在孩子学龄前，三口之家其乐融融，父母的微笑常常挂在脸上。一旦孩子上了小学，有了学习任务后，父母的微笑就少了，脸上的微笑，随着孩子的学习情况变化而变化。孩子作业的好坏，分数的高低，考试名次的先后，都影响着父母的心情和对孩子的态度。尤其当孩子学习成绩不太理想时，父母的脸上就更看不到微笑了。这样的后果会使孩子的学习压力加大，思想包袱加重，并产生错误的判断："父母原来不是真的爱我。"从而在孩子内心植下一颗有损亲子关系的消极种子，亲子关系的不协调，必将导致十分严肃呆板的家庭氛围，在不和谐家庭里生活的孩子，学习成绩难以出类拔萃。有的父母认为，孩子本来就不听话，如果父母再微笑，孩子不就更不听话了吗？这种看法和想法是错误的。微笑是有力量的，用微笑回绝孩子的某些不正当要求，用微笑纠正孩子的某些不良行为，用微笑去鼓励孩子学习，效果非同凡响，只不过我们没有习惯地使用而已。父母一定要学会微笑，要有一个积极的心态，学会调整自己的情绪，要想法避开那些烦心的事，尽量做到带着微笑回家，用微笑面对孩子。

5. 改变语言模式

良好的亲子关系，要靠良好的沟通，良好的沟通要靠良好的语言。有些父母说话随心所欲，尤其是对孩子，很少讲究方式方法。许多父母的语言模式大致经历了这样几个阶段：当孩子在婴儿期，父母用娇惯的语言对待孩子，结果使孩子养成了很多坏习惯，如哭闹、要挟父母、拒绝饮食等。当孩子会走了的时候，父母又用限制性的语言管束孩子，命令他这也不能动，那也不能做，结果孩子的某些天赋被大人扼杀。当孩子上了学，有了学习任务，需要得高分时，父母的语言又变化了，变得唠叨了。要想取得家庭教育的成功，父母必须改变语言模式，使语言具有亲和力，这样亲子沟通才能达到预期的效果。如果父母坚持使用和悦的语言模式，孩子也会向父母学习，最终熏陶出一种良好的语言习惯。特别是那些风趣而幽默的语言，对于孩子的成长是有极大好处的。有时我们抱怨孩子不听话，其中一个重要原因，是我们语言的语意违反了心理学原理。

6. 不以成绩论成败

小明是个学习成绩很好的孩子，而且听话懂事，父母都很喜欢他，但小明的哥哥却好吃懒做成绩差。一天，爸爸看见兄弟两人的成绩单，对小明非常满意，但看见哥哥的，马上暴怒要揍他，爸爸指责道："你要是有一样能超过你弟弟我就不揍你"。哥哥颤抖地说道"年龄算不算？"

这虽然是个笑话，但说明了一个问题，父母更关注孩子的考试成绩。考试成绩是每个家长和孩子都绕不开的话题。孩子成绩好，父母喜笑颜开；孩子成绩不好，父母唠叨斥责，甚至拳脚相加。在一些家庭，孩子的成绩成了家庭和谐的晴雨表。其实，只关注孩子学习的父母、放不下孩子学习的父母、每天总要求孩子好好学习的父母，都不是称职的好父母，因为他们缺少爱的能力。如果父母太在意孩子的学习，往往就忽略了孩子本身，孩子感受不到爱，他感受到的是"父母爱分数"，孩子一旦没有达到父母的要求，父母就会唠叨、指责、批评。父母要知道，父母的爱是孩子努力上进的核心信念，没有感受到爱的孩子要么不好好学习，要么被逼无奈被动学习，要么努力学习但心中没有快乐。不管是哪种情况，都会影响亲子关系。在有些家庭，孩子的学习目的，不是为了快乐，不是为了增长知识，而是为了父母的满意，为了得到奖赏。崇高的学习，变成了孩子和父母之间的交易，这是很不可取的。父母以成绩论成败，以成绩作为评价孩子的主要标准，不仅会损害亲子关系，还会影响孩子的全面发展。

7. 向专家咨询

如果我们的亲子关系发生很严重的问题，而自己又不能解决，你就要考虑求助教育或心理专家咨询了。咨询，其实就是征求意见。比方我们要买个电器，我们会向朋友咨询，或者向商店的员工咨询，我们有时还会咨询很多人，进行比较，然后确定这个电器要不要买。有时我们栽一盆花，还要向有经验的人咨询。但在孩子的教育问题上，父母却很少向成功的父母或专家咨询。为什么要向专家咨询呢？因为，孩子都是不一样的，孩子的问题也不一样。亲子关系发生的问题，也不一样。有的是亲子之间的沟通不够，有的是误会，有的是父母某些生活方式孩子不理解，有的是父母对教育孩子观念上有错误，以及其他想不到的问题，等等。家长如果把自己的家庭状况和孩子的实际情况让专家了解了，专家就会根据各个家庭的实际做出判断和评估，指出亲子关系的问题所在和程度的轻重，进而提出解决方案。

8. 亲子冲突的类型及其应对

（1）亲子冲突的类型。一是言语冲突。言语冲突主要是指亲子双方因在认识、情感、思想等方面的分歧和矛盾激化而采取的语言上的对抗，表现为相互争吵或恶语攻击，较常发生在父母或养父母与子女之间，而且子女往往是语言冲突的主动发起者。由于受中国传统的影响，在大多数家庭中，父母还是处于权威地位，父母过分干涉、限制孩子的言行，他们会过早为孩子定向，不准他们贪玩，不准串门交往，他们一味地望子成龙、望女成凤，但对教育学和心理学方面的知识知之甚少，一旦孩子违背了父母的意愿，他们之间的争吵就随之而来。二是行为冲突。行为冲突则是继言语冲突后发生的更为激烈的冲突，表现为拳打脚踢，甚至用物体攻击，通常是父母在教育子女时，由于达不到预期目的而表现出的一种不理智行为。父母对孩子严格要求是对的，毕竟"没有规矩，不成方圆"，但严厉惩罚可能会导致物极必反，在教育中，孩子是需要理解、需要沟通、需要信任的。"棍棒出孝子""不打不成器"理念的延伸，往往酿造出许多不可预料的后果，强迫孩子接受自己的观点，孩子稍有反抗，轻则怒斥一番，重则棍棒相加，拳脚相助，严重地挫伤了孩子的自尊心和自信心。家庭缺少温暖和乐趣，使孩子在逆反心理的驱使下变得难以驾驭，孩子变得自卑、悲观厌世、自欺欺人，这也导致了亲子冲突愈演愈烈。近几年接连发生的孩子频繁离家出走，"好学生"杀死亲生父母的惨痛案件，需要一些家长警醒。三是隐性冲突。亲子之间的隐性冲突类似于通常所说的"冷暴力""冷战""软暴力"等，表现为拖沓、逆反、缄默、回避、自闭、离家出走等，是一种隐匿性冲突。隐性冲突通常表现为子女与父母长期没有互动，更没有语言和感情沟通，相互冷落，属于一种谁也不愿意先理谁的对峙。隐性冲突比外显冲突所带来的伤害有过之而无不及。当父母变得寡言、没表情、不理人时，孩子感到没有安全感，当孩子表现如此时，父母也同样感到痛心。长此以往，孩子往往会比较孤僻、不合群，不善与人交往，面对困难则表现出退缩、懦弱、逃避等不良心理状态。

═══ **反　思** ═══

　　亲子冲突在青春期表现显著，有其难以避免的一面。合理的亲子冲突对青少年的发展有哪些积极意义？可将反思结果进行总结，并发送到课程邮箱。

（2）亲子冲突的应对。第一，建设性地解决冲突，不可盲目回避。尽管一些高强度的亲子冲突会给亲子关系带来负面冲击，但这并非意味着父母和子女应该回避冲突，这不仅不现实，也没有必要。事实上，影响亲子关系品质的不是冲突本身，而是父母与子女在冲突过程中所表现出来的敌意，以及简单、粗暴的冲突解决方式。相反，建设性地解决冲突，不但不会伤害亲子关系，反而为子女提供了一个学习如何以积极的方式处理冲突的机会，有利于青少年社交技能的发展。第二，恰当表达对子女的行为意愿，并为教养行为作出合理解释。较好的方式是，同孩子坐下来谈谈，让他们了解父母对他的关心和担心，使他们明白父母只是想确定他们会谨慎地对待那些问题。第三，父母及时的情感回应。假如父母关注子女的基本需要，支持子女追求更具自主性、独立性的目标，回应子女的是父母之爱及对他的理解，那么父母同子女间的关系就可能得到维系和巩固。第四，该放手时就放手。前面提到了幼儿依恋情感的重要性。但是，随着年龄的增长，父母对子女必须逐渐放权，鼓励孩子在家庭外与同龄人交往，鼓励孩子独立自主。父母必须明白，一个人从小到大，只有在与同龄人经常的交往中，心理才能走向成熟，社会能力才会提高。

思考与讨论

良好的亲子关系来自于良好的沟通，沟通不仅要用心，还需要方法，有效的沟通方法不仅具有针对性，更包含着平等、理解、信任、尊重等人本理念，并且是具体的、明确的、可实际操作的。

父母要想更好地教育孩子，就需要与孩子建立良好的关系，就需要学习有效的沟通方法，有效的沟通方法是一门艺术，是每一个为人父母都需要学习的。

学习完本章，请思考并讨论以下问题：

1. 什么是亲子关系？
2. 建立良好亲子关系的重要意义是什么？
3. 我国亲子关系存在哪些问题？
4. 亲子关系对儿童的成长有哪些影响？
5. 亲子沟通存在哪些误区？
6. 怎样建立和谐的亲子关系？

可与小组同学开展讨论，分享思考与心得，可将讨论结果和思考心得发送到课程邮箱。

视窗拓展

1. 推荐阅读书目

[1] 赵刚．家长教育学［M］．北京：教育科学出版社，2010.

[2] 赵刚，李学义．现代家政学［M］．北京：中央广播电视大学出版社，2016.

[3] 李中莹．亲子关系全面技巧［M］．北京：现代出版社，2008.

[4] 李燕，吴维屏．家庭教育学［M］．杭州：浙江教育出版社，2009.

2. 影视剧

[1] 国产电视剧：《家有儿女》。

[2] 美国电视剧：《成长的烦恼》。

第七章　家庭教育专业化

学习导入

现代学校制度的建立提出了教师发展的专业化，那么，作为孩子人生第一位老师的家长是否需要专业化？值得我们思考。随着科技的飞速发展，社会分工日趋精细，各种新兴职业不断涌现，许多职业都在努力争取"专业"的头衔，专业化已成为社会职业发展的重要趋势，专业性也成为衡量职业发展成熟与否的重要标准。在教育职业日益走向专业化的今天，家庭教育作为一个基础工程日益成为社会关注的焦点。从养育孩子的角度看，为人父母就是一个专业化的过程，需要家长资格的专业化。家庭教育呼唤专业化父母。

学习目标

描述家庭教育专业化的内涵；

总结中国家庭教育专业化的问题与现状；

了解世界发达国家家庭教育专业化的发展情况；

理解家庭教育专业化是中国社会发展的必然要求；

理解家庭教育专业化具有很强的社会需求与价值；

阐述家长培训的重要意义；

认识家庭教育专业化的前景；

说明家庭教育指导的专业化发展以及家庭教育专业人员培训管理服务体系。

第一节　专业化：中国家庭教育发展的必由之路

专业通常指"一群人在从事一种需要专门技术之职业，这种职业需要特殊的智力来培养和完成，其目的在于提供专门性的社会服务"。专业化是一个普通的职业群体在一定时期内，逐渐符合专业标准，成为专门职业并获得相应的专业地位的过程。

━━ **咨 询** ━━

一位老年家长咨询：过去，教育就是学校的事，在 20 世纪五六十年代都没听说过什么家庭教育。现在，不但提倡家庭教育，而且还要培训家长。许多家庭也没看家长接受过什么培训，孩子照样有出息。请问：培训家长有必要吗？当家长真的需要培训学习吗？

随着信息时代的到来，教育观念的更新，孩子们个性意识的增强，今天的家庭教育，早已不是"训斥加严厉"的"家长作风时代"了，家庭教育进入了平等、民主、开放、开明、互动等"共同成长时代"。家长必须站在时代发展的前沿，给孩子提供科学、健康而又行之有效的教育引导和陪伴，用榜样"身教"孩子，用耐心唤醒孩子，用专业化技巧说服孩子，在这种温馨、平等的专业化的环境中，孩子的情感需要、心理需要、人格需要，才能得到充分的满足，其个性、人格、想象力、创造力、情感、意志、才能、价值观，才能得到健康成长。事实证明，育人先育己。要想取得良好的家庭教育效果，家长必须先要有高瞻远瞩的自我成长意识，愿意成为科学化、专业化的"高明家长"，用"有技巧的爱"代替"懵懵懂懂的爱"，用"专业化的教育能力"取代"跟着感觉走的教育模式"。

━━ **案 例** ━━

辽宁卫视曾播出这样一个新闻：一个 4 岁女孩，背诵乘法口诀时，怎么也过不了"三五十五"这一关，录像中，小女孩复述了 50 遍"三五十五"，但最终还是败下阵来。于是，小女孩哭着哀求妈妈不学了。可是，急躁的妈妈不甘心，依然坚持让小女孩在哭闹中复述。

这位母亲在教育的方法上显然很急躁，教 4 岁孩子背乘法口诀，不但缺乏教育子女的专业知识，同时也缺乏等待孩子成长的耐心。养育孩子和种庄稼一样，应遵循成长的规律，需要"慢养"。细心的人不难发现，这类新闻已经很常见了，但依然有许多家长没有意识到这一点。作为父母，家庭教育专业要求他们必须具有"慢养"孩子的素质。

《北京爱情故事》是一部热播的电视连续剧，看完之后你会发现，哄孩子吃饭也需要专业化知识：爸爸对童童说，你先把饭吃了再吃冰淇淋。这句话表面上是建议，其实是命令和要求。但是，小孩子对命令和要求根本不懂。同样一个问题，老师对童童说，你知道冰淇淋怎么吃才好吃吗？"她用话题引导孩子思维。当童童的注意力和思维转移到新话题时，老师开始启发她："冰淇淋要软一点，像奶昔一样才好吃。童童喜欢吃奶昔吗？喜欢的话，我们不如先把饭吃了，等冰淇淋软一点像奶昔一样，我们再把它吃掉好不好？"于是，童童愉快地接受了。

　　这样教育孩子的智慧我们家长具备吗？这样的表达方式我们家长采用过吗？如果没有，不用着急，我们可以借鉴、模仿。家长要清楚，养育孩子，并非一朝一夕能够完成，它需要很长一段时间。有些父母，遇到孩子学习有困难，习惯脱口而出："你怎么这么笨""你怎么连这个都不会"等。这样的责备，既反映家长教育能力的欠缺，也对孩子不公平。实际上，孩子成才就是父母慢养的过程，就是父母专业成长的过程。这其中，需要父母耐心的等待和悉心的陪伴，需要父母接受培训，加强学习。只有这样，父母才能养育出身心健康的孩子。

　　做专业化父母的路径有许多，通过阅读、思考、交流、微博、公众微信号等方式进行学习，都能达到我们的目的。

一、世界发达国家家庭教育专业化

　　西方国家的亲职教育发展已有近百年历史，近年来更是出现许多由政府组织建立的亲职教育权威机构或教育项目，他们通过整合国家亲职教育领域的学术资源，创设出科学有效的亲职教育方案，然后通过国家立法或行政组织大面积推广。成功发展亲职教育的国家，通常都是这样通过各类资源的有效整合，研发、评估与指导全方位引领亲职教育的实践。发展比较成熟的国家有美国、澳大利亚、英国和法国等。

　　（一）美国的亲职教育与家庭教育的专业化

　　美国 PAT 国家中心（Parents As Teachers，让父母成为教师）是一个由美国政府建立的国家级父母专业化教育项目，为 0～5 岁儿童所在的家庭提供服务。该项目的核心理念认为儿童早期的生活经验对未来发展至关重要，而父母作为第一任老师的教育尤其需要得到重视。所有的父母教育方案、家庭支持课程、教育训练、材料内容以及服务措施都必须建立在科学研究的基础上；在为家庭提供服务的过程中，要充分理解并照顾到不同文化的习俗和差异。美国 PAT 国家中心组织各方面的技术资源和资金渠道，开发了多种形式的家长培训项目，是目前国际上最著名的亲职教育机构之一。

　　美国的"提前开端"计划（Head Start Program）从 1965 年开始实施，该计划被很多美国人认为是美国最美好的事物之一，它不仅提高了低收入家庭的学龄前儿童的学习能力，也促进了幼儿父母和教师的成长，增强了父母的自尊并使他们有了成就感，知道怎么教育孩子以及怎么参与幼儿教育，在社会上取得了理想的效果。美国幼儿园教师在幼儿园里不仅要开展教育活动，同时还要对他们在园活动或表现进行细致的观察与客观地评价，在与家长交流时会还原一个客观的事实或现象，供大家讨论。这样，家长在知其然的同时也知其所以然，通过讨论真正实现家园共育。

　　1. 美国亲职教育的总体组织情况

　　（1）保障美国亲职教育实施的组织机构和个人。一般来说，美国中小学校学生每天在学校时间大约是 7～8 小时，累积起来，每周不超过 40 小时，而在家庭和社会上的时间却有 128 小时左右，相比而言，每个学期学生在校外的时间是校内的 3 倍，而且，美国中小学校又有频繁漫长的假期，每个学生享有的假期几乎与上学日期对等，为 180 天左右。显而易见，家庭和社会对儿童的影响是不容忽视的。因此，美国亲职教育开展有其必要性和迫切性。

第一，学校。学校是推动美国亲职教育的主体。对学校而言，最常进行的亲职教育活动有下列几项：一是学校设有专门的父母接待室，专为父母和其他社区成员提供一个与教师见面交流的场所。接待室通常备有介绍学校及其他有关家庭教育、学校教育的资料，以供家长翻阅。此外，亲师座谈会是最常开展的活动，学校邀请父母参与研讨会，告诉父母如何教育孩子，以及孩子在学校进步的情况与成就，主要以交流家庭教育经验为主，目的是提高父母的专业化水平，促进孩子更好地生活和学习。二是学校定期举行家长开放日，目的是为了让家长了解孩子在学校日常学习生活和教育的复杂性。学校会邀请家长来学校与其孩子一起参加学校一日活动，家长可以随堂听课，与学生一起进行课堂讨论，参与课外活动，在学生餐厅就餐等。家长既可以看到孩子最真实的一面，也会使孩子感受到来自父母的关心，而且家长还可就活动过程中发现的问题及时向学校反映，提出建议，并与学校协商解决问题的途径。家长既可以参加学校指定的学校开放日活动，也可由家长选择某一天来校参加活动，只需提前预约即可。三是学校编写家教指导手册，对父母进行简单的教子技术指导。手册一般涉及学习方法指导、增强记忆的手段、一般的字词书写常见错误及纠正、应试技巧、解题步骤、考试焦虑症状及减轻焦虑的方法，此外，还包括一些家庭教育方法的指导。通过家教指导手册的学习，可以引导父母正确地教育孩子。学校有时还会请一些教育专家来给父母做讲座，讲授有关儿童成长的知识，以便父母更好地教育子女。四是学校通过举办晚会，让父母了解学校的方方面面。学校每个学年会利用最后一个周末举办一次晚会，让父母观看学生表演节目或邀请父母与学生同台演出。学校还常常利用这一时机表彰奖励优秀学生和积极参与学校教育的父母，把他们的照片和事迹印在校报或张贴在学校宣传栏内，让父母感觉到自己的努力已得到孩子的回报和学校的认可。五是学校开办父母学习班。美国有些学校针对当今美国少年问题，采取了应急措施，其中一项就是按各年龄段的问题进行归类，成立学习班，由学校设专人为学生的父母提供知识性的辅导课，授课方式以讲座和讨论为主。学习班的内容每年重复，父母自愿参加。每期学习班授课的地点、时间和内容会在数月前通知学生和父母。学习班讨论的课题通常包括：父母如何与孩子沟通、学校存在的暴力问题、父母与学校合作等。

第二，政府。为了有效提高亲职教育质量，加大父母专业化的培训力度，美国的各级政府担负着积极引导和监督的重要职责。在美国，政府对教育的指导主要是通过行政和立法以及财政拨款等方式进行的。在近几年的教育改革中，美国许多州制定和通过了一系列的政策和法规，有的涉及亲职教育培训，有的明确要求父母参加学校管理和决策，有的州拨发专款设立家庭教育资源中心或聘用专职的家庭与学校关系的协调员，有的法规主要针对学龄前儿童的教养，有的则覆盖不同年级的学生和不同背景的家庭，并且，美国有半数以上的州要求在师范教育中增加或加强有关学校与家庭合作的内容，培养教师与学生家长的沟通能力。

如在加州，加州教育委员会指导和协助各学区制订了一套如何促进父母参与儿童教育的计划，并多次在全州范围内举办演讲会，邀请教育学专家和心理学专家讨论如何有效地促进父母的参与以及怎样合理地设计儿童与父母的家庭学习活动，影响十分广泛。

在犹他州，犹他州教育委员会与"家长教师联合会"合作，联合招募和培训亲职教育义务工，然后由这些受过训练的义务工对全州范围内参加"家庭教育计划"的父母进行培训，指导父母如何积极有效地参与儿童的家庭教养和学校教育活动，而且，全犹他州的每一所学校都与学生父母协商，制订每一个学生的个别教育计划。其他类似的努力还包括明尼苏达州的"儿童家庭教育计划"、肯塔基州的"父母子女教育计划"以及康涅狄格州和马里兰州的"家庭援助中心"等。

此外，政府卫生或社会福利部门还会进行家庭访问，其目的在于了解学生成长的环境，为父母提供教育经验，以满足儿童在智能、社会、生理与心理等各方面的成长需求。

第三，社区。美国社区公益团体通常为父母提供大量的亲职教育或父母协助方案，有些还提供财力支持，资助由一些公私立单位或个人推动的亲职教育。例如，各地图书馆经常举办亲职教育讲座、亲职教育等方面的图书借阅、影视欣赏、举办亲职教育研讨会或团体讨论，还有一些教会、红十字会等慈善团体也有各种亲职教育或紧急救助方案。

由于美国社会婚姻破裂和家庭解体的比例较高，许多儿童失去了与亲生父母和兄弟姐妹共同生活、互相交往的机会，导致一系列学业、心理和行为上的问题，给父母和教师造成教育上的困扰。为了及时有效地对这些儿童提供心理和学业上的辅导，一些社区开展了校外辅导计划，向社会各界招募热心的志愿工作者，根据他们的兴趣和特长以及儿童的实际需要，将社区义务工和儿童配对，进行个别辅导和帮助。另外，有些社区通过对父母传授儿童教育方面的知识和技能，帮助父母掌握家庭教育的科学方法，使父母能够采取及时有效的预防和补救措施解决儿童可能产生的学业、心理和行为中的问题。

国际儿童教育协会（InternationaL Childhood Education Association，简称ICEA）是一个全球性的社区组织，专为儿童的成长整合知识、经验。它是一个由专业的教育工作者、父母以及其他对促进儿童（从婴儿期到青少年期间）能享有良好教育的成年人共同组合而成，该组织成立于1892年，是北美此类组织中历史最悠久的组织。当时是作为国际幼儿园协会，隶属于国家初等教育议会，于1931年发展成为国际儿童教育协会。国际儿童教育协会的形成是在"二战"后，当时是出于对全世界儿童的共同担忧而产生的。目前，该协会总部设在美国马里兰州的奥尼尔。

ICEA的一个重要责任就是组织亲职教育活动，例如，2003年11月7日，正当美国庆祝其第50个退伍军人节时，ICEA在奥尼尔号召全国各地的父母培养孩子们解决冲突的技能，尊重退伍军人，为形成孩子的礼仪观念、树立世界和平的信念打下基础。

ICEA通常就儿童教养过程中较为具体的某个问题给父母提供专题性的指导。以"父母如何帮助孩子成功地解决个人冲突"为例，以下是 ICEA 为父母提供的专业化指导性建议：

①当涉及安全、财产或其他成人话题时，父母应聆听处于不同发展水平的孩子们之间的争论。②从解决小的冲突入手，让孩子体会到公平。③允许孩子们大胆地表达出他们的想法。④设定一个双方必须停止争论的时间。⑤帮助孩子理解不同的能力发展水平，刚学会走路的孩子理解他人观点的能力非常有限，而学龄儿童能够抓住他人的主要观点。⑥寻求双赢的解决办法，并且询问孩子们是否对结果感到高兴或满意。⑦当父母列出合理的和解办法时，允许孩子们在他们的理解能力范围内评论。⑧公正地表扬孩子，提醒他们成功的和解依赖于每个人的团结。

ICEA 的愿景是各国的儿童均有权利享有高质量的教育。这种教育将为孩子们成为有责任感的公民以及适应这个瞬息万变的世界奠定良好的基础。该组织的任务是促进和支持全球儿童获得良好的教育和发展，同时还要肩负着积极影响教育者和孩子监护人的重要责任。

第四，企业。近十多年来，美国工商企业界深深感到教育的危机，他们感到难以招募到合格的雇员，企业的竞争力也受到了影响。因此，他们也大力呼吁教育改革，并以各种方式和实际行动积极投入教育改革，促进学校、家庭和社区之间的合作。除了在经济上对教育支持（如学校经费或设备）等传统方式外，一种越来越受到广泛欢迎的方式便是建设"家庭友好型"企业，帮助和鼓励企业员工积极参与子女的家庭教育和学校教育。许多企业定有"弹性上下班"的政策，允许有子女的员工根据自己的需要选择上下班时间，以便有效地配合子女的学校教育活动。

目前全美国大约有 30% 的企业员工受惠于企业弹性工作时间。有的公司通过延长午餐时间的办法，方便员工利用午餐时间到附近的托儿所、幼儿园或中小学校看望自己的子女，或者探访子女的老师。包括 IBM 公司和美洲银行在内的许多大中小型企业对弹性午餐时间都有明文规定，全美国大约有 47% 的企业员工因此受惠，有 55% 的大公司为其员工提供"子女抚养补助"，允许员工从扣税前的薪水中提取 5 000 美元作为子女抚养基金。有的企业利用午间或业余时间为员工举办子女养育知识和父母如何参与教育等方面的讲座或培训，也有的企业免费为员工提供有关教育子女的图书、音像资料，还有的企业甚至为员工的子女开办托儿所和幼儿园。企业的家庭友好型政策，不仅方便了父母更多地参与子女的教育，有利于提升教育质量，也促进了员工对公司的热爱，提高了企业的生产效率。

第五，亲职教育专家。由学者专家或社会团体所主持或推动的亲职教育活动也很多，如研讨会、座谈会、演讲会或某一特定时期给父母提出及时的教子指导和建议的活动等。例如，在开学之际，美国哈佛大学家庭研究计划的主任魏思专门为父母提出帮助子女学习成功的建议，并指出新学期的起点非常重要，父母应首先从心理与生活作息上做好调整。她倡导父母养成以下六个生活习惯：一是把阅读作为家庭生活的必须环节，每天安排一段时间大声为孩子读书，以读书取代看电视；二是学会巧妙地利用每日的零散时间，如在接送孩子上下学途中，与孩子畅谈其在学校学习知识或他们感兴趣的话题；三是了解孩子的兴趣并鼓励其探索自己感兴趣的事物；四是为孩子提供安静舒适的学习环境；五是对学校保持积极的态度，在孩子面前避免提及上学是任务等话题，保持孩子对学习有持续的热情，并愿意与父母分享他们每日所学到的知识；六是鼓励孩子积极参加课外兴趣班活动，帮助孩子发现其兴趣所在。

此外，由教育专家所编写的育儿手册、教子指南等书籍极为普遍，由专家所推动的亲职教育训练方案也蔚然成风，如父母效能训练、有效教养系统训练等。

（2）推动美国亲职教育实施的主要活动项目和相关法案。

第一，父母效能训练。20世纪五六十年代，美国社会可谓动荡不安，各种大规模的群众运动层出不穷，如美国黑人反对种族隔离与歧视、争取民主权利的群众运动，紧接着而来的是妇女运动和反主流文化运动等，从而导致了整个社会价值观的混乱。这一系列的变化无疑对美国家庭产生了重要影响。具体来说是第二次世界大战（以下简称"二战"）之后，美国经济得到了大规模发展，尤其是第三产业，这一发展为大量妇女进入劳动大军创造了机会。据有关资料显示，1948—1963年，妇女在制造业的就业比例增加了16%，服务性行业内，妇女就业增加了53%。妇女大量涌入劳动市场对传统文化为妇女的定位——"贤妻良母"产生了强烈的冲击，从而使原先的社会价值观发生了动摇。父母工作场所的变化和经济的不稳定性既增加了家庭压力，也对亲子之间的沟通技巧提出了更迫切的需求。此外，电视和计算机等媒体充斥人们的生活，无形中也改变了家庭生活的模式，大大减少了亲子沟通的时间。

与此同时，各学科对儿童情绪发展的日益关注，从而使得父母的教养重心也发生了改变，从以往只关注儿童能力开始转向满足儿童情绪发展的需要。正因为父母教养的背景发生了极大的改变，所以需要接受新的教养指导，从而更好地建立亲子关系。但是，"二战"后西方国家有关亲子关系的培训并不多见，主要是靠家庭中的长者给年轻的父母提供传统的教养知识和经验。时代已经发生了改变，而教养知识却没有得到更新，这必然会导致很多父母在教育子女方面陷入困境，例如，有些父母认为自身的价值观及信念是正确的，倾向于强迫孩子接受他们的观念，无法接受孩子违背父母意愿的行为，这样，必然会导致子女的逆反，从而造成亲子关系的紧张。

20世纪60年代，美国著名的心理学家、美国心理学会（American Psychological Association，简称APA）高级会员托马斯·高登（Thomas Gordon）正是在这种大环境下创办了父母效能训练课程，并由此成为美国父母教养指导学会事业成就奖的首位获得者，这间接说明，父母效能训练课程得到了学术界和大多数美国父母的认可。

父母效能训练课程是一种父母培训课程，全课程约八次授完，每周一次，每次3小时，以阅读、听讲、讨论、自由参与和角色扮演等方式进行。它的目标是解决亲子之间的冲突，提高父母亲子沟通的技能，使父母在教养子女上更具有效能。主要包含三方面内容：一是积极倾听。父母积极倾听的技巧包括下列几项：能接纳子女，能从子女角度看问题，能尊重子女的自主性，能让子女承担自己的问题的责任，提供子女探索自己的问题的机会，关怀且不批评。在实际运用积极倾听技巧时，父母要对孩子所倾诉的内容作出反应，即将子女的思想、情感与行动明朗化，使他们自身清晰地意识到内心的矛盾或问题从而为自发地、独立地解决问题提供更大的可能。传统亲子关系上惯用的训斥、怒骂等只会使子女的问题恶化，使子女更加隐瞒自身真实想法，无助于子女的进步。二是使用"我—信息"。高登认为，只使用积极倾听的技巧无法有效地影响子女的行为，所以还要再加以积极倾诉，说出父母自己的感受，即使用以"我"为主的信息，其要点包括：说出父母本身的感受，说出为何有此感受，说出为何父母对孩子的某些行为不高兴。高登认为，使用这一技巧可以传达父母的需求，使子女知道自己行为的适当与否，能客观地反映父母内心的感受，子女以此方式与父母沟通，也不会伤害亲子情感或造成冲突。三是积极沟通。前两种技巧就是为父母与子女有效积极的沟通做好准备，父母效能训练课程认为父母让子女自由表达思想，能专心倾听子女的心声，并清楚表达双方的观点，耐心地沟通就能使双方受益。

第二，加强家庭计划（Strengthen Family Program，简称 SFP）。加强家庭计划（SFP）起始于 1983 年，最初是一个由防止毒品滥用的国家机构资助为期四年的研究项目。由于该项目取得了可喜的成果，SFP 便被广泛地应用，并不断完善，从而被遍及全国的各种各样的团体组织所采纳。该计划是专门为高危的、滥用毒品的父母设计的一个预防毒品滥用项目，用来帮助这些父母提高他们的教养技能和帮助他们的孩子避免吸毒。该项目的基点在于：要减少儿童涉毒的风险因素，就必须改善家庭环境，提高父母的教养能力，并向他们的孩子提供适当的学习机会。具体研究过程是这样的：凡是参与这项研究的家庭，被随机分成三个组，每一组都要参与三种不同形式的培训，即父母每次接受 1 小时的培训；父母和孩子每次分别接受 1 小时的培训或者是每次先全家人接受 1 小时的培训后，父母和孩子再分别接受 1 小时的培训。每期培训持续 14 周。为了让参与的家庭能坚持完所有的培训，项目规定，如果按时参与并完成任务的家庭就可以获得一些鼓励，包括交通费用、儿童保健零食和奖品。

这项研究表明，整合所有三项内容（父母技能、孩子技能和家庭技能），干预是最成功的。SFP 提高了孩子的积极行为和亲社会的能力，还通过促进家人之间的交流，阐明家庭规则等，改善了家庭环境，减少了家庭冲突。

═══ **提　示** ═══

在美国，加强家庭计划（SFP）被誉为是改变家庭的最有效的计划之一。因为它涉及的是整个家庭的参与，而不仅仅是父母或孩子。其中，针对父母的教育主要是通过父母技能培训来实现的。父母技能培训每次都是从复习前一周所布置的家庭作业和相关概念开始。培训的材料通过不同的方式呈现出来，包括练习、录像、讲座、讨论或角色扮演等。接着复习新的概念和布置作业。父母团队数量最高达 8～12 对父母。对孩子未满 6 岁的父母还提供儿童保健知识。

父母技能培训的总体内容如下：一是自我介绍，团队建设。该课程呈现团队建设的练习和相关学习理论的简短讲座。课程目标是讨论"转变"，主要集中在一些正面积极的思想。

此外，还鼓励父母去观察孩子的良好行为。二是合理的期望和压力控制。该课程通过讨论人在生理上的、精神上的、社会的以及情感方面的发展特征来帮助父母对不同年龄阶段的儿童作出适当的、切实的期望。关于压力控制和情绪控制训练主要是教育父母在紧张不安的时候做些什么。三是奖励。该课程包含教育父母如何对子女良好的行为给予奖励，从而强化他们的积极行为，鼓励父母多发现孩子的优点。四是目标和宗旨。该课程主要集中于教父母如何为孩子设定一个目标、界定良好行为、设定行为目标以及做出正面的说明。五是量化表。该课程教父母如何奖励孩子良好行为和忽视其不良行为的技能。绘制表格或图表可以作为鼓励良好行为的一种方式。图表中会记录孩子在达到父母提出的行为目标方面的点滴进步（如整理床铺、刷牙、打扫卧室等）。六是交流任务。该课程内容是教父母聆听和倾诉的技巧，并通过角色扮演进一步强化该技巧。七是酒精、毒品和家人。该课程向父母介绍在预防子女出现问题行为时应担当的角色，要求增强危机意识，以防患于未然。八是解决问题，给予指导。该课程教父母解决问题最基本的步骤和方法，并通过角色扮演强化该技能。如何询问，如何给予清晰的指导以及发出有效的命令等话题将会在该课程中被讨论。九是约束。该课程包括向父母介绍制定时间表、行为矫正过度、积极的实践练习和父母娱乐活动等，还包括惩罚的话题，即怎样设定适当的限制来约束孩子的问题行为。十是行为的养成或实现计划。该课程内容是监控行为计划执行的过程，一般要求父母在执行子女行为养成计划的第一周就要制订好计划。十一是总结与保持子女良好行为的稳定。该课程教父母如何慢慢减少物质奖励，寻找自然的更好一些的奖励方式，维持子女良好的行为变化。

第三，学龄前儿童的家庭教育指导计划（Home Instruction Program For PreschooI Youngsters，简称 HIPPY）。HIPPY 计划是一项以家庭为基础的亲职教育计划。该计划直接把父母培训送入家庭，参与该项目的父母每周会受到一次访问。每隔一周参加一次与其他父母的集会。该计划在美国流行广泛，并得到美国前总统克林顿的支持。HIPPY 计划是在对学前儿童进行全面综合的发育评价之后，根据学前儿童的发育特点、性格特征、家庭保育情况，由专家制订出的一套针对性极强的发展方案，内容涵盖智力开发、儿童成长阶段标志性动作的出现、心理变化特征等，父母按照制定的方法和措施去执行，从而实现儿童的潜能开发与个性化培养。

HIPPY 计划具体包含以下内容：一是心智发育综合评价。每三个月进行一次对孩子心智发育综合评价，掌握孩子的发育情况，让父母充分了解子女的成长状态。二是由幼儿教育专家制订个性化育儿方案。专家根据孩子的心智发育综合评价的数据，制订出针对性极强的育儿方案。此方案每三个月制订一次，并附有每日训练计划表，用于监督父母对方案的完成情况。三是指导家庭完成方案。家庭教育指导师将定期与父母交流，严格监督方案的完成情况，及时调整计划，帮助父母解决育儿过程中的智力开发、心理发展、性格变化、亲子沟通等一系列问题。四是建立婴幼儿成长跟踪档案。为每位参加 HIPPY 计划家庭的孩子建立"婴幼儿成长跟踪档案"，对孩子的成长情况进行跟踪，比较家庭教育对孩子性格及其今后成长的影响。五是专家答疑。在育儿过程中遇到难题时，会有相关的教育专家及时为父母提供育儿咨询服务。

此外，密苏里州的"父母即教师"计划也是一个成功的范例。该计划参与者动员和组织社会工作者对社区内的贫困家庭进行有计划的家访，向父母宣传有关儿童身心健康发展的知识，示范科学养育婴幼儿的方法，并为他们介绍社区内有关儿童营养卫生和医疗等方面的服务项目和机构，帮助他们充分了解和利用社区的服务资源。美国家庭服务协会还联合全美国一千多个社区服务机构，为加强家庭和学校之间的合作搜集和散发有关的资料和信息，举办各类讲座和培训，教导父母如何采取有效的措施预防和克服儿童的学业、心理和行为问题。

第四，相关法案。除了上述提到的有关亲职教育的项目外，美国联邦政府和各州政府也在纷纷出台的法案条款中对亲职教育提出要求，为亲职教育的实施提供了法律保障。例如，1996年4月18日，美国亚利桑那州政府颁布了一项法律，要求在全州实施"家庭关系教育"。该法案要求每一位孩子的亲生父母或养父母若打算向最高法院申请离婚、分居或申请子女的抚养权和监护权时，提出申请方就必须参加亲子教育课堂，由法院强制执行。

"亲子教育课堂"的目的在于与父母分享有关离婚的影响、家庭的重建以及离婚后子女在法律上应享有的权利等知识。课堂具体内容有：父母该做些什么帮助子女适应父母离婚后的生活、离婚对子女情感上的影响、父母与子女冲突的负面影响（包括减少家庭暴力和教养冲突的方法）、如何避免和解决一些生活中的问题、父母自身行为对子女造成的积极与消极影响、沟通的技巧、共同教养子女技巧等14项。

不论是对于父母还是对于子女来说，离婚期或分居期都是最困难的适应时期。美国研究者通过研究发现，凡参加亲子教育课堂后的父母能更好地相互合作来让其子女获益，并且此类课堂还可以帮助他们今后减少向法院求助。全州乃至全国内不论是父母还是法院均报告说亲子教育课堂是非常有帮助的，几乎能让父母与子女共同受益。法院要求父母必须参加"亲子教育课堂"，这类课堂重点不在于教授教养技巧，而是教育父母及子女该如何应对分居、离婚以及家庭的变故，该课堂通常持续4~6个小时，时间安排较为灵活，包括晚上和周末的时间。

亚利桑那州法律条款规定：如果父母不参与的话，法院将不准许该父母提出与离婚相关的申请，提出离婚申请的甲方必须参加该课堂才可以获得该案件的受理，即便乙方不参加也可以获得准许；但若乙方再提出新的要求或申请，则乙方同样必须参加此类课堂，接受此类教育。

美国于1994年所通过的《改进美国学校法案》明文规定了亲职教育的政策与实施方式，规定地方教育单位必须帮助父母参与学校教育工作，提供协调、技术协助以及其他必要的支持，协助学校制订父母有效参与学校活动的计划，同时要增强家长与学校的紧密关系，并且要时常加以督促、检查和改进。另外，该法案也规定学校每年要举行家长年会和必要的亲师聚会，每一个学校需要定期向家长报告学生在校的进步情形，学校也要允许家长参与和观察教师活动。

2002 年 1 月 8 日，美国前总统小布什签署了《不让一个孩子掉队法》，旨在提高美国公立中小学教育质量，该法案对父母或家长也很有利。时任美国联邦教育部部长斯佩林斯在谈到《不让一个孩子掉队法》时，强调这部法律将让许多家庭获益，其中一点为：各州和学区必须公开学校发展相关信息，为家长们提供支持和帮助。

纽约市实行《儿童第一》的教育改革措施有效推动了亲职教育的开展。它建立了一套新的家庭服务体系，每所学校设有一位家长协调员，专门负责父母与学校的沟通，参与父母教育孩子，向学校介绍教育项目，为父母提供辅导的方法，解决父母提出的各种问题。

2. 美国亲职教育的具体实施情况

由于美国亲职教育计划种类繁多和其他一些因素的影响，根本无法统计出亲职教育计划到底惠及了多少人，但是，与其他类型的教育相比而言，经济条件好的父母通常要比经济条件差的父母参与得多；母亲参与的数量远远大于父亲。亲职教育计划很大程度上针对的是青少年的父母。

（1）美国亲职教育的目标。总的来看，美国亲职教育的目标主要有：为父母提供有关子女身心发展需求的知识；引导父母改变不当的教养方式；教导父母学习有效的亲子沟通方法；协助父母培养子女良好的行为习惯；协助父母教导子女提高学习成就、发展潜能；帮助有特殊障碍子女的父母克服教养困难。总之，就是帮助父母向着专业化的方向发展。

就一般父母而言，亲职教育的主要目的是要教会父母如何有效地教养子女，并满足子女在不同生长阶段的身心需求，帮助子女健康成长；但就特殊需求的父母（如离婚、再婚、单亲、残障儿童家庭、低收入家庭中的父母）而言，亲职教育的主要目的是要帮助父母使孩子及家人更快地适应个人角色，并有效地教养子女，促进子女正常的身心成长与发展。

（2）美国亲职教育的内容。美国亲职教育的内容主要是围绕儿童成长中易出现的问题而设计的，通常包括：儿童身心发展规律、人格及其功能、儿童教养技能和教养环境、惩罚的方法、儿童的情绪及其表达方式、沟通技巧、亲子关系、实践建议和理论方法等。

一些亲职教育计划会通过亲职教育专家精心挑选出有价值的学习内容，而另外一些会让所有参与该计划的父母自主选择学习内容，或者依靠父母在实际生活中的教育经验来开发新的学习内容。

回顾美国亲职教育的历史，随着美国社会环境的不断变化，美国的亲职教育内容也发生着相应的变化。从总体来看，19 世纪亲职教育的内容主要是儿童的道德和宗教发展，20 世纪转变到儿童的认知发展和行为的完善上，进入 21 世纪则更多地强调亲子沟通与儿童的行为完善。

（3）美国亲职教育的方式。早在 20 世纪 80 年代，美国就有许多公共卫生服务机关和心理健康组织来实施亲职教育。其实施方式如下：由专家主持有关亲职教育的讨论会、座谈会与演讲会；由家长教师联合会指导研究或编制亲职教育电影，供父母观看、学习；编印内容有趣的教养指南和专题手册，供父母阅读；运用电话咨询及函授的方式，为父母解决具体问题；举办有关心理卫生的戏剧与电影的演出；举办集体露营，利用野外生活增进父母和子女相互间的了解与影响；积极利用各种大众传媒工具推行亲职教育，尤其是利用网络等途径。

另外，美国还有其他五种类型的亲职教育。

第一，家长会。家长会是以各学校为单位，以热心的学生父母为中心自愿组织起来的非官方组织，它遍及全美国各个学校。学校通过决策时，首先必须征询家长会的意见。家长会的宗旨是代表学生和家长的利益，监督学校的教学和学生状况，发现问题并提出意见，定期组织各项活动，协调学校与学生家长的关系。每个家长会都有自己明确的日程安排和计划纲要。家长会象征着美国公立教育的精神，它的形式经过立法和改革逐渐完善，对美国学校的体制影响深刻。一方面，它作为纳税人是美国学校的直接支持者；另一方面，它是非常有美国特色的组织。家长会不是学校的对立面，但家长会对校方任何一项不妥的决定投反对票时，家长会的意见是非常有影响力的。

美国的家长会功能不强调学生成果或才艺表演，主要在于加强家长与教师的联系；家长协助教师制作教具或协助开展教室内及课外活动；家长组织不同的研讨会，学习及增强养育子女的能力。

第二，强制母亲再教育的托儿所。在美国低收入的社区有一种特殊类型的托儿所，该类托儿所设施与师资以及师生比例都是较为理想的，他们录取幼儿有一个前提条件，就是要求幼儿的母亲每天下午必须到托儿所接受再教育，以提高和改善教养幼儿的能力。

第三，实验幼儿教育。美国曾开展过一个长期的实验儿童教育计划。母亲怀孕后六个月即开始参与，首先接受产前检查，并学习有关孕妇保健知识，胎儿出生后，接受各种定期检查，父母即在专业人员辅导下学习如何有效养育幼儿。

第四，玩具教育辅导服务。由分布在美国各地的家庭服务协会开展的一项玩具教育服务，也是不可忽视的一种类型的亲职教育。该服务是指由相关的工作人员指导父母如何选择及诱导儿童善用玩具，并且父母可以借用玩具，而不需自己购买，也可以避免因购买过多玩具使子女不知爱惜。

第五，儿童心理发展与辅导。此项服务分别由临床社会工作人员、临床心理学家、儿童心理辅导专家及儿童精神科医师主持，儿童的心理发展与需要亟待父母了解其性质与过程，当父母陪同儿女接受专业人员协助时，无形中增进了亲子关系，增长了养育子女方法的知识。

（4）美国亲职教育的方法。亲职教育所用到的方法和技术皆来自于其他学科领域，其中主要借鉴咨询、精神疗法和教育学科的模式。所采用的方法因活动领导者的理论信念的不同而不同，他们通常对儿童是怎样发展的以及在发展过程中父母该如何给予最好的援助这方面有着不同的看法，因此，在亲职教育方法上并没有达成普遍的一致。

以下简单介绍一下目前美国常用的几种亲职教育的方法。

第一，行为矫正法。该方法源于行为主义的原理，是一套以改变、修正、调整或消除个人的不良行为，并建立积极的或被人接受的行为的心理学方法。行为矫正技术的策略很多，运用在亲职教育上的主要有：正强化法、负强化法与惩罚、隔离法、代币法、社会技巧训练法等。

第二，有效教养系统训练。是由美国哲学博士丁克迈耶（Dinkmeyer）等人所创的一套循序渐进地协助父母强化教养子女能力的亲职教育模式，这套模式自1980年开始推广以来，至今仍受欢迎和肯定。该模式的主要策略与方法有三：一是建立积极的亲子关系；二是检查子女不良行为的目标并协助子女改变错误的目标；三是有效的亲子沟通。

据有关研究表明，美国亲职教育在改善儿童问题行为，改善父母教养态度、教养行为以及促进家庭教育专业化等方面都取得了一定成效。

（二）澳大利亚的亲职教育与家庭教育的专业化

澳大利亚亲职教育的典型代表是"家长充权项目"（Parent Empowerment Program）。该项目旨在提高家长的教育效能。他们在实施形式上创设了著名的"积极的育儿计划"（Positive Parenting Program，简称3P）及"父母效能系统训练"（Systematic Training for Effective Parenting，简称STEP）培训模式，协助家长有效能地掌握管教子女的技巧。此外，澳大利亚亲职教育推行的另一特征是与大学及研究所合作，在程序推行时辅以系统的评估，使家长教育的推行更具科学性和系统性。

STEP模式具备操作性强、易接受、见效快等特点。操作性强是指这个课程的设计从日常生活的事件入手，在训练中实务操作的内容非常多，课程设计有专门的《父母效能系统训练》手册，有固定的训练主题，具有很强的操作性。易接受是指STEP模式所教授的技巧很容易被家长所接受。教授的技巧主要包括：①鼓励：针对孩子的专长及特点予以鼓励和赞美，使其产生自信心和归属感。②反应式倾听：当孩子有困扰，父母先以反应式倾听表示对孩子的了解与接纳，当孩子情绪平稳后再一起讨论解决问题的方法。③"我的信息"的表达：孩子的行为干扰父母时，将父母的感受传达给孩子，以不批评的方式描述孩子的行为，让孩子了解父母不高兴的原因。④家庭会议：以家庭会议代替亲子之间的口头承诺及亲子契约书，让孩子学会自我管理与独立自主的能力。这些技巧都是现实生活中的经验总结，具有很强的现实意义。见效快是指STEP模式具有很好的效果。STEP课程训练的目标是通过人际关系的互动学习，增强亲子关系，使父母在面对孩子的问题时，不以权威压抑孩子或放弃管教而逃避现实。经过父母效能系统训练的方法，可以使亲子间更加亲密，帮助孩子们更为成熟、健康、快乐且可爱。

该课程的效果主要有改善冲突、愤怒和说谎，使家庭感到温馨，亲子关系更为密切；建立规则并确实遵守，教养出更有责任感的孩子，没有权威、独裁的父母；亲子间建立友谊与尊重。

（三）英国的亲职教育与家庭教育的专业化

这是一段有趣且令人深思的对话。教育家：您觉得做驾驶员难还是做家长难？总统：当然是做家长难。教育家：既然做驾驶员容易，为什么开车需要培训，培训之后还要参加驾驶考试，而做家长不需要任何培训，更不用说考试了？总统无言以对。

故事中总统无法回答的问题，英国政府做出了回答：斥资 3 000 万英镑（约合 5 000 万美元）建立一所国家级家长学院，教授父母如何管教子女。英国政府投资建立的"国家育儿辅导学院"由英国儿童、家庭和学校部牵头，英国家长教育组织参与和第三方英国国王大学承包，这样的建立背景，在英国历史上从未有过，在其他西方国家也是未曾有过的举措。这决定了该学院在家长教育行业具有举足轻重的作用。该学院致力于树立专业形象，配合相关宣传手段制定宣传手册，建设一个被地方家长教育委员和政府部门官员以及相关服务行业认可的高质量的可信赖的专业机构。学院表示每年均出席一定量的全国性大型活动，以提高家长教育培训的知名度，打造学院的专业形象；致力于把学院建设成为全国最好的家长教育服务中心，提高家长教育专业素质，树立家长教育专业权威形象，并能影响政府相关政策的制定，以利于家长教育行业的未来发展。

英国教育与技能部门出台了一项"每位家长事务"计划，为学院设计了一套改善育儿技能的新课程。在课程计划中，包括一门加强"父子关系"的课程，鼓励父亲多和孩子接触，鼓励他们一起去从事园艺、参与体育运动或学习音乐和摄影；另一门是针对"父母能力"的提高课程，帮助在读写和算术能力方面存在问题的家长"充电"，专家也希望家长可以尽可能多地参与到孩子的学校教育中。还有一门很特别的"童谣"课，学院将接受过专业训练的老师教家长给孩子唱歌和讲故事。英国政府也呼吁那些每天忙于工作的家长尽量找更多的时间与孩子相处。

过去，养育子女本不是政府干预的领域。然而，英国社会发生了许多不良青少年吸毒、酗酒闹事，日夜在大街上游荡滋事的事件，这些青少年身上体现的反社会行为已成为英国的一大社会问题。

针对上述现象，英国前首相布莱尔倡导一项"尊重计划"，旨在解决英国国内持续不断的反社会行为、问题家庭和青少年犯罪等问题。建立"国家育儿辅导学院"是这项计划的内容之一。

早在 1997 年，英国政府就推出实施了以家庭为切入口、以社区为依托、面向早期儿童及其父母的综合服务计划，称为"确保开端"计划（Sure Start Program）。英国政府投入了巨额的资金，为家长提供了专业整合的服务。他们把各种项目进行整合，提供一站式服务，只要孩子和家长去一个服务站点，就可以得到医疗保健、儿童保育、家庭支持等一条龙的多项服务，让家长大大地提高了参与儿童教育的积极性，并且家长的养育能力也得到了很大的提高。他们提供的服务既面对孩子，同时也面对家长，从某种角度上看不失为学龄前儿童父母亲职教育的一种良好模式，促进了家庭教育专业化水平的提高。

在英国，公立小学大都设有"家庭中心"，为孩子和家长组织活动。在每周特定的时间，"家庭中心"会向家长和儿童开放，孩子们可以参加由专业教师组织的各项活动，父母们则可以参加各种活动和讲座，如父母论坛、健康保健、安全急救、家庭美食等课程。"家庭中心"还会定期为一些全职母亲做职业辅导，并允许附近的孩子和在校学生一样使用学校的各种设施。总之，学校用这种对附近社区家长们提供开放性服务的交流互动方式，对建立家庭和学校之间的积极关系非常有益，这种开放式的服务不仅对学校起到了很好的监督作用，也使家庭教育专业化的水平得到了极大的提高。

（四）法国的亲职教育与家庭教育的专业化

谈到法国的亲职教育，不能不说法国制定的《儿童权利宣言》，它是法国进行亲职教育的重要准则，其中不但规定了二胎的权利，更多的涉及父母应该如何保障儿童拥有的权利。它包括如下 11 个条款：①父母对孩子不应拥有全部权利，尤其不能什么都代替自己的孩子，也不能不同他们商量就决定他们纯属个人的事情。②成年人不可对孩子采用暴力行为，滥用武力是一种愚蠢而轻率的举止。③任何孩子都有权吃饱肚子，但是在他不饿的时候，也不要强迫他吃东西。无论在家里还是在饭堂，儿童都有权选择自己喜欢的饭菜。④任何孩子，不论他贫穷还是富有，都有权依照平等原则，收到他所选择的圣诞礼物，因为这是国家赏赐给他们的礼物。⑤儿童有权穿他想穿的衣服，有权追求时尚，有权脱掉长裤穿短裤，有权选择自己的发式发型。⑥每个孩子都应该学习，在学校有权选择自己的课程，例如在初等学校，可以自己选择学哪门外国语。⑦允许儿童有工作的自由，他们有权选择自己的工作方法。⑧当孩子想去学校时，就送他去上学，没有特定的时间限制。⑨儿童原则上应有两个家：一个完全供儿童使用；一个大伙公共使用。在城市还应给孩子保留一些不动产。在个人活动场所，儿童有权接待自己的小伙伴，有权喂养小动物。⑩承认儿童有权"无执照"驾驶自行车和轻便摩托车，但其年龄确认为已满 12 周岁。⑪儿童有权自由选择职业训练，女孩可选择绘画、动物饲养、飞机乘务员等；男孩可做机械、泥瓦工活等。

除此之外，法国的亲职教育还非常重视家长自身修养的提高，进而熏陶自己的孩子，培养他们良好的艺术素质。这一亲职教育的艺术色彩是法国传统的发展，在西欧诸国可谓独树一帜。

═══ 反 思 ═══

反思发达国家亲职教育及家庭教育专业化的发展对我国家庭教育专业化的发展有什么启示？可将反思结果发送到课程邮箱。

二、我国家庭教育专业的发展水平

2012 年《关于指导推进家庭教育的五年规划（2011—2015 年)》保障措施中提出："健全家庭教育工作领导管理体制，积极推进建立由各级党政领导牵头负责，妇联、教育、文明办、卫生、民政、人口计生、关工委等有关部门共同参与的协调领导体制"。在对 12 个省（自治区、直辖市）的省级妇联管理机构问卷中，涉及了省级家庭教育协调机构和工作机构情况，12 个省（自治区、直辖市）的调查数据显示，各省都建有家庭教育工作领导小组等协调机构，省级协调机构第一负责人是省政府或省委领导的有 4 个，是妇联领导的有 8 个，常务负责人是妇联领导的有 11 个；日常办事机构设在妇联的有 12 个。可见大多数省份都建立了家庭教育协调机构，并且大部分机构的领导由妇联系统领导担任，业务工作由妇联负责。

2015 年 10 月 11 日，教育部印发了《关于加强家庭教育工作的指导意见》（以下简称《指导意见》），指导各地积极发挥家庭教育在少年儿童成长过程中的重要作用，提升对家庭教育工作的重视程度，提高家庭教育工作的水平，为每一个孩子打造适合健康成长和全面发展的家庭环境，构建学校教育、家庭教育和社会教育有机融合的现代教育体系。《指导意见》是教育部关于家庭教育工作的最高指导意见，是我国覆盖城乡的家庭教育指导服务体系构建中的重要里程碑，是我国家庭教育专业发展水平的标志性文件，也是现代教育事业发展的重要体现。《指导意见》的颁布，为家庭教育工作的改革发展提供了一个十分重要的机遇，给家庭教育工作的开展创造了一个新的空间，对新时期的家庭教育工作起到重要的引领和导向作用。认真落实《指导意见》是国家赋予家庭教育指导者的新使命。

总体看来，我国家庭教育专业的发展取得了很大成就，主要表现在：

1. 机构设置

形成了以学校的家长学校为主体，多种类型指导服务机构共同参与的机构配置格局。家庭教育指导服务机构是整个指导服务体系的基础，通过不同类型的家庭教育指导服务机构，开展规范化、常态化的家庭教育指导服务活动，扩大家庭教育指导服务覆盖率，能够提升家长素质，提高家庭教育质量。从事家庭教育指导活动的机构，包括各级各类家长学校、家庭教育指导服务中心、社会组织等。

调查显示，教育行政部门主管的家长学校占家庭教育指导服务机构总数的一半以上，是家长接受指导和指导者实施指导的主要渠道。调查还显示，12 个省（自治区、直辖市）中有 10 个建立了省级家庭教育指导中心，均由妇联主管，其中 3 个是独立的法人单位；5 个省有专职工作人员；4 个省 2011 年有专项活动经费；1 个省有独立的办公地点。可见，大部分省都建立了省级家庭教育指导中心，对于落实家庭教育指导服务工作提供了有力保障。

2. 人员队伍

基本形成了一支以机构内兼职为主、有较好学历背景的年轻队伍。对指导服务实施机构的调查显示，一般机构内专职指导服务人员为 1 人、兼职指导服务人员为 6 人。指导者学历水平普遍较高，80% 为大专及以上学历，且队伍比较年轻，20 世纪七八十年代出生的人员比率占 81.2%；管理者多数为单位负责人，将近九成的人表示有余力承担组织管理工作。

3. 人才培养

多数人员能通过多种渠道接受培训。对管理机构的调查显示，2011 年在被调查的 12 个省中有 11 个省组织了指导者培训，平均全年 2.7 次。对指导服务实施机构的调查显示，有 89.9% 的指导服务人员接受了在职培训，其中有 53.8% 的指导服务人员在职学习方式以"自学为主"，比例最高；以"自己办的培训班"和"专业系统培训"为培训方式的比例分别是 18.5% 和 17.6%。

4. 学科建设

学术团体和研究机构在行业中发挥着积极的引领作用。成立了如中国家庭教育学会、中国教育学会家庭教育专业委员会、中国国际民间组织合作促进会家长与教师合作委员会等具有较大影响力的学术社团，以及建立了如上海市家庭教育研究中心等具有较强研究实力的家庭教育研究机构。以这些机构和团体为引领，形成了一批如《全国家庭教育指导大纲》《家长教育学》等研究成果，多次召开了如"加强家庭教育学科建设研讨会""中国家庭教育论坛"等学术交流活动，与此同时，中国家庭教育学会于"十五""十一五""十二五"期间设立家庭教育立项研究课题数百项，推动了全国家庭教育研究氛围的形成。

5. 经费

家庭教育工作经费逐步落实，绝大多数省妇联家庭教育工作经费纳入政府财政预算。到2012 年，90% 以上的省妇联家庭教育工作经费纳入政府财政预算，多数省有专项经费和自筹经费。对指导服务实施机构的调查显示，2011 年开展家庭教育指导服务的经费平均为1.81 万元；2012 年开展家庭教育指导服务的经费平均为 2.15 万元。

6. 政策

家庭教育政策不断完备。《中国儿童发展纲要（2011—2020 年)》"儿童与社会环境"中提出家庭教育的工作目标是："适应城乡发展的家庭教育指导服务体系基本建成""儿童家长素质提升，家庭教育水平提高"。策略措施是："将家庭教育指导服务纳入城乡公共服务体系。普遍建立各级家庭教育指导机构，90% 的城市社区和 80% 的行政村建立家长学校或家庭教育指导服务点。"全国妇联等七部委联合发布的《关于指导推进家庭教育的五年规划（2011—2015 年)》更把目标具体化，无论从高度、广度、深度上都较之以往的规划有了实质性的进步。可见政府对家庭教育指导服务工作重视，政策措施也较完备，最重要的就是落到实处。

三、家长培训与家庭教育指导

现代社会是人才竞争的社会，家长们普遍重视家庭教育，但是繁忙的工作占据了父母大量的时间和精力，很多家长对于儿童发展特点和家庭教育知识了解较少，迫切需要专业化、系统化的家庭教育指导。

(一) 家长培训势在必行

1. 家长培训的重要性

在当今的家庭教育中，家长不只是实施教育的一方，也面临着被教育的问题，对家长进行培训，使之提高教子能力，已经成为一个非常迫切的问题。要教育孩子必先教育家长。改变中国教育，要从改变家庭教育开始，改变家庭教育，要从改变家长开始。事实证明：没有提升家长的素质，就想提升家庭教育质量，那是根本不可能的事情。家庭教育的成败或质量的高低，主要取决于家长是不是一个合格的教育者。对家长进行培训不仅有利于家长的专业化发展，更有利于子女的成长。作为21世纪的父母，如果还用传统的教育理念和方法来教育现代孩子，就会出现问题和困惑；如果仅凭家族流传下来的老经验、老规矩教育孩子，就会遭遇尴尬和无奈。因此，家长需要改变，需要学习，需要培训。家长教育作为一种特殊类型的"教师培训"日益成为关注的焦点，在这个机遇与挑战并存的时代，如何抓住机遇，迎接挑战，促进家庭教育专业化的发展，是一个值得深入思考和研究的难题。

2. 家长培训的针对性

（1）对学校的家长会进行内容上的改革，教师在注意对家长介绍学校教育和学生在校表现、提供学生身心发展规律和年龄特点知识的同时，还要向家长介绍家庭教育的有关知识和方法。

（2）在家庭教育专题指导中，以"各年龄段家庭教育易发问题"为主要内容，同时要针对不同类别对象在家庭教育中存在的不同问题和不同需要，进行内容上的分类指导。

（3）在针对孩子存在的问题进行指导时，应该突出家庭德育指导，同时应重视儿童成长中出现的情绪情感等心理问题，加强家庭心理健康教育指导。

（4）在提高家长教育素质方面，应该坚持以更新家长教育观念为指导工作核心，重视引导家长端正对孩子的教养态度，同时要注意将提高家长教育素质落实到提升家长的教育能力上来。

（5）在更新家长教育观念上，要在重视对家长进行"儿童观"和"成才观"指导的同时，加强对家长进行"亲子观"的指导，引导家长将建立健康、和谐的亲子关系作为家庭教育的重要目标。

（6）在教养态度的指导上，在分别进行"适度关爱"和"适当管教"指导的基础上，进一步引导家长关注"关爱"与"管教"的关系，引导家长在对待孩子的问题时"正确处理情感与理智的关系"。

（7）在家庭教育方法上，注意引导家长提高对自身言行的榜样作用和环境氛围的潜移默化作用的认识，引导家长了解家庭环境对孩子的隐性教育作用的认识。

（8）在家校共育的指导上，首先要提高家长对家校合作重要性的认识，懂得参与是家长的权利和义务，家长的参与能够使学生有更好的发展。其次是提高家长参与学校教育的能力。

■■■ 心得分享 ■■■

谈谈你对家长培训重要性的认识，并提出培训建议或意见。可将你的心得发送到课程邮箱。

3. 家长培训的主要作用

（1）优化家长的知识结构。在现代社会，尽管家庭的一些职能已经转移或者弱化，但相应的其他职能却更加突出，如家庭消费、家庭休闲娱乐、家庭关系调适、家庭教育等已变得更加强大。面对社会现实，现代家长要准确地理解和履行家长的职能，使家庭功能得到充分发挥，但若单纯凭借个人对现实生活的感悟，或者自我修炼的"自觉"，是很难顺利实现预定目的的。因此，家长必须借助外力，对自己的知识结构进行调整或者重新进行建构。

在家庭生活领域，什么知识才真正有用？怎样才能使知识有用？对这两个问题的回答，靠无家庭教育专业知识背景的家长个人是无法解决的，必须靠专业人员和专业机构。显然，家长在知识的选择与评价、掌握与应用上，必须依靠有组织的家长培训。

（2）提高家长组织家庭生活的能力。家庭生活活动是一定时代的社会活动，不免要有时代的局限性；家庭生活活动是由千千万万个具有鲜明个性的人，在具体的家庭中开展的活动，也不免具有个人的局限性。这两种局限性，必然使家庭生活活动存在一定程度的"先天不足"和"后天弊病"。这种"不足"和"弊病"的程度，原则上可依家庭生活活动外部和内部条件的变化而发生变化。唯外部的客观条件，往往并不能随人们的主观意愿而改变，于是，通过家长培训提高家长组织家庭生活活动的能力，改变家庭生活活动的内部条件，使这种"不足"和"弊病"降低到最低程度，在众多的策略中是一条行之有效的途径。家长通过培训能够掌握科学的育儿知识与技能，提高研究儿童的能力，能够根据儿童身心发展的规律开展相应的教育活动，能够正确把握不同年龄阶段的教育重点，能够针对子女的特点采取相应的措施。家长树立了正确的教育态度和观念，能够创造和谐的家庭教育氛围，能够发挥家长对子女价值与行为取向所起的认同、示范、导向作用，能够充分协调各种教育力量，不仅有利于家长的专业化发展，更有利于子女的成长。

（二）我国家庭教育指导业的发展

1. 取得的主要成效

中国家庭教育学会、全国妇联儿童工作部、中国儿童中心联合发布的《我国家庭教育指导服务现状调查报告》显示：

目前我国大多数省份建立了省级家庭教育协调机构，并且大部分协调机构领导由妇联系统领导担任。

家庭教育相关政策不断完善，家庭教育工作经费逐步落实，绝大多数省妇联家庭教育工作经费纳入政府财政预算。

机构设置上形成了以学校的家长学校为主体，多种类型指导服务机构共同参与的格局。

指导者队伍比较年轻，有较好学历背景，方式以兼职为主，多数人员能通过多种渠道接受培训。

"个性化指导"成为我国家庭教育指导服务的趋势，家长对互动、参与的需求增强。

学术团体和研究机构在行业中发挥着积极的引领作用。

2. 指导服务发生的新变化

（1）家庭发生的变化。从家长的情况看。独生子女父母在低幼儿童中涌现，比率已经达 37.2%；父母的学历层次和职业层次上升；对孩子影响的大小依次为母亲、父母和祖辈，随年龄段的升高父亲的影响在加大。

从家庭结构看。家庭结构类型以核心家庭和主干家庭为主，各年龄段核心家庭比率均超过主干家庭，随年龄段升高核心家庭比率呈上升趋势。

（2）指导渠道发生的变化。对学校渠道来说，无论是家长的接受率和指导者的指导率都超过 50%，是主要渠道；同时，无论是家长的期望率还是指导者的理想率都有明显下降，但仍是主要渠道。对社会专业指导机构来说，现实的家长接受率和指导者指导率都不高，不超过 10%；但家长的期望率和指导者的理想率有大幅度的提升，这反映了家长对家庭教育指导服务的"专业性"要求。

（3）指导内容发生的变化。"相应年龄段家庭教育的易发问题"仍然是家庭教育指导服务的主要内容；家长对"个别特殊问题"的指导期望率则明显上升。对"各年龄段儿童易发问题"的指导中，指导者的关注重心指向"道德品质问题"的内容，反映的是将德育列为家庭教育主要目标的社会主流要求；而家长对儿童"情绪情感问题"的指导期望率明显提高，反映了家长对家庭教育面临问题的关注重心已经深入到孩子中的情感领域。在"理论知识"内容中，指导者倾向以普及"儿童发展规律和年龄特点"为重点；家长对将"家庭教育"纳入学校"家长会"内容的期盼。在"教育素质"中，无论是现实还是期望，家长和指导者对提高家长"教育能力和方法"水平的关注，远远超过更新"教育观念"和改善"教养态度"，反映了家长对家庭教育指导服务"实效性"的一种追求。在"教育观念"中，家长最关心"成才观"的指导；指导者最重视"儿童观"的指导。变化最大的是：家长对"亲子观"指导的期望接受率开始明显上升，反映了家长对"家庭教育"核心问题认识的提高。在"教育态度"中，家长对如何"正确处理情感与理智关系"的期望指导率大幅度提升，反映了家长已经开始关注"关爱"和"管教"两者之间的综合关系。在"教育方法"中，家长对"言教、身教和环境教育"方法的期望指导率比现实接受率有大幅度提升，这种变化反映了家长对自身言行的榜样作用和环境氛围的潜移默化作用认识的提高。

（4）指导形式发生的变化。家长对"个别指导"期望接受率提升，是家长呼唤"个性化指导"的反映。在"个别指导"形式中，家长与指导者对"家庭访问"和"个别咨询"的期望接受率明显上升。在"集体指导"活动中，"讲座报告"和"亲子活动指导"仍然是主要的两种形式。集体性指导活动的发展趋势是：家长对单向性指导的讲座报告类的需求有所减弱；服务性明显的亲子活动指导有所增强；体现家长主体作用的讨论类指导活动具有广阔的发展前景。"网络指导"发展的趋势是家长与指导者之间和家长与家长之间的"网络互动"将取代"网络查询"，成为"网络指导"的主要形式。

（三）家庭教育指导意义重大

1. 家长需要科学的家庭教育指导服务

现代社会是人才竞争的社会，加之我国二孩出生率还不高，孩子少，家长们普遍重视家庭教育，但是繁忙的工作占据了家长大量的时间和精力，很多家长对于儿童发展、家庭教育知识了解较少，迫切需要专业化、系统化的家庭教育指导。

2. 从业者需要专业的家庭教育指导培训

目前中小学、幼儿园家长学校不断巩固加强，城乡社区家庭教育指导中心和服务站点也在不断增加，从事家庭教育指导服务的人员规模增大。但从总体上看，家庭教育指导者队伍专业化程度较低，需要专业的系统化培训来保证家庭教育指导服务的质量。

3. 家庭教育指导服务市场和队伍亟须管理和规范

随着整个社会日益重视家庭教育，对于科学规范的家庭教育指导服务的需求也日益增加。当前社会上出现了很多市场化的家庭教育指导服务机构，这些机构发展良莠不齐，家庭教育指导服务市场和队伍亟须管理和规范。

4. 政府要重视并加强对家庭教育指导工作的领导

2011 年颁布的《中国儿童发展纲要（2011—2020 年）》提出要将家庭教育指导服务纳入城乡公共服务体系。这一提法对政府在家庭教育工作中的角色有了更高要求，使家庭教育指导服务有了持续发展的基础和动力。全国妇联等七部委联合发布的《关于指导推进家庭教育的五年规划（2011—2015 年）》要求构建基本覆盖城乡的家庭教育指导服务体系，推进完善基本的家庭教育公共服务，提升家庭教育科学研究和指导服务水平，指导推进家庭教育工作。根据这些规定，政府应该将家庭教育指导工作纳入精神文明建设总体规划，统一部署，明确家庭教育指导工作的重要意义、工作原则、工作目标、主要形式、重点内容和保障措施，从组织、政策、经费、职责四方面为家庭教育各项任务的落实提供有力保障，形成新形势下我国家庭教育指导工作的新机制，提高家庭教育指导的科学性、针对性、实效性，进一步规范家庭教育指导工作。

第二节　家庭教育专业化的前景

现实社会给我们提出了这样一个值得探讨的话题：每个行业都有自己的行业标准和专业要求，作为学生家长这个特殊的"行业"，要不要持证上岗？这是个很值得研究的问题，那就是对家庭教育的再认识和再提高以及家长专业化发展的问题。从养育孩子的角度看，为人父母就是一个专业化的过程。

═══ 咨　询 ═══

一位爸爸咨询：我儿子小强是小学六年级的学生，开始对周围的事物有点思考了。近期他对我很不满。因为他一放学回到家，我老是教他这样教他那样，而且我的教育方法很老土，和学校老师的教育方式相比较几乎是一个天上一个地下。慢慢地，小强觉得我这也不是那也不是，普通话说不准，英语单词才认识几个，教育方法除了啰唆之外就是简单和粗暴。更有甚者，前天晚上他的英语作业在我的辅导下错得一塌糊涂，小强在学校受到老师的批评。后来，小强从邻居的口里得知，我是一个既无学历又无教育专业资历的普通工人，小强突然觉得我不配做他的父亲，更不配做他的老师。于是，当我再次要教育小强时，小强马上站起来说："你凭什么教育我？你一不是我的老师，二不是知识分子，你有专业技术职称吗？"我一时气得脸色发青，想发作却又发不起来，因为儿子说的是事实，所以我也在心底里想：我配做儿子的老师吗？为什么现在教育儿子越来越难了呢？

随着社会的进步和经济的繁荣，人们不愁吃、不愁穿，但越来越觉得文化的重要和需要，许多家长教育孩子越来越觉得力不从心了。家长缺乏家庭教育知识且文化水平不高，不仅会使家长权威遭遇挑战和尴尬，而且自身形象也会打折扣。可见，要想教育好子女，提高家长的专业化水平极为必要且势在必行。

亲子教育已经变成一个世界性的课题。研究显示，有80%的家庭存在着不同程度的教育问题。目前，我国的家庭教育存在的问题主要有：一是离婚率不断攀升，离异和重组家庭不断增多，其子女教育问题令人忧虑；二是生活条件的改善（电脑、电视等普及）使得孩子与父母沟通少，与同龄伙伴的交往少；三是盲目的攀比性消费不利于孩子健康成长；四是优越的物质条件容易使孩子丧失自立能力；五是经济条件较好的独生子女的家长更容易期望高，孩子压力大，会失掉许多成长的快乐；六是科学技术的飞速发展令许多家长忧大于喜，网络给家庭教育带来的冲突、困惑与烦恼普遍存在；七是家庭条件越好受黄赌毒侵害的可能性越大；八是社会信息量大且鱼龙混杂，孩子接受力强而分辨力差。其他问题还有：家长素质参差不齐，家庭教育知识欠缺，家庭教育缺位、错位、越位、退位、不到位，等等，这些问题给家庭教育带来了前所未有的困难和挑战。由此可以看出，实现家庭教育专业化的目标，并不是轻车熟路、驾轻就熟，也不可能一帆风顺、一路平安，而是困难重重、任重道远。令人忧虑的问题是：许多父母"无证驾驶"在孩子成长的道路上不知能走多远？走成啥样？然而，尽管困难重重、忧心忡忡，但家庭教育专业化的前景是光明的。我们提出问题的目的是为了正视问题，保持冷静头脑，更加理智地采取有效措施应对困难和挑战，加速家庭教育专业化的步伐。

一、我国家庭教育专业指导存在的问题

1. 政府角色有待加强，协调机构能力有待提高

统筹全局的领导机构是开展家庭教育指导服务工作的重要保障。《中国儿童发展纲要（2011—2020年）》提出"将家庭教育指导服务纳入城乡公共服务体系"，城乡公共服务体系的建立是政府行为，家庭教育指导服务体系的构建也应当是政府责任，应由政府进行规划和投入，购买相应服务。但是目前来看，12个省的调查数据显示，各省虽都建有家庭教育

工作领导小组等协调机构，第一负责人是省政府或省委领导的只有4个，常务负责人都是妇联领导，日常工作机构都在妇联，政府部门在其中发挥的作用有限，而妇联作为社会群众团体，要协调相关政府部门开展家庭教育指导工作，在实际工作中还存在很多困难。从目前妇联自身的情况来看，12个省妇联中11个省没有独立的家庭教育工作机构，家庭教育工作只是儿童部的一部分职能，3个省设有专职人员，最多4人，平均只有1.6人；从家庭教育经费来看，2012年妇联自身的工作经费占到全部支出的38.7%，课题、活动和下拨经费微乎其微；从调查反映的家庭教育工作内容来看，多数省妇联只掌握妇联系统自身的情况，而对其他系统和社会机构的情况知之甚少，暴露出妇联"牵头"家庭教育工作在人力、财力、协调能力等方面的缺陷。家庭教育指导服务工作要想取得长足的发展，政府必须承担相应责任，才能真正做到把家庭教育指导服务工作纳入城乡公共服务体系。

2. 机构配置不尽完善

完善而高效的执行机构是家庭教育指导服务工作开展的有力保障。无论是卫生系统还是教育系统，都有完备的自上而下的政府工作机构，有医院、学校等实体为公众提供具体的医疗、教育服务，而家庭教育指导服务工作的开展目前还不具备这种条件。很多地区家长学校和家庭教育指导中心主要建在省、市（区）两级，广大农村地区的县（区）、乡镇家庭教育指导站，尚没有完全配备。家庭教育指导服务机构存在有些功能重复而有些功能不足、有些信息泛滥而有些信息空白、有些人群重复接受教育而有些人群却被忽视的情况，需要进行系统规划。

3. "专业、专职"人员不足，"新手"居多

从管理机构到实施机构，"专业、专职"人员不足构成了影响事业发展的最突出问题。

在管理机构的调研中某省反映："省内近一半的区县妇联儿童部没有独立人员编制，儿童部工作由区县妇儿工委办人员兼职，经常是一个工作人员除承担家庭教育工作外，还要承担全区儿童工作及全区妇女、儿童规划的起草、制定、协调、督促、评估等项工作，专职人员不足状况严重制约了各项工作的深入开展。"从指导服务实施机构的调研看，同样发现有48.7%的机构无专职指导服务人员。

与此同时，调研发现人员队伍以"新手"居多。对实施机构的调研发现：管理者承担家庭教育指导的组织管理工作年限不长，近60%不超过10年；指导者从业时间不超过6年的达71.3%。

4. 培训体系尚不健全

指导服务人员大多数是以自学方式进行继续学习的，仅有三分之一的指导服务人员可以接受外界提供的继续教育。从师资培训机构看，超过四分之一的地区没有师资培训机构，在现有的培训机构中以"其他公办教育机构"最多，比例为31.9%，此外，培训机构散落在机关、大学、科研机构、民办教育机构、学术团体、其他企事业单位和其他机构，比例基本不及10%。从总体上看，无论是妇联系统组织的培训还是民办社会机构提供的培训，基本上都是短期培训班，没有规定的教材和固定的师资队伍，没有系统的家庭教育理论培训。

5. 研究队伍、理论体系尚未形成

从全国整体研究情况来看，存在一定的缺陷：一是家庭教育研究滞后，不足以适应不断变化的社会现实和不断增长的家长的需求；二是缺乏系统性、连续性和对家庭教育问题的深入探讨；三是研究水平较低，市场化过于明显。以致以科学的家庭教育理论为基础的主流的声音在家庭教育指导领域的有效传播还有太多的欠缺，许多人热衷的家庭教育指导看似枝繁叶茂却没有理论根基，成了"无本之木"。本次对实施机构的调研也发现，研究人员的比例明显少于其他人员，"科学研究"是家庭教育指导服务人员最少从事的工作，有近一半的指导服务机构 5 年来没有开展过家庭教育科研，有 82.1% 的指导服务机构没有和大学或科研机构合作开展过课题研究。

6. 开展家庭教育指导服务的经费不足，基层经费来源以自筹为主

尽管 12 个省中绝大多数省的家庭教育指导服务专项经费纳入财政预算，但 2011 年超百万的只有两个省，按本省未成年人平均计算，除上海外其他省人均不足 1 元。从总体上看，家庭教育指导服务经费中用于日常工作经费的支出最多，占全部支出的 36.1%。

从基层经费来源看，需要自筹的经费接近所有家庭教育指导服务经费的六成。从经费的增长情况来看，2012 年与 2011 年相比，有 62% 的机构经费无增长。

7. 专项政策较少，保障性政策不足

虽然我国对于促进家庭教育工作连续出台了《全国家庭教育工作"十五"计划》《全国家庭教育工作"十一五"规划》《关于指导推进家庭教育的五年规划（2011—2015 年）》，在三个《中国儿童发展纲要》中也涉及家庭教育内容，但是在这次调查中"缺少政策支持和主管部门"也是被提及较多的问题。

问卷调查中发现在家庭教育指导服务机构所参照的家庭教育政策中，规定最多的内容是"指导服务的对象与目标、内容等指导服务标准"，其次是"指导服务的实施主体及职责"和"指导服务组织管理协调机构及其职能"，而对"指导服务的人员队伍的资质与培养"的规定则较少，特别是对于"监督制度""经费、设施、场所保障制度""指导服务机构的准入制度"及"其他"的规定更少。也就是说，在当前的家庭教育政策中，对于"由谁来做什么"规定较多，但对于"怎样达到目标"规定较少，政策在保障方面的措施有待加强。

8. 现实指导服务状况与家长期盼之间还有一定差距

从现实和理想的指导服务情况来看，一些现行的指导服务渠道、内容、形式已经不能满足家长的需要。如，从指导服务渠道看，社会专业机构能够提供给家长的服务尚不多，家长对学校的期望率下降而对社会专业指导机构期望率上升；从指导服务内容看，家长接受"个别特殊问题"指导的比例最低，但家长对这一指导内容的期望率明显上升；对"家庭访问"和"个别咨询"的指导形式的期望率也大幅度提升。

━━　反　思　━━

我国家庭教育专业化存在问题的原因是什么？可将反思结果进行总结并发送到课程邮箱。

二、完善家庭教育专业人员培训管理服务体系

在欧美等发达国家，每300人就拥有一名家庭（亲子）教育指导专家，全美国拥有家庭教育咨询指导专家80万人，人均家庭教育咨询的次数高于中国近千倍。目前，我国具有专业素质的家庭教育指导专家还不到2万人，也就是说将近7万人才有1名家庭教育指导专家，市场需求巨大。"家庭教育指导者专业化"是我国家庭教育专业化的关键，没有家庭教育指导者的专业化就没有家庭教育的专业化。因此，家庭教育专业人员的培训是家庭教育工作队伍职业化建设的前提，是家庭教育专业化的需要。

（一）建立从上到下的指导服务体系

1. 做好顶层设计

既然家庭教育是教育，家庭教育指导者专业化是教育者的事业，就必须由政府统领、有国家层面"全国一盘棋"的统一设计，而不能各行其是。国家教育行政部门应该承担起相应的责任，做好实现家庭教育指导者专业化发展的总体规划，明确主要任务，理顺政府、社会、企业关系和各自责任，对人才培养体制机制以及专业人员的标准、培训、遴选、认证、管理、使用等方面进行周密设计，形成具有权威性、长远性、可操作性的政策文件。

2. 以创新思维搭建正规化系统培训平台

教育信息化必定成为国家教育改革、提升教育整体水平的重大举措。应当把搭建家庭教育指导者专业化的远程教育平台纳入"互联网＋"教育信息化总体规划，由政府提供政策支持和物质保障，与线下培训结合，全面推进家庭教育指导人才的专业化培训。

3. 切实落实大学相关专业开设家庭教育课程计划

无论是线上还是线下的家庭教育指导者培训，都必须有教材、师资等基本保证，这是家庭教育指导者专业化培训的基础。应当借助现有的大学人才培养系统，教育行政部门规定师范院校、相关职业院校，大学社会工作等专业将"家庭教育学"纳入其课程体系，完善家庭教育学科建设，以保证家庭教育研究和教学后继有人。

4. 依托社会组织建立专业队伍

在顶层设计中，建议政府赋予相关社会组织职能，发挥其专业优势，最大限度地整合社会教育资源，组建全国和地方稳定的家庭教育指导与服务专业化团队，以巩固培训成果，培养专业人才，并为各类家长学校等机构推荐师资、教材、活动等。

家庭教育指导服务人才队伍专业化建设是个庞大的系统工程，可以先从教育系统做起，打好基础、建立规范、积累经验，逐渐向全社会扩展。

（二）逐步完善管理体系

1. 加强组织管理

对家长进行家庭教育指导的必要性和重要性毋庸置疑，但自发的家庭教育指导在发展中会出现很多自身不能解决的问题。基层指导机构是直接面对家长的指导者，在家庭教育指导过程中需要基层领导和上级主管部门给予解决的问题有：指导工作的发动、组织和检查，指导场地、设备和经费的保证，指导者指导业务的引领、交流和提高，指导的大纲、教材和参考材料的提供，对指导者指导工作的质量和效率的要求、评价与激励，指导中出现的实际问题、产生原因和解决措施的研究，等等；再高一层面的问题还有：指导者之间、基层与上级主管部门之间和不同部门之间的协调、合作和统筹，指导工作的长期发展规划、短期工作计划和具体工作要求的明确，指导工作的牵头单位或主管部门、协调机制，等等。所有这些问题都需要通过组织管理才能得到解决。

2. 建立完善的管理体系

目前，对基层面向家长进行的家庭教育的具体指导，已经形成一个初具规模的组织管理体系。这个组织管理体系可分为顶层、中层和基层三个层级：

顶层为国家层面，负责对全国家庭教育指导服务工作建立法规、制定规划和领导决策，包括正在酝酿中的《家庭教育法》的立法，已经出台的三个儿童发展纲要和四个家庭教育工作五年规划，2012 年发布的《全国家庭教育指导大纲》和就全国家庭教育指导工作服务发布的其他有关政策文件；也包括召开的部委联席会议和全国家庭教育工作会议对全国家庭教育指导工作进行的协调和部署。

中层为妇联、教育部门、卫计生委等系统和各省地县等地方，分条块对基层家庭教育指导服务进行层层发动、推进和保障。中层条块起着承上启下的作用，对上要根据顶层设计和要求对地方的工作制定规划和建立体制，包括，贯彻顶层设计：领会国家要求，调查本地情况，提出实施意见；完善政策法规：制定实施政策，出台法规条例，提供制度保证；领导管理体制：加强党委领导，明确政府责任，完善管理体制；建立协调机制：明确条块分工，系统上下、政府各部门之间进行协调，健全工作制度。对下要对基层的家庭教育指导服务提供保障，包括，在工作经费上：筹措经费，合理使用，重点倾斜；在指导内容上：编制内容大纲，编写推荐教材，提供参考材料；在队伍建设上：建立专家队伍和巡讲团，组织管理者和指导者专业培训，鼓励指导基层自培；拓展工作阵地：建立专业指导阵地，依托基层服务阵地，利用公共服务阵地。

基层为学校、社区、企事业机关单位和社会专业指导机构对本单位的家庭教育指导服务进行具体的组织管理。主要任务有：在管理上，要制定本单位家庭教育指导服务的规划目标与规章制度；在队伍建设上，要物色好指导者对象并进行单位培养；在研究活动上，要针对本单位的指导服务实践研究实际问题，有条件的还要开展课题研究；在条件保证上，要为指导服务的开展提供指导资料和场地、设备、经费保障；在评估表彰上，要对指导者指导服务工作的质量与效率进行价值评估和激励。

三、家庭教育专业化的未来开发愿景

1. 管理体制与机制：保证基本政策与普惠型服务体系建设，建立良性工作机制

要建立自上而下、覆盖方方面面的、整合社会各种资源的良性工作运行机制、监督考评机制、受众反馈机制，理顺供给机制，发挥政府、市场、社会的共同力量，扎实推进家庭教育专业化的发展。

2. 机构设置：理顺供给机制，建立多元供给模式

家庭教育指导服务机构是家庭教育指导服务体系的根基，要加大人、财、物投入，充分发挥现有建立的家长学校、家庭教育指导服务中心的功能，同时依托社区服务中心、妇女之家、儿童活动中心等公共服务阵地，为不同年龄段的儿童及其家庭提供家庭教育指导及关爱帮扶，建立家庭教育指导服务的多元供给模式。

在创新社会管理的新形势下，要充分发挥社会组织的作用，探索多样化的政府与社会组织的合作方式，为家长和儿童提供切实有效的指导和服务。

3. 人员队伍：注重队伍梯队建设，提高人员专业素质

全面做好工作队伍与专业队伍建设。管理队伍逐步做到定编、定岗，并从实际出发建设具有较强专业知识基础的专家队伍、讲师团队伍、志愿者队伍等，重视对指导人员数量、质量和指导实效性的管理。进一步完善培养培训体系，做好培养培训规划，不断提高家教指导机构教师专业水平和教学能力。通过研修培训、学术交流、项目资助等方式，尽快造就一批家庭教育专业人才。创新教师补充机制，完善制度政策，吸引更多优秀人才从事家庭教育的研究和教学。有条件的地区可以尝试和师范院校合作，定向培养家庭教育类人才。

4. 人才培养：搭建正规化培训平台，培养符合时代要求的复合型人才

在稳步增加师资培训机构的同时，特别要加强培训体制建设，统筹规划，夯实基础。争取政府投入，整合全国优秀师资力量，建立课程体系，建立长效培训平台。成立国家级家庭教育专业机构，并成立地区推展机构，由专业机构确定亲职教育的内容与范围、专业人员的甄选与培训、志愿者的甄选与训练等。以培训带动研究，建立队伍，规范市场。发展跨学科的专业基础，培养资源整合能力，体现时代新特点、新要求。

5. 学科建设：发挥大学和科研机构的作用，搭建合作研究平台

在过去的 20 年里，"推进师范院校等高校发展家庭教育专业"的政策一直进展缓慢，而构建我国家庭教育指导体系，需要家庭教育作为一门科学的学科建设为基础，在基本理论方面形成独立的话语体系，在人才队伍方面实现专业化，才有可能在指导和服务中把握正确的方向，解释和解决家庭教育实践中的种种问题。要发挥大学和科研机构的作用，促成合作共同体的建立，需要理论工作者和实践工作者结合起来，搭建合作平台、学术研究平台，打破目前的局限性，形成研究氛围，提升理论研究层次，为学科建设打下基础。

6. 经费：落实经费政策，加强经费管理

我国家庭教育工作"五年规划"规定："将家庭教育工作经费和事业发展经费纳入地方财政预算，并逐年有所提高；每年有家庭教育工作专项经费；多渠道筹集家庭教育资金"。要增强经费政策的约束力，各级政府要优化财政支出结构，统筹各项收入，把家庭教育作为财政支出重点领域予以保障。要将家庭教育工作纳入地方财政预算，设立专项经费。在管理政策到位的情况下，多渠道筹措经费，鼓励和引导社会力量捐资、出资创办各类家庭教育指导服务机构；允许对一些服务项目适当收费，用以支持公益性服务项目发展。对于广大农村、边远贫困地区、民族地区家庭教育的发展，中央财政应该通过加大转移支付等方式给予重点支持。加强经费管理。建立科学化、精细化的经费管理体制。科学编制预算，提高经费利用效率。家长学校和其他家庭教育指导机构要完善经费使用内部考核和控制制度，妇联和其他管理部门也要加强对家长学校经费使用的监督，确保经费使用规范、安全、有效。

7. 政策：完善政策，加强落实

政策要强化政府在整个家庭教育工作中的责任和职能，对相关部门的责、权、利要做出明确规定。我国没有独立的家庭教育工作管理机构，在推进社会管理创新的新形势下，要进一步建立和健全党政领导、妇联与教育行政部门协调指导的工作机制，明确分工，对人、财、物等资源进行合理分配。建立完善的评价考核机制，确保家庭教育指导服务工作各项目标落到实处。

8. 指导服务：重视新时期我国家庭教育指导服务的发展和变化

对家庭教育指导服务对象与指导服务队伍的建议：重视社会转型期我国家庭教育指导服务对象和指导服务队伍的发展和变化。当前，特别要注意研究并处理好孩子是否为独生子女和所在年龄段，家长的出生年代，是否家长为独生子女和学历层次，家庭的结构类型和收支状况以及孩子的主要带养人等家庭因素对家庭教育和家长参与家庭教育指导服务的影响，揭示它们之间规律性的联系，为个性化家庭教育指导服务提供依据。

思考与讨论

在推崇"专业化"的当代，人类最重要的专业行为——为人父母却没有任何考核认定，这的确有些不可思议。结婚需要登记，但生育以及随之而来的抚养教育孩子，却不需要任何培训、注册和考试。如此一来，被视为人生"重要一课"的"家庭教育"只能放任自流或违反科学的一厢情愿，很难设想会有比较理想的状态。社会发展需要家庭教育专业化，子女成长呼唤专业化的父母。

学习完本章，请思考并讨论以下问题：

1. 发达国家家庭教育专业化的发展对我国有哪些借鉴作用？
2. 我国家庭教育专业化的发展存在哪些问题？
3. 家长培训的重要意义是什么？

4. 为什么家庭教育指导也需要专业化?

5. 家庭教育专业人员培训内容有哪些?

6. 你对家庭教育专业化的未来愿景有何建议?

可与小组同学开展讨论,分享思考与心得,可将讨论结果和思考心得发送到课程邮箱。

视窗拓展

1. 推荐阅读书目

[1] 何云山. 给父母的建议 [M]. 重庆:重庆出版社,2014.

[2] 李学义. 家长决定未成年子女的成败:我的家庭教育感悟 [M]. 长春:吉林大学出版社,2015.

2. 影视剧

[1] 国产电视剧:《北京爱情故事》《虎妈猫爸》。

[2] 欧美电视剧:《超级保姆》。

参考文献

［1］赵刚．家长教育学［M］．北京：教育科学出版社，2010.

［2］谢娜．美国亲职教育研究：历史、现状及评价［D］．武汉：华中师范大学，2010.

［3］李燕，吴维屏．家庭教育学［M］．杭州：浙江教育出版社，2009.

［4］李学义．家长决定未成年子女的成败：我的家庭教育感悟［M］．长春：吉林大学出版社，2015.

［5］国家基础教育实验中心．中国家庭子女教育：0－3岁儿童保育家长读本［M］．北京：中国法制出版社，2000.

［6］国家基础教育实验中心．中国家庭子女教育：3－6岁儿童教育家长读本［M］．北京：中国法制出版社，2000.

［7］国家基础教育实验中心．中国家庭子女教育：特殊儿童家长读本［M］．北京：中国法制出版社，2000.

［8］国家基础教育实验中心．中国家庭子女教育：独生子女家长读本［M］．北京：中国法制出版社，2000.

［9］国家基础教育实验中心．中国家庭子女教育：小学生家长读本［M］．北京：中国法制出版社，2000.

［10］国家基础教育实验中心．中国家庭子女教育：初中学生家长读本［M］．北京：中国法制出版社，2000.

［11］国家基础教育实验中心．中国家庭子女教育：高中学生家长读本［M］．北京：中国法制出版社，2000.

［12］高峰．做新世纪的爷爷奶奶［M］．成都：四川人民出版社，2002.

［13］周明星，董家彪．创新学生培养全书：下卷［M］．北京：九州图书出版社，1999.

［14］王文湛，杨春茂．幼儿家长手册［M］．拉萨：西藏人民出版社，2009.

［15］王文湛，杨春茂．小学生家长手册［M］．拉萨：西藏人民出版社，2009.

［16］王文湛，杨春茂．初中生家长手册［M］．拉萨：西藏人民出版社，2009.

后　记

如同前言所述，家庭教育既是一个人与生俱来的天然赋予的教育形式，又是一门必须学习的科学与艺术。社会领域的人生形象与家庭空间的生活质量，是检验一个自然人社会化程度的两个标杆。尤其是一个人建立家庭、生儿育女之后，如何提升后代的成长质量，成为社会责任系统中最大众、最基层的一个职务——"家长"最刚性的追求与需要。这在一个以独生子女为主的我国家庭中表现尤甚。

我国拥有优秀的家庭文化传统，但在现代家庭教育科学研究方面又是落后的，这与拥有3.2亿个家庭的国度是极不相称的。长期的计划经济模式和适应工业革命而产生的现代学校制度与国家义务教育体系的建立，使很多家庭错误认为孩子接受教育是学校与公共机构的责任。社会的发展，家庭的富足，个性化、订制化的教育越来越成为家庭对子女高质量教育要求的选择，这些要求都是整齐划一、标准化的学校教育所不能给予的。人类的教育已进入家校合作时代。

正是在这种背景下，家庭教育的大量问题出现在社会面前，家庭教育的专业化越发明显。这对专业的教育人员既是挑战，又是机遇。国家开放大学高瞻远瞩地将家庭教育纳入其公共事业管理（教育管理）专业的课程体系中，体现他们现代教育观的大视野、大情怀。

受国家开放大学的邀请，东北师范大学家庭教育的研究者联合部分同仁，根据开放大学办学特色、学员特点和教学形式，从咨询与辅导的角度入手，编写了该教材。尽管在体例、内容、表述上还有诸多不如意，但作为探索性的抛砖引玉之作，不失为一个贡献。

本书的编写分工：赵刚（中国家长与教师合作管理委员会理事长、中国教育学会家庭教育专业委员会副理事长、东北师范大学家庭与学校合作教育研究中心主任）撰写了第一章的第一节、第二节、第三节、第四节和第七章；李学义（东北师范大学家庭与学校合作教育研究中心研究员）撰写了第一章的第五节、第二章的第二节、第三章的第二节；于冬青（东北师范大学幼儿教育学院副教授）撰写了第二章的第一节、第三节、第三章的第一节；康留忠（河南省驻马店市第三中学教师）撰写了第四章的第一节、第二节、第五章的第六节、第七节；刘嵩晗（辽宁师范大学心理学院博士、讲师）撰写了第四章的第三节、第四节、第五章的第一节、第二节；李德水（吉林省吉林市教育局校外教育中心教师）撰写了第五章的第三节、第四节、第五节和第六章。

在本书编写过程中，国家开放大学张遐副教授以其敬业精神、广博学识给予编写者大量支持与指导。此外，王大龙、王玲、陈建翔、姜宏德诸位先生参与审读、点评，很多优秀的建议已转化成该书的内容，使本教材添彩生辉。在此，对他们的奉献精神表示崇高的敬意。

　　本教材在编写中参阅了国内外学者大量的研究成果，出版者与编写者向他们表示感谢。如有疏漏，未能标明您的研究出处，请与我们联系，我们向您表达真诚的谢意。

《家庭教育咨询与辅导》编写组

2016 年 4 月

课程组成员名单

课 程 组 长 (主持教师)　张　遐

主　　　　编　赵　刚

编写组成员

赵　刚　　　李学义　　　于冬青

康留忠　　　刘嵩晗　　　李德水